Katsuhiko Tanaka Selection I

田中克彦
セレクシヨン I

自伝的小篇と
読書ノート

カルメンの穴あきくつした

田中克彦

新泉社

田中克彦セレクションⅠ

自伝的小篇と読書ノート

カルメンの穴あきくつした

小論集「田中克彦セレクション」のまえがき

ぼくがことし、八三歳になるのを目前にしていた頃、かつてKADOKAWAで本を出していただいた内田朋恵さんから、先生の著作集を出しましょうと提案があった。

ぼくが雑誌などに執筆をはじめたのは、二五歳くらいからであった。その頃、つまり、今から半世紀くらい前の日本には、今よりもはるかに多くの雑誌が出ていて、それを支える多くの読者がいたから、大学院生であっても執筆を求められて、書く機会に恵まれていた。書く方も小さな専門に自らを閉じ込めることなく、できるだけ多くの読者に、自らの研究状況をうったえ、理解を求めようという気持が強かった。かけ出しの研究者でも、自分が多くの読者とともにあり、その理解と支持のもとに自分の研究があり得るのだという自覚があった。だから、ぼくはせせこましい学会誌よりも、多くの読者に読まれる総合雑誌の方が気に入っていたので、それらを「院外勢力」と呼んで、重んじ、かつ頼りにしたのである。［このばあいの「院」とは大学院の「院」ではなくて、衆議院、参議院の「院」の方を指し、本場以外の場所という気持である。］

だから学問の世界で起きていることを、なるべく多くの読者にうったえ、共感を得たい気持に支えられて、執筆を求められれば、断ることなく応じるようにつとめた。編集者も、強い関心を抱いて、ぼくの書いた文章をわかりよく書くように介入し、注文をつけたのである。

ぼくはその頃、カントが、印刷屋さんからもっとわかりよく書くように文章を批判され、現金ではなく、現物支給として支払われていたソーセージやタバコなどがほしくて、印刷屋さんの要求にしたがって、文章を改めたという話を読んで（Lutz Winckler, Kulturwarenproduktion, edition suhrkamp 1973 ルッツ・ヴィンクラー『文化商品の生産』［著者訳］）、ぼくは編集者の要求をすなおに受け入れることにした。編集者は読者の代表だからである。あのカントですら印刷屋さんの要求を入れて、わかりやすく書くように努力したではないかと。ドイツ哲学の文章が、いくぶんでも読みやすくなったかげには、印刷屋のおやじがこごとを言って書きなおさせるという過程があったからだ。

このようにして書かれたぼくの文章は、作家ほどではないにせよ、かなり無駄なく本になっている。それでもなお、やはり、学術的な小論や日常生活を描いたエッセイ風なものは、かつて雑誌に掲載された後、もう読まれる機会のないままになっているものもいくらかはある。内田さんは、それらを集めて「セレクション」を編もうと企てられたのである。

この種のものを掲載した古雑誌はそのまま書棚のあちこちに押し込まれてほこりをかぶったままになっていて、それらをとり出して見ることはめったになかった。中には得意になって書いたもののいくつかはあるけれども、いまさらはずかしくて、二度と見たくないものが大部分だと、内田さんに答えたところ、とにかく、お部屋を見せてくださいということになり、彼女の立入り検査、家宅捜査を受けることになった。こうして、ほこりにまみれながらの強制執行は二回に及んだのであった。

内田さんに持ち出されたあとの紙類は、ほぼ不要として捨てられることになり、その結果として残ったのは、ただただむなしい感情だった。ああ、普通の人間だったら、決してやらなかったようなぎせいを家族に強いて、無理な日常に耐えた結果がたったこれだけのことだったのかと。

ところで、この種の著作集は、書いた本人が亡くなった後に、弟子などが師の遺品を年代順に、いわば資料集としてまとめて出すことが多いけれども、ぼくのばあいは本人がまだ生きているから、あらためて著作集として本にまとめるにあたっては自分が責任をとらなければならない。だから、半世紀も前に書いたことを今見ると、気はずかしくて捨ててしまいたくなるものもあるが、これも歴史的な意味があるかもしれないと考えなおして収めることにした。その基準としたのは、編集にあたった内田さんにゆだねたのである。内田さんは、ぼくよりも三十歳も若い世代に属する女性であるから、ぼくのひとりよがりは、この人によってかなりな程度に中和されたものと思う。

このようにして残った小篇類は三つに分類された。

(一) 自伝的小篇と読書ノート
(二) 言語一般、日本語に関するもの
(三) モンゴル、中央アジア、ノモンハンなどにかかわるもの

ここにまず刊行するのは(一)であって、昨年あらわれた『田中克彦自伝』(平凡社)の内容と一部は重なり、時には補うものである。

これらの中で最も古いものは、一九六八年、すなわち半世紀近くもの昔にさかのぼる。そのような古物を、あえてここに収めるのはどうかという気もするが、いま、自分の年齢には関係なく、依然、気がかりなテーマであることにかわりはない。

二〇一七年一〇月

田中克彦

目次

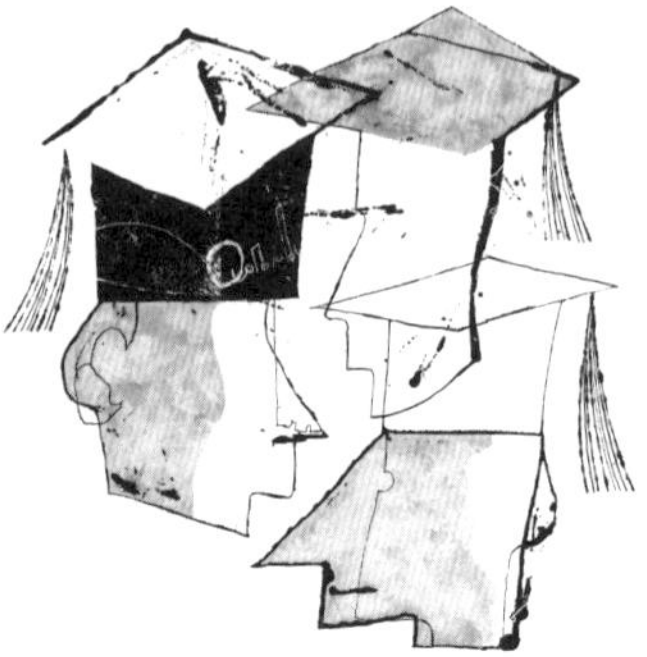

第二章 読書ノート

第三章　亀井孝先生との思い出　241

第四章 モンゴルに向って 289

第五章　ことばと状況　345

凡例

・明らかな間違い、誤字、脱字などは修正した。
・地名・国名表記は当時のままとして、その論文・エッセイ中で統一をした。
・漢字の旧字体は新字体に変えた。
・読書ノートに紹介している書籍の出版元は、書評発表時のものを掲載している。
　現在、文庫になっているものも多くあるが、一部、古書店でしか手に入らないものもあることはご了承いただきたい。
・本書に収録した論文・エッセイのタイトルは、初出時のままを原則としたが、
　一部、タイトルを変更したものは、その文末に原題を掲げた。
・現在からみると、不適切な表現と思われるものもあるが、歴史性を考慮して、原文のままとした。
・文中の［　］は、本書出版にあたり、著者自身が加筆した注である。
・文頭、文末に【二〇一七年の〜】という形で、論文・エッセイ掲載にあたっての著者のコメントを加筆した。

装画　柳智之
装幀　守先正

第一章
大学流浪

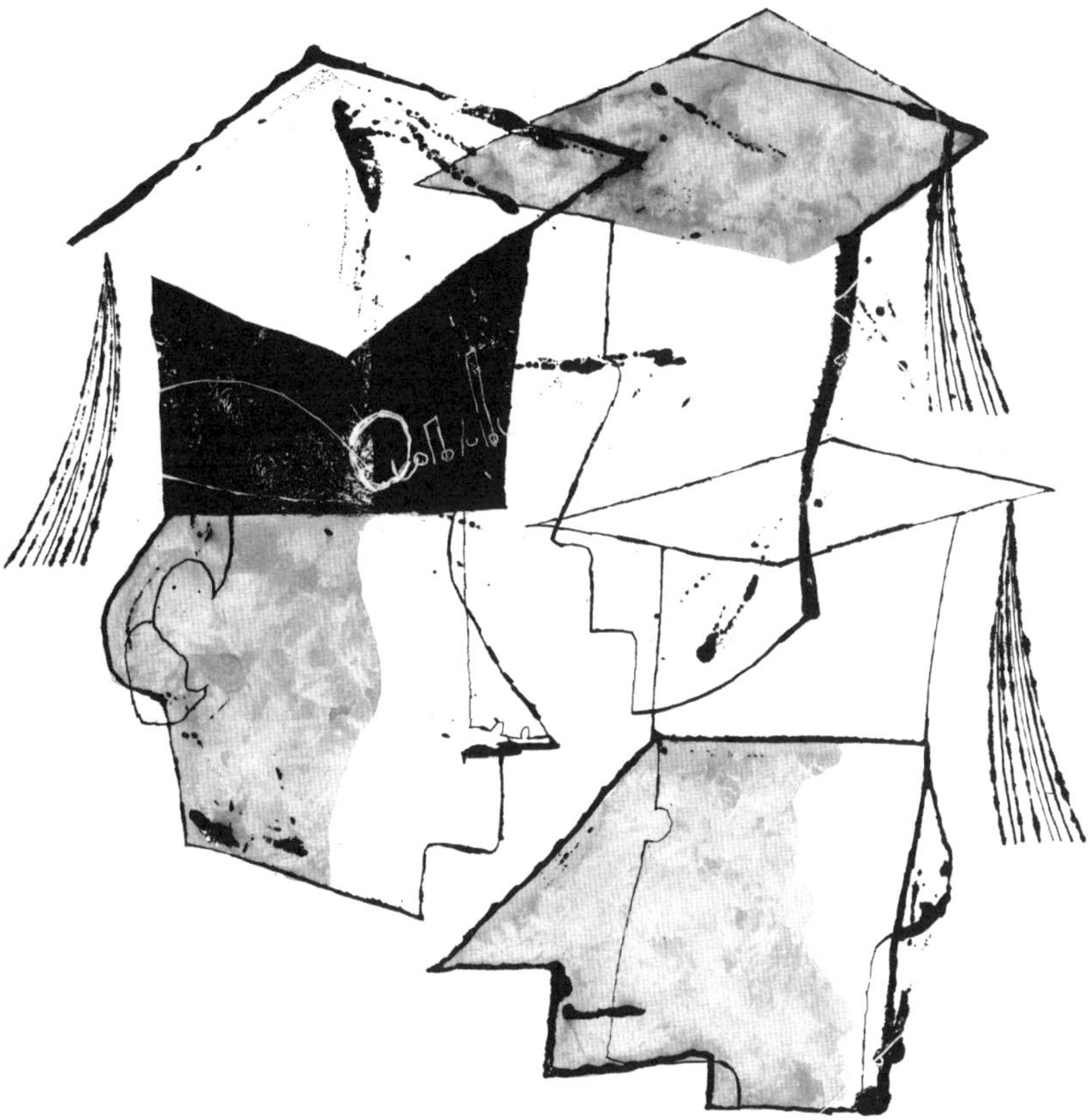

山紫水明・地方大学のすすめ

駄鳥とともにミュンヘン〜ミラノ間の距離を

九年間つとめた東京の大学を去って、十年目のところで私は岡山大学へ移った。そして今、新しい土地での一周年をむかえようとしている。文部大臣からいただいた辞令は、この移ったということを、「岡山大学助教授　法文学部に配置換する」と、じつに簡潔に表現している。たしかに、文部省管内で私というコマが東京から岡山へズラされただけのことであるから、何ももったいぶって話すほどのことはないわけである。だが、親しい友人たちは、私の岡山行きを思いとどまらせようとして、あるいは地方大学づとめ教師の不利な点などを数えあげるなどして再考をうながすのだった。そのたびに、「この臆病者の保守主義者め！」と心の中でひそかに罵声をもってこたえていたのは、みずからの決意を維持するための精神的対応措置にほかならなかった。あの紛争時代に、いきおいよく大学をやめていった英雄たちにくらべれば、私のずれなどは話のたねにもならぬ些細なことながら、やはり、もろびとこぞって東京をめざしている世の流れからすれば、そこからずり落ちてくるのは尋常なことではなかったのだ。

私の岡山赴任は、奇しくも新幹線の岡山開通とほとんど同時であった。「東京へだって、これからは四時間じゃ。便利になったもんじゃ。困ることはない」と、停年で退職し、今は鎌倉に住む前任者の文学博士G［江実《ごうみのる》］名誉教授は私をなぐさめた。しかし私は、新幹線ではなく、欠陥車で名をはせたH社の軽自動車に家族および数年来生活をともにしている駄鳥を乗せて岡山へやってきた。新幹線に乗るんでは、まるで「ひかりは西へ」のサクラだし、それに、なるべく平常心をもってひょいと出て行きたかったのだ。こうして私たちは、時々試みる長途のドライブに出かけるが如きいでたちで岡山へやってくると、大学構内に新築された職員アパートの三階の住人となり、そのまま今日におよんでいる。

岡山は私にとって何のゆかりもない、未知の新天地であった。そして車を走らせながら、いま私はミュンヘンからミラノへ行くところなのだ、と頭の中でヨーロッパの道路地図を重ねあわせて考えていた。東京—岡山の距離といえば、ヨーロッパに移すと、これら南ドイツと北イタリアの二都市を結ぶ自動車道に相当する。人は信じないかもしれないが、私には、もう何年も昔になるドイツでの生活の後遺症があって、何ごとにつけ、このように翻訳してみるくせがある。私を知らない人は、残念だが、キザだと思うだろう。だが友人たちは私のこうした性癖を良いとは言わないが、不自然とも思っていないようだ。

その証拠に、「君、日本はドイツじゃないんだよ」と真顔になって友人がたしなめてくれたのは、私がいい気になって次のような話をしたときのことだ。

——ドイツの大都市といえばミュンヘンにハンブルク。そこの人口は、それぞれ百万、二百万ていどである。名高い大学のあるハイデルベルクとて十万そこそこ、伝統を誇るマールブルク大学の町に至っては五万。しかるに岡山大学は堂々人口四十七万の、あちらでいえば州都の大学ではないか。東京のように拡散した町ではなく、コンパクトな中都市の暮しもまたよいかなだ。すくなくとも私どもが住んでいたボンに比べれば、倍の人口がある。そうだ、もう一度ボンに帰るつもりで行ってみよう——

私は友や師との離別の淋しさの中に、みずからこのような勇猛心に酔って、うきうきとさえしていたのだった。だが何といっても未知のよその大学から招かれたのもうれしかった。これもドイツの感覚からすれば、自分の出た大学にそのままのめのめとしがみつき、停年まで過ごすというのは異常なことなのだ。

ましてや紛争以来、邪魔者だがいさせてやろうと恩を着せられているような、ぐあいの悪さを感じていた日々であった。また学生諸君にむかっては、君らのような勉強ぎらいとつき合うのはまっぴらだ。見ていろ、今にやめてやるからと何度も切ったタンカを、実行にうつし、一瞬でいいからせいせいしてみたいという気持もあった。ところがその一瞬を味わえば、この世は終りというものでもない。私は一瞬の快感とのひきかえで、こんどは地方大学をたっぷり体験することになった。

いやしくも男なら、東京の大学にいるべきで

岡山へ着いて数日後、運転免許証の住所変更手続きのため、警察署に出頭した。受け付けた女子職員は、私が東京の大学をやめて岡山へ来たと知ると、「まあ惜しいわ」とつぶやけば、傍に腰かけていた制服の警官氏はそれをうけて、「命令じゃけーしょうなかろう」と解説的見解をつけ加えた。大学と機動隊の基地とは至近距離にあり、大がかりな大学紛争を経験したこの土地としては、大学と警察は深いなじみの間柄である。にもかかわらず、このおまわりさんは、大学にも命令による転勤があると思っているらしいのである。それはともかく、警察官たちとの会話が、この上なく素直で打ちとけていただけに、それはきわめて教訓的であったから、私は岡山市民の抱く中央への感情について、おおよそ次のような結論を引き出すことができた。

――東京のサラリーマンは、とくに事情がないかぎり、命令でもなければ地方へは行くはずがないこと。なぜか。東京は日本の中心であるから、人であれ物であれすぐれていれば、すべてそこへ集中することになっている。いやしくも男なら、東京の大学へはいり、

そのうえ大学の先生になるとすれば、東京の大学の先生になるのが当然であり、そこに残れなかったのは、やはり東京に残った人に比べて、どこか劣った、要するにぐあいの悪いところがあったのだろう。だから岡山大学の先生より、東京の大学にいる先生の方がえらいにきまっているのだ。それを、わざわざ岡山へやってくるとはただごとではない。何かよほどまずいことがあったのだろう——と。

悲しいことに私もなみの人間。なみの人間の考えることが、なみの私にすぐさま通じないはずがあろうか。人が言うように、私はやはり軽はずみだったのだろうかと、意気揚々の夢からさめて、胸をつかれる思いがするのだった。まだ東京にいた時のこと、岡山へ移る気持を、ある知りあいの主婦に打ちあけたところ、「よほど何か悪いことでもして、東京の大学にいられなくなったのだろうと思われるわよ」というのが、彼女の感想だった。

私は笑って聞いていたが、笑いごとではなかったのだ。彼女の予言は世間一般の人についてだけでなく、「岡山」大学の先生たちの胸中をも言いあてていたことがわかった。私を迎えた大学の先生たちも、「何かあったんだろう」と考えた点では同じだったらしい。それは、ここの先生方が、みな東京を志向してひがんでいるからではなく、じっさいに地方大学の先生はたしかに冷遇されているという客観的状況から出た判断である。この明白な事実についてはあとで述べるであろう。

もし神や思想に身を献げた者ならば、それが神や思想の御旨《ぎよし》に沿うことでありさえすれば、どこへでも、いとわず出かけて行き、そこに骨を埋めるだろう。だが大学の教師は、すくなくとも今のところ、伝道者ではない。一歩ゆずって「収入もある」伝道を志すとしても、人はむしろ、そのためのメディアに恵まれた中央をこそ志すべきであろう。そう考えてくると、私を岡山へ来させたのは、やはり出来心、あるいは好奇心のなせるわざであったと言うほかない。すくなくとも私にドイツの大学での経験がなかったとしたら、東京から岡山へ移ろうなどと、本気になって考えることは決してなかったであろう。ドイツには東京のような罪つくりの中央は存在しないのである。

値上りしたかもしれないが、九千円の競争馬

岡山大学は教職員二千二百、学生六千五百を擁する、もと駅弁大学、いまのことばで言えば、中国地方では広島とならぶ有力大学である――とこう言えるであろう。私のいた東京の大学は、国立大学のリストの中では末尾から一、二の席にしがみつく、弱小大学であると言われている。それにひきかえ岡山大学は上からの十傑あるいはその次に位するということだから、私の比較には公平でない点があるかもしれないと、あらかじめことわっておくべきだろう。

さて、転任の話がもちあがったとき、私はここへ下見にやってきて驚いたものだった。キャンパスの中を、馬に乗った学生が、悠々と散策しているではないか。大学の前の清流には樹々が涼しきかげをおとし、子供たちが魚をすくっている。農学部の庭では、羊が青草をはみ、数基の灌水装置がいっせいに作動して、ブドウ畑に水をふりそそいでいた。大学を抱くがごとく、背景にあって緑なすふたこぶの山もまた、大学の所有にかかわる演習林だそうだから、敷地面積では、北海道大学と首位を争っているのだそうである。そして私はいま、そこの住人となったのである。

首都の最有力大学を除いては、どこの大学にも、木造校舎を鉄筋に建てかえ、規模をひろげた、功労学長の名が一人くらいは必ず記憶されているだろう。どぶ板議員よろしく、中央とのパイプに徹し、ときにはなりふりかまわぬたちまわりを敢てして大学を今日あらしめたこれら功労学長の功績を、けっして嘲笑的に語ったりしてはならない。そんなことができるのは、東京で、ぬくぬくと、手あつい保護のもとに育成された一部の有力大学の勤め人だけであろう。『岡山大学二十年史』は、戦後、旧四八部隊のこの敷地をそっくり手中におさめるため、師弟一丸となって徹夜でピケットラインを張った、往時の先覚者の武勇を伝えている。その限りでは、当世風に言えば「たたかいとった」大学なのである。

岡山は新幹線の西の終点［当時］として、旅行者が訪れる機会は増えたけれども、このような規模をもつ大学が観光客の目にとまることはまずない。東京の大学では、受験期が近づくと、親につれられて、大学を見に来た学生候補者の姿がよく目につく。そこで私は思うのだが、受験生を持つ親は、こういう巡礼コースの一つに地方大学を加えてもよい。とくに東京の親たちには有益だろうと思われる。

ところで、私を岡山へ連れて来た、前述のG名誉教授は、「果物はおいしい、魚もうまい。瀬戸内海を見られい。あれは東洋のベニスじゃ」と岡山をたたえるとともに、岡山大学は優秀な勉強家の教授陣をそなえた、強力な学問の府であると強調した。前半部については異論がある。G教授は、モンゴル文献の精緻な研究で世界に聞こえた碩学ではあるがベニスとの比較は全然なっていない。だが、後半部はいつわりではなかった。

教授諸氏を出身大学別に見れば、東北、東京、京都の旧帝大と広島出身者を中心とする寄りあい世帯であるらしいが、私はこのことについて特にしらべてみたわけではない。こういうことが話題にならないほど、ここでは誰もが出身についてはとやかく言わないのである。いわゆる学閥という要因が関与しないのはたのむべき閥をもたない私にとっては、すこぶるありがたい点であった。だからといって私にとって、この大学は居心地がいいかというと決してそうではない。

G教授が、若手の教師たちはしのぎを削っていると表現したのはほんとだった。ここでは温情による年功序列主義はかけらもなく、公明正大というべきか、あるいは激烈というべきか、競争原理が貫徹している。教授になるまでの教師の昇任人事は、ひたすら「業績」によって決定される。業績主義の徹底ぶりは、ここへ来てから経験した二つの人事から思い知らされた。大学関係者以外の読者に年功序列の制を説明すれば次のとおりだ。

一般に多くの大学では、上から並べて教授―助教授―講師―助手という序列の中で、もし教授が停年で退職したばあい、年齢の不均衡さえなければ下から順にもちあげて、最下のあき間に若手の新任を補充することになっている。しかるに岡山大学ではそうは容易にことが運ばない。空いた席は、次の人から順に坐れるわけではないのである。ただちに全国に公募が飛んで志願者をあつめ、その志願者たちの一人として、岡山在勤の人も競争にかけられるわけである。長幼の別はほとんど無視されるから、ある教室では六〇歳にもなろうかという人を助教授にすえおき、他大学から四〇そこその若手を招いて教授の席にすえたという例すら伝えられている。じじつ私の着任後も、四二歳の現任助教授と四一歳の助手をすえ置いて、他大学から四二歳の人が教授として引き入れられた。

著書や論文の数が多ければ競争力も大であることは言うまでもないが、業績を決定的にし、その頂点を飾るのは、何といっても博士の学位である。じっさい、東京のどこに行っても、これほどいきいきと学位が話題になるところはないだろう。私の前任者、前述のG

博士も「学位がなければ教授にしてもらえませんぞ」と、くりかえしのたまわったが、このおどかしは嘘ではなかった。従来、大学の職員録は、助教授とか講師の職名に住所が書いてあるだけのものだと思っていたが、ここでは学位までが、職員録はおろか、学生便覧にまで刷り込まれている。しかもその数は、きら星のごとくと言いたいほどである。気の弱い私などは、自分は岡山大学のもぐりの教師ではなかろうかとだんだんに思われてきて、ついには「おれはふがいなき東京田舎者よ」とひしひしと身のつたなさをおぼえて来るのである。

聞くところによれば、ここに大学院を作る際、文部省を説得するため、鋭意、博士の頭数をそろえたのがこの結果だそうである。そして、この博士たちは、われわれ非博士に向って「くやしければ学位をとってきなさい。お金がなければ貸してあげてもいいよ。たった九千円だよ」というのである。この人たちが学位をとるときに納めた必要な手続料は九千円だったそうだ(今はもっと値上りしているそうである)。非博士、非教授はたえず追いまくられている、哀れな競走馬である。だが、けなげなことに、若い人たちはここの厳正な業績主義の原則をみずから誇りにしているように見える。

勤勉な学生、学問の府の図らざるデパート化

ところで、地方大学をかくも博士病にかからせているのは、たぶん中央の文部省の方針に出るものであろう。私の以前いた東京の大学には、博士は一人二人という状態だったのに、大学院を作ってもらっていたのだった。それに比べて地方大学は、より厳しい審査のもとに置かれているふしがある。だから地方大学は、たんすの底までひっくり返しても、その実績を見せびらかさねばならない状態に追いこまれたのだろう。その結果、すこぶる文学的でない文学博士——非文学博士とでも呼ぼうか——の続々誕生となったのである。

しかし、ものは考えようである。このような業績主義にかわって学閥の原則が支配していたとしたらどうだろう。業績主義は学閥主義よりもすくなくとも合理的で、害も少ないだろう。ただ、このような修羅のちまたを前にして、へなへなと腰の抜けてしまう、私ごとき気弱な者には、もう少しおっとりした、博士でなくとも蹴落される心配のないところに逃げて行きたいと、正直なところ思われてくるのである。

要するに地方大学の教師だからのんびりしていられるだろうという予想は、事実の真反対だったのである。このように競走馬よろしく業績へとかりたてられている教師から教えを受けている学生諸君もまた、きわめて勤勉である。五月の連休といえども、学生諸君が研究室で勉強しているさまは、過去十年の教師生活ではじめての経験だった。学生諸君は

自習室が手狭であると嘆いているけれども、土地、建物に関しては東京の弱小大学に比べれば、格段に恵まれている。下宿は大学の周辺に集中しているから、東京のように下宿から電車に乗ってくる者はいないので、大学は学生生活の文字どおりの中心となっている。一般に教師も学生も、その生活の全域にわたって、大学への依存度は東京と比較にならないほど高い。それを、私が東京でつきあったある学生の例と思いあわせてみよう。

かれが私の授業に出席すること、年間数度にも達しなかった。私が勤勉な出席をうながさなかったのは、かれにはテレビをうつす企業につとめたいという大志あることをかねてより知っていたからだ。この人は授業に出席するという無駄なつきあいを強い意志で節減し、その効あってついには、受信料をとって見せているあの大企業に合格しえたのだった。この人は、すくなくとも卒業論文という、わずらわしい苦役からは解放されていたが、岡山大学ではそうはいかないのだ。ここでは、博士である教授たちが、卒業論文によって四年間学生諸君を脅迫しつづけているようである。

私の経験からすれば、学生として勤勉なことと就職成功率とはどう見ても比例しておらず、実状を見ればしばしば反比例している。そして世評はいずれの大学に軍配をあげるだろうか。一方、教師たちはといえば、このような事情にはほとんど気がつかなく、孜々《しし》として研究つまり業績の蓄積にいそしんでいるから、その意味では俗を超えた学問の府として、はた目にはうつる。このような環境のもとでは、たとえば、英文、独文、仏文、国文といったような、どこにでもある、あぶなげのない学科は、タコツボの中の平和を楽しむことができる。しかし、近来、タコツボ破りが使命であるような学問もおいおいと生まれてきているが、それらはこういう環境の中ではきわめて認知されにくいのである。地方大学がいかに立派な陣容をそなえていても、それがタコツボの集合にとどまるかぎり、新しい学科の増設も、タコツボをまた一つつけ加えたというにとどまるおそれは大である。このような雰囲気はきわめて時代おくれであり、そのことが、学生の感覚を形成する上にも少なからざる不利益をおよぼすことになっている。

　このひろびろとした大学に、ロシア語の専任教官が一人もいないと知ったとき、私は唖然とした。英語の教師が二十名近くもあって、一人のロシア語教師を置くちえがない――こういった問題は誰が解決してくれるのだろうか。これは、外部のことにはいっさいかかわらぬという例のタコツボ精神と深い関係がある。このような現状をもって、学生の側に、新しい語学をやる好奇心や意欲が欠けているのだと判断してはならない。問題は、万一誤って変な意欲にとりつかれたら最後、学生は新幹線にでも乗って「中央」まで遠く旅をしなければならないという点にある。比較的ポピュラーなスペイン語、イタリア語でさえも、ここでは勉強するつてがないのである。

たまたま私は最近、イタリア語の講師を招き、授業を主催する機会があり、そこで学生諸君をしんそこから見直したのである。かくも熱意に燃えた聴講者は東京でも見いだすことは稀であり、数日のうちに、学生諸君は現代作家を読みこなせるばかりになったのである。五十数名のうち半数を占めた、未来の音楽教師たちは、本格的なイタリア語の教養をもって、中国山地の子供たちに音楽を教えるだろう。

このようなことを考えあわせると、最近、広島大と金沢大に相次いでロシア語教師が赴任したというニュースは、中央の人が考える以上に特筆すべきである。「広島と金沢の同志らよ、よくぞやった」というのが、今の私の心境である。東京の学生には、常に手近に開かれている機会が地方の学生には与えられていないのだ。

東京のように多種の大学や図書館が密集していれば、必要に応じてそれらを利用することができるのに対し、地方大学は、それぞれが独力で、あらゆる要求に応じなければならない。つまり多種の専門店を持ちえない以上、充実した、何でも手にはいるデパートメント・ストアの役割を果たさねばならないのだが、そのような責に任ずるには地方大学はもっと優遇されねばならない。

「山紫水明」大学成るか　東京貴族の列を外れて

機会に恵まれていないという点では、教師も同様である。いや、人が東京以外の土地に大学教師として行きたがらない大きな理由の一つがこれである。近ごろ、ふと参照したくなった本を書棚にさがして、ああ、あれは東京に置いてきたのだと、失った指を思うような心地を味わうのである。かつて一九六二年ごろ、アジア・フォード財団の資金を導入して、現代中国研究助成資金にしようという着想をめぐって、たたかわされた議論を思い出す。アメリカ資本の紐つきになり、アメリカのアジア侵略に加担するおそれがあると反対した若手研究者たちを前に、ある地方大学の教授は次のように述べて、自己の立場を弁じた。――研究者の待遇がいかに劣悪だとはいえ、東京にいる研究者は東京に住んでいるだけで貴族だ。東京にさえいれば思いのままに資料を見に行くことができる。地方の者には旅費、宿泊費が重い負担になる。アメリカからもらった資金で安い宿泊施設を作るだけでも、この格差をちぢめるのに役立つであろう。

この意見は一笑に付されたようだったが、私には妙に印象深く記憶に残っている。それから十年たった今、ふとこのことばがよみがえって、私は「貴族の身分」をみずから捨てたのだと心の中で述懐している次第である。

そんな時、ラジオから「山紫水明の」「理想的な教育環境」をつくり、「大学の地方分散と新しい大学の設立」を説く田中首相［当時］の大方針演説が耳にはいってきた。「山紫水明」だけで、教師や学生は東京を離れるだろうか。離れない。大学は風景を楽しむところではないからだ。東京には文部大臣だって、田中さんにだって七円出せば三分間も話せる電話がある。だが岡山から同じ時間話すのには四二〇円、つまり六十倍のものいりとなる。全国一率の郵便料金にくらべて、電話は地方搾取の象徴である。

地方ぐらしは物価の点でも東京や大都市よりは高くつく。そうでなく見えるのは、ここの人たちがつましく生活をおさえているからだ。それなのに、私たちの職業では、給料の点で東京との間に差をつけられていることを、東京にいるとき、私はまったく知らなかった。というのは、東京の人たちは本給のほかに、八％の割増金を任地手当としてよけいに受けとっているが、それが岡山では三％、島根、鳥取となればゼロ％だという。私のような転任者には三年間の執行猶予があって、その間だけは東京者扱いとなる、ありがたきしあわせに浴している。大学の教師がいかにお人よしだとて、給料を減らされてまで「地方に分散」させられてはかなわないことぐらいは気づくのである。新幹線がついたおかげで、地価も家賃もはねあがって、大もうけの機会に恵まれたような地主教授はむしろ例外だろう。地方大学はこの種の地主教授だけでやって行けると文部省は考えているのだろうか。

ところで岡山は新幹線の西の玄関となったおかげで、空前の観光客を運んだということだ。天下の名園だの何だのに目を奪われて、これらよそ者は気づかないだろうが、岡山市の実体は日本でも類を見ない不潔都市である。市は家庭のゴミを週一度しか集めない［当時］とふんぞり返っているから、医学部公衆衛生学教室の博士様だろうが何様だろうが、一週間は魚のあらだの腐った野菜だののゴミ詰めになりながら、公衆衛生学ととりくんでいる。一週間分のゴミに飽和した夏のアパートの臭気は、瀬戸の夕なぎの効果と相まってえもいわれぬ。市が万難を排してでもやらないのは、ゴミは週二回以上集めるものだという常識が市民の間にまだ普及していないためである。あまた博士の導入も、市の基本的な文化水準の向上に何ら寄与しなかったと見える。

文部省の統計によれば、昨年度［当時］、東京の受験生のうち八三％が地元すなわち東京都内の大学に入学したという。これらの諸君は、いずれ国鉄の周遊券を買って、おそらくは「ひかりで西へ」やってきて、日本をディスカバーした気持になるかもしれない。ところが、地方をディスカバーするのはそれほどてっとり早くは行かないものだと、私は気がつきはじめた。ガイド・ブックは「この町はゴミを週一度しか集めない」とか、「ここの国家公務員は東京にくらべ、八％給料を値切られている」とかの情報は伝えないからである。

政府は、すでに「山紫水明」の地にある地方大学をさしおいて、いったいどこに「山紫水明大学」を作ろうというのだろうか。そのような余裕があったら、すくなくとも地方大学の教師にも東京の教師と同じ給料を保証し、さらに地方手当でも出すがよい。東京の大学が日本国民すべてのものであると同様、地方の大学もまた国民すべてのものであって、地元民の専有に帰すべきではない。東京出身者は東京の大学へ、地方の出身者も東京へでは、せっかくの機会に、学生は自由なたちばで日本のさまざまな現実にふれることなく終ってしまうだろう。私は思う。岡山育ちの受験生たちは何が何でも東京の大学にはいり、勉強はせずともよいから、東京では知事がゴミとたたかっていることだけでも知ってきてほしい。

東京の大学生候補者たちは大いに心をはげまして、ぜひとも「山紫水明」の、「大学らしい」大学にやってきて、四年間たっぷり地方の暮しをかみしめてほしい。人々は、大都市には矛盾がうずまいているが、地方はそれからまぬかれていると思っているかもしれない。だが、大都市では矛盾がすばやく摘発されるというだけのことであって、地方は矛盾が矛盾として意識されにくいのである。大学もまたその例外ではない。

（『中央公論』1973年4月　中央公論社）

【二〇一七年における補記】

この一文は、『中央公論』誌の編集者が、岡山に行った私のことを、さびしいだろう、わびしいだろうと同情して、書くようにすすめ、わざわざ岡山までやってきて、原稿を受けとり、発表してくれたものである。一九七三年当時、そのような時間と経済の余裕が出版社にあったことに感慨をおぼえないわけには行かない。雑誌は今よりははるかに多くの読者に読まれ、また多様な内容を盛ることができたのである。

西先生がお住持になるのをやめた話

西先生とのおつきあいは、昭和三三年、西暦一九五八年の春、私が一橋大学大学院に入ったときにはじまる。

私の専門は言語学であるが、モンゴルという具体的な場ももっている。モンゴル言語文化のフィロロジカルな研究には、広い意味での東洋学の素養と、それを助けるいろいろな言語を知っていなければならない。ロシア語、シナ語などの有力言語のほかに、チベット語、マンシュー語、トルコ系諸語などである。一般的に言えば、マイナーな研究対象ほど、備えるべき道具や装備が多岐にわたり、したがって効率が悪く、手間がかかり、かんじんの学問というところまではなかなか到達しにくいのである。しかも一橋大学には、こうした備えを供給してくれる条件はほとんど皆無であった。

そこで指導教官ときめた亀井孝先生に、いま思いかえしてみると、きっと迷惑であったにちがいない、あれこれの相談をしてみたところ、チベット語は誰それのところへ行ってみるがよい。漢字を読むなら、ニシのところへ行ってみるんだな。とにかくニシとも相談してみろよ。ということで、私は西先生のところへ行き、そこで、［分校校舎がある］小平へ行って、荘子を読むことになったのである。その授業に出るために、私は張りきって王先謙の『荘子集解』という本を買ったが、これには五八年五月五日との日付けが書き込んである。

しかし、小平にはそう長くは通わなかった。そのかわり、たびたび保谷《ほうや》のお宅に遊びにうかがうことが多くなった。その時の話というのは、学問にかかわるようなことではなく、また私の話が先生の関心をひくようなことでもなかったはずなのに、よく話し相手になっていただいたものだ。しかも、昼すぎから夜までの長時間におよぶことも少なくなかった。

駆け出しの院生は、いろいろと技術にかかわることに関心があって、ハウツー的な質問をするのもやむをえない。ところが、西先生の口から出たことばは次々に私にショックを与えるような乱暴なものであった。たとえば本なぞ沢山もっていたってしょうがない。うまい酒を好きなだけ呑む方がねうちがあるんだ、といったような調子である。しばらくたつと、こうしたスタイルにもなれて、あまり驚かなくなった頃、今度は藤本治と阿部謹也が二人でそろって、私よりももっと足しげく、もっと長居の客として保谷に通いはじめたと、本人たちの口から聞いて知った後、私の方は、いくぶん保谷から遠のくようになった。そのかわり、先生を中心にして、この連中と一緒に温泉旅行するときなどは、たいていは欠かさずに参加した。

とりわけ記憶に残っているのは、一九七二年に私が東京外語から岡山大学に勤めをかえた翌年のころ、同じく小樽商大に移った阿部謹也の慰問を兼ねた北海道旅行だった。阿部は、北のはてに来て、話のわかる人間もいなくてつまらないと、その頃はよく嘆き、まるで小樽の人たちと、そこに居ることを呪っているふうであったから、こぞって出かけたあの旅行は、慰問旅行と呼ぶにふさわしいものだった。

その頃の西先生は、出口のない、どうどうめぐりの議論につき合うだけでなく、話の火だねが消えかかろうとすると、わざと、おきをつついて再燃させる役割を演じられた。阿部、藤本、先生の三人が、申しあわせたように、かわるがわる自分のパイプから吐き出す濃い煙やニコチンガスのせいで、他の一行はタタミの上で半死半生の状態になっているのをしりめに、この三人は夜明けまで煙で部屋を満たし続けるのであった。

この慰問旅行の少しあとのことだったと思う。久しぶりに保谷にうかがったとき、私は岡山からの遠来の客だったから、奥様が私を玄関に迎えられて、最初に言われたことばが、西は近頃、お住持になりたいなりたいと言うんですよ、というものであった。

住持とは、そのときはじめて聞いたことばだが、そのわりには、それが私の知っている

「住職」にあたるものだということはすぐにわかった。その頃、西先生御本人も、もう学校につとめるのがいやになったなどとよく口にされることがあったので、奥様のお話と符合するところがあった。そして、西先生御自身も、そういうお気持であられることを認められたのである。

私が、ではお経をあげるほうは大丈夫ですかとおたずねしたところ、一つ二つできりゃそんなことは大したことではないと言われたので、私も心あたりをさがしてみることにした。心あたりはあったのだ。

私はこどもの頃の夏の大半を、但馬《たじま》の豊岡市の郊外、日撫《ひなど》の正福寺で過した。この寺には大石りくと、その男の子二人の眠る墓があった。良雄は、仇討ちの覚悟をきめたとき、妻子を但馬のこのみすぼらしい寺に行かせたのだと聞かされた。きまって大雪になる十二月十四日、村の檀家の面々が、この寺で討入りのしばいをやった。私は両親を介して、すでに無住となったこの寺に西先生を置けばどうかとさぐりを入れて見たのだが、檀家が承知しないだろうということになった。

ところがこの寺をかけもっているお坊さんに大善《だいぜん》さんという人がいて、日撫から、山すそをぐるっとまわってさらに奥まった、もっとひどいぼろ寺にすんでいることがわかった。私はこどもの頃、まだ青年修行僧であったこの大善さんにおんぶしてもらって、川まで水あそびに行ったことがある。そして帰り道、からだが冷えたせいか、大善さんの背中に負ぶさったままおしっこをしてしまったという話だ。私の郷里では聞かれない、独得なアクセントで話す人で、そのことばは、肥前のことばなのだと教えてもらった。

大善さんの住んでいる寺は、バスも通わぬ庄境《しょうざかい》というところにあって、そんなところまで西先生をお連れして出かけることができたのは、東京からそこまで七〇〇キロあまりの道のりを、とにかく走ってくれた、ホンダN360という軽自動車があったからである。

大善さんのぼろ寺の庭には、まっ赤な葉鶏頭《はげいとう》が燃えていて、ささやかな野菜畑を作り、その他は、近所の人たちから食べ物をもらって暮していた。檀家もないということだった。大善さんのふとんにも、そのまわりにも、猫が三十匹ほどもたむろして、みなで大あくびをしていた。

母から聞いた話によれば、大善さんには好きな女の人があったのだが、その人は、別のお坊さんの妻になり、やがて結核で亡くなってしまった。そんなこともあって、大善さんは終生ひとり身だった。

久しぶりに私と、そしてはじめての西先生をむかえた大善さんは、私たちを前にして、こういうところで一人でくらすのには、案外金がかかるものですよ。退職金は、全部持ってきてくださいまた、お勤めはしっかりできますかなどと、まことに実務的に質問して行った。どうやら大善さんは、さしあたり、このあばら寺に西先生をお迎えし、二人で住むつもりだったらしい。

話を聞いていて私は、即座に、ああこりゃだめだと思った。大善さんのような天涯孤独の身とはちがって、西先生は保谷におうちもあり、奥様も二人のお嬢さんもある。そもそも、あまりせっぱつまった話ではないじゃないか——と、そんなことを言ったとすれば、私と西先生は、大善さんをひやかし半分でからかいに来たと思われてもしかたがない。間にたった私としては軽率をそしられても弁解の余地はなく、私としては、西先生にうかうかと乗せられてここまでやって来たことを深く悔いたのである。

その時、私には、西先生に対して、いくぶん意地悪な気持がはたらいていた。ふだん先生は、ちょっと人が思いつかないような、ユニークな発言をなさっているのは、それはそれでいいとして、無住の寺の住職になるんだなど、実行が伴わなければならない発言は、いつものようには行きませんぞ——と心の中で私は思ったのである。そもそも寺が無住であるのは、どんな坊さんも、そんなところには住みたくないからそうなっているのだ。なまやさしいことではないのだ。

少なくとも、大善さんが、具体的、実務的に考えてくれたようには、先生は考えていなかった。このことは大善さんには申しわけなかった。

記憶は定かではないが、それから先生と私は、ホンダN360で、国道九号線に沿ってさらに西に向い、鳥取まで御送りし、そこから私は山を越えて南下し、岡山にもどったのだと思う。

先生はその後、お住持になりたいとは、二度と口にされなくなった。もし、庄境のあの寺が、あまりにもへんぴで、ひどいあばらやだから、もっと快適なところをさがそうというふうであっては、話はもう別荘さがしとおなじレベルの俗のことになってしまい、寺に行きたいという動機そのものがあやしいものだということになってしまうだろう。

考えてみると、あのころの西先生は、ちょうど今の私くらいの、あるいはもう少し若い年である。そして私自身、つとめがいやになって、無住の寺のお住持になりたいという心境に近い状態になることもあるが、西先生との経験を思い出してそんな気持が生じるのをいましめている。

大善さんはあのことがあってから数年後に亡くなった。村の人は、大善さんの唯一の遺族である猫たちの始末に困ったという話を母から聞いた。

右に書き記した話は、細部の精確さに欠けるところがあることを私はよく知っている。ところが、そのところをつまびらかにし、たしかめることのできる話相手は西先生をおいて他にない。そう気がついて、私はいま呆然となり、あわてているのである。

（『西順蔵　人と学問　西順蔵著作集　別巻』1995年4月　木山英雄編　内山書店）

【二〇一七年の書き足し】

私には、一橋大学では三人の、たいへん親しいつき合いをしていただいた先生がある。すでに述べた亀井先生、そのほかにロシア文学の金子幸彦先生と、この西先生だ。西先生にはすこぶる常識屋なところと、とんでもないラジカルなところとが混在していて、常識的なはなしだと軽く聞いていると、思わずラジカルな議論になって行って足をすくわれるのだ。先生はその都度、いい気になってぼくの困惑状態を観察しておられたようだが、ぼくとしてはこういう先生に一杯喰らわせてやりたいという常々からの気持がうずくことがあって、このお住持のための寺さがしの動機もまさにそこにあった。阿部謹也はこの文を読んで、君は西先生に、ほんとにそんなことをしたのかいと何度もたずねたが、ぼくはしなかったことは書いたことがない。

新しい人間関係の発見のために

大学紛争もいまではすでに日常化したが、まだ初期のころ、学生が先生のことをオマエとか○○クンとか、あるいは呼びすてにするとかで、新聞なども「いまや師弟の関係は崩壊した」と一斉に書いた。戦後、忠君愛国、孝行など古い道徳が次々とくずれて行った中で、師弟の間柄はとにかく残りつづけてきた。ところがこれすらもひどくあやういものになっている、と嘆く声もある。だが一歩退いて、師弟の美《うるわ》しい心のかよいというものが、昔だってそれほどざらにあったことなのかどうか問うて見る必要がある。きびしいしつけのもとにあった戦時中の小学校を思い出しても、むしろうらめしい記憶の方がさきにたつ先生の方が多い。食うにもことかく日々であったから、先生もきっとすさんだ心になっていたのであるが、それを子供たちに向って腹いせをしたのなら、こういう先生はやはり落第であろう。

師弟ということばが、かなり古めかしい感じを伴っているのは、師も弟も具体的には次第に存在しえなくなってきた証拠である。一人の先生が何百人という学生を教室にすし詰めにして、マイクで授業をする。先生は一人一人の学生の名前すら知らず、一枚の紙切れで成績をつける。こんなばあい師弟などといってみても、そのなかみはほんとに空しい。師弟というのは、外形的には先ず弟子が、一人あるいは少数であって、知識や技術の伝承が直接に、つまり手をとって、かなり長い間にわたっておこなわれるという関係が存在しなければならない。このような関係は、社会化あるいは近代化というものが、それほどすすんでいない、いわばおくれた分野にしか残っていないように思われる。印刷術をはじめとするコミュニケーション手段の未発達の状態では、何かを学びたいと欲すれば、その道の先達の文字通り「門を叩いて」弟子に採用してもらわねばならない。こうして弟子になる以外は教科書、参考書もなければ、ラジオ、テレビも無いから、独学はすこぶるむつかしくなる。知識や技術が、少数の限られた人たちによる独占を離れ、教育の機会均等の精神から近代的学校という場に解放されたとたん、ここに師弟関係の崩壊がはじまるのである。

今日、師弟関係がいくらかでも残っている場があるとすれば、それは主として職人の世界であろうと考えられる。大工でもそば屋でも、自分の意志にもとづいた師個人への選択が少しははたらいている。困ったことに大学に入ってくる学生は、師をえらんでなどいない。大学の銘柄をえらんでいるのだ。師弟の関係というものは、個人対個人の関係の上になりたっているとするならば、大学受験生は、なかみの見えない一まとめの何でも袋に貼られたレッテルのみで信用買いをしている。あるいは、なかみなどは二の次であって、何はさておきレッテルである。

師がえらばれるにはさまざまな要素がある。何よりもその学識技術がすぐれているという長所のほかに、世間に顔がきいて、世に出てしかるべき収入や地位を得るのに都合がいいからという動機が強い、ある場合にはむしろこれが絶対であるかもしれない。こういう師は、いいかえれば「ボス」というに等しい。ボスという英語は、日本語になおすと「親分」であるから、「師弟関係」というのを、もっとふつうのことばになおせば「親子分関係」ということになる。こう翻訳してみると、師弟関係のもう一つのきれいごとでない面がありありと浮びあがってくる。弟子は師のごきげんをとり、なにかうまいおすそわけにあずかろうとする。外にむかっても師のことをほめちぎれば、すなわちそれは自分の地位を高めることにもなる。弟子がたてついたり、反逆すれば、師は破門を言いわたしてクビにする。こういった関係は、会社や役所にうつしていえば上下関係、つまり上司と部下、上役と下役との関係である。つまりこの関係には、上から下への力による支配の関係がある。だから国立大学の先生の顔が文部省の方にばかり向いているときは、ここには上役下役の関係が露呈し、学生に対して師であることをみずからやめていることになるのだろう。

さて、以上において、私は「師弟関係」を「親分子分」の関係に、さらには「上司と部下」との関係にずらせて来た。これは単にことばのすりかえではない。反乱する学生諸君が強く指弾しているのもまさにこの点にあると思われるのだ。「親分子分」「上役下役」の関係は、支配の関係、利益の関係である。仲間の足はひっぱっておいて、自分だけはいい子になろうという、うすぎたない動機が、子分なり下役の側にはある。こう述べてきて、私は「師弟関係」というものを一度は地べたに引きずりおろしてきたのだが、それでもなお、「親分子分」と区別してとっておかねばならないわけがあるということが言いたいのである。つまり、「師弟」の関係は、支配の関係でも、ソントクの関係でもないという点にその本質がなければならない。つまり、知識とか、技術とか、あるいは、こういったものを包む思想（＝ものの考え方）の発展のためには、支配、権力というものがすこぶる有害であり、こういう圧力をはねのけて行かないと、知識も技術も発展しないということである。知識や技術というものは、これを固定し、とじこめるのでないかぎり（とじこめれば知識と技術も次第に堕落し、お説教やまじないになる）、体質的に権威や権力とは折りあいの悪いものである。

そこで問題は、親分子分、上役下役的要素を除き去った「師弟」関係はどうなって行くのかという点にある。これが実は、今日の大学紛争の中でさぐられている一つのテーマである。学生が先生を「オマエ」とか「〇〇クン」とか呼ぶのは、上下の関係を、態度の上で断ちきろうという、せい一ぱいの姿勢であって、かれらが本当に力があって強ければ、なにもこんな気のきかぬ表現をとる必要はないのだ。私個人としては、「センセイ」などと猫なで声で、こびるような学生はぞっとするほどいやだが。

「師弟」像の崩壊は、技術や知識と、これを伝授する人格との間の分裂がますます深くなって行く近代社会では避けることのできない現象である。こういう状況のもとでは、既製の「師弟関係」なるものに強制することじたいがいつわりであって、いまや新しい人間関係を発見し、つくりあげて行くという、すこぶる骨のおれる課題の前にたたされているのである。現代というのは、まさにそういった時代なのであろう。

（『おしえの泉』1969年5月第60号　財団法人全国青少年教化協議会編）

専門が人と思想を殺す

研究者にとって、専門というしかけほど好都合なものはない。それは局外者からのぶしつけで無遠慮な質問から守ってくれ、感性の乏しい者にも居心地よい聖域を保障してくれる防壁だからである。しかし、専門は俗な野心が外からあてがった制度であるかぎり、人間と対立して外にあり、人間そのものが専門［の対象］になることはまれである。専門のメガネは、研究する人間を外からばらばらにくずしてしまうから、その人の思想は卑屈であわれな断片に変えられてしまうことが多い。私のかかわりで言えば、シベリア、モンゴル、中央アジアなどの領域で、特にこういうケースがたびたび起きる。かれらのしごとは、血の気の失せた資料集積庫の、小さく区切られた分類箱の中に、学問の名において限定され、解体されて死蔵されてしまう。つまり、専門が人と思想を殺すという例である。

一九世紀末から二〇世紀にかけて、シベリア生れのポターニンというロシア人がいた。その大著、『西北モンゴル誌』全四巻のうち、一部は邦訳されて、戦後しばらくの間は、「西北蒙古の童話と伝説」と大きく印刷された黄色のカバーをかけられて、神保町かいわいの、どの古書店に行ってもよく目についたものだ。奥付けは、粗末で小さな紙片に、しかもガリ版刷りで、昭和二〇（一九四五）年五月二五日発行、初版一五〇〇部云々とあって、敗戦の二か月ちょっと前に出たわけだが、本文の方はアート紙の図版が二十数葉も入った、りっぱな印刷である。食うや食わずのあの大変な時期に、どうしてこんなのんきな本があらわれたのかふしぎな感じがする。しかも、この訳書は、どさくさまぎれに出たようでも、決して読み捨てにはされていない。たとえば、石田英一郎『河童駒引考』には資料として用いられているし、もっとポピュラーな野尻抱影『星と伝説』（角川文庫）の「蒙古の星」の項は、この本に拠っている。いわく、「終戦の直後、ポターニン原著の西北蒙古志第二巻が、童話と伝説というカヴァーを附けて安売りされ、星座の話も出ているので私たちの注意を惹いた」云々と。

ポターニンはシベリア、モンゴル、中央アジア研究史上、たしかに忘れられない名であるが、そのことのために、専門はポターニン像をそこに封じ込めてしぼませてしまった。私はその後、ポターニンが流刑先のドストエフスキーや、ロシアの思想家とのつながりの中で現われることに意外の感を抱いていた。ソビエトの文献も、ポターニンの扱いはあくまで、民俗、地理の踏査研究者のところで止まっていた。ところが、セシュニナという女性が、一九七四年にオムスクで出した『ポターニンとヤドリンツェフ――シベリア地域主義のイデオローグたち』は、ポターニンをもっぱら政治思想家として描き出した。ここに登場するヤドリンツェフも、学界はあの有名な突厥《とつけつ》碑文《ひぶん》の発見者とのみ教えるだけであったが、じつは不屈のシベリア独立運動家でもあった。

かれら、シベリアを生れ故郷とする者たちにとって、帝政ロシアから排泄された、ありとあらゆる腐敗と汚濁の中に、シベリアを放置しておくことは耐えられなかった。シベリアはがんらい非ロシアの、土着の諸族のすむところであり、その生活と自然は、シベリア固有の性格をもつものだという論証は、かれらの運動の最大の支柱となった。民族誌や地理学的調査への熱中は、この観点をはずしては理解できない。研究成果が、学界的栄達にむすびつくような、専業学問のからくりは、まだ今日のような形をなしてはいなかった。

一部はウクライナの独立運動とも連動したシベリアの分離独立のアイディアは、その根本に連邦主義の主張を宿しており、帝政時代にもはげしい弾圧を受けたが、のち二〇世紀の革命期をむかえると、ボルシェヴィキとはさらに深い対立関係にはいった。かれらはフランス革命を、地域主義の根だやし、少数民族集団からの権利の剝奪による、おそるべき中央集権制とみていたから、連邦主義を前面に立て、ジャコバン的ボルシェヴィキと妥協せずにたたかった。その連邦制のモデルは、かれらにとってアメリカとスイスであったから、じっさいにヤドリンツェフはアメリカにまで旅をしたのだった。

一九七九年の二月、私は北海道大学スラヴ研究施設が催したシンポジウムに招かれ、「ロシアの分離主義における民族的性格の役割」と題する報告をもってのぞんだ。その時、事前に私のテーマを知っていた愛知県立大学の原暉之氏は、ヤークシェフという人物が、一九二七年、亡命先のプラハで出したポターニンの短い評伝のコピーを与えられた。私はポターニンを好事家《こうずか》の文庫に幽閉しない人がここにもいると知って、大いに勇気づけられた。とともに、このパンフレットを出した「在チェコ・シベリア人協会」なる団体をもっと知ってみたいと考えていた。それは意外なことから明らかになった。

この春、大阪外国語大学［現・大阪大学附属図書館］が所蔵する石濵文庫をしらべているうちに、そこにこの協会が発行した『自由シベリア』誌があるのを発見した。石濵文庫にはもっと奇妙なものがある。それはシベリアのビロビジャンにあるユダヤ人自治区で発行された、イディシュ語の新聞『ビロビジャンの星』一束である。それも一九三七年というう、クリティカルな時期のものだ。

石濵純太郎という人は、大阪で家業の製薬業を継ぐかたわら、生涯専業の研究職につくことなく、興のおもむくまま、東西の書物を買いあつめ、人にも読ませては新たな研究にそそのかせた、たいへんな蒐集家としてしられている。とりわけ、ネフスキーを西夏語研究にかりたてた背後には、石濵の蒐集があったと言われている。しかし、これらの伝説はすべて私の石濵像にマイナスにはたらいていた。ああ、また例の古色蒼然の超俗居士かと。ここでも私は、「東洋学」という専門レッテルによって石濵を解体し、矮小化していたのだった。石濵文庫には、私が当然あるべきものと期待した標準の書物が時に欠けていて、かえってそれからはずれた意外なものが目につく。その意外さと、ヘブライ文字がわざわいしてか、七〇〇頁を超える大冊の目録に、『ビロビジャンの星』はまだ登録されていない。

石濵の名は、学生時代、上原専禄氏の口から何度か耳にしたことがある。学問という世俗のなわばりの求めによってではなく、一人の考える人間が、強力な磁石によって引き寄せた、ずっしりと重い世界の完結性がそこにはある。

（『思想』1981年5月　岩波書店）

【二〇一七年における追記】

石濵純太郎は、また三島海雲らとともにカルピスの発案者としても知られている。二人とも京都の学生時代に内モンゴルに旅し、馬乳酒をヒントに、この乳酸菌飲料を発明したと伝えられている。いま、このことを記した文献をあげることはできない。好事《こうず》の士は自らあたって調べられよ。

ポターニンやヤドリンツェフのいさおしについて、私は岩波現代全書『「シベリアに独立を！」諸民族の祖国《パトリ》をとりもどす』で述べた。この本はロシア語に翻訳されてほどなく刊行される。

大学の授業と市民講座のちがいについて

一橋大学を定年でやめたとき、もう二度と大学にはつとめないぞと心にきめた。その代わりに、市民講座やカルチャーセンターだったら引きうけられる余裕はあるだろうと考えて、こちらの方はあまり断らないできた。ところがそれから二年たって、つらかった大学づとめの記憶がうすらいできた頃、中京大学に来ないかとさそわれてそれに乗ってしまったから、以前からの市民講座の約束が生きていて、結局二重の負荷にあえぐようになった。しかしそれは、いくぶんの負け惜しみをまじえて言えば大学の授業と市民講座の授業のちがいを、あらためて比較考究してみる機会となった。

まず教える側として、どちらを好むかと聞かれれば、ためらうことなく、市民講座の方だと答えるだろう。これには、多くの人が同意してくれるだろう。ではなぜそうなのかという問いには、以下の文章の中でじょじょに明らかにするつもりであるが、それに先立って、市民講座には少なくとも二つのタイプを区別しておかねばならない。第一の種類には多くのばあい「〇〇入門」といったような題名が掲げてあって、何かきまった教科書的知識を一通りやってみようという、定食コース希望、いわば大学でやっているようなことを、よりかみくだいて、手短にやってほしいという要望に応ずるためのものである。

主催者はたいていの場合、その方が多くの受講者を獲得できると考えているらしく、私にもそのような題をあてがってくるのだが、この種の講座ならば私は引きうけない。何よりも私にとって興味がないので、私はそのような偏りのない学問紹介をするにはまったく適さない人間だということを企画者に説明する。

第二のタイプの講座は、講師にあわせて、こういうことを中心にして話してほしいとねらいを定めて企画されたものである。そして、このような依頼のしかたをする企画担当者は、相当な読書家であって、たとえば私の書く本や論文をいくつも読んでいて、それにもとづいて注文をしてくる人たちである。これは講師にとっては、やりがいはあるが、かなり骨のおれることもある。本の中ではごまかしておいた点を明らかにしてからはじめなければならないからである。

大学のまねごと的な第一種の講座でも、多くの場合たいへん断りにくい。看板は入門であっても、どうぞ御自由にやってください。きっと、基本的なところはおさえていただけるでしょうから何も心配はしていませんと、頼む方はうまい。私は、それならいっそのこと「入門」はやめましょうと話に乗ってしまい、最後には依頼者が妥協した題名できまる。今［当時］、新宿の朝日カルチャーセンターでやっているのは、こうしてできた、「現代言語学の基本問題」というものだ。これは大学の授業の名としてはちょっと出しにくいものではないだろうか。

大学ではシラバスのような形で授業内容の概要と時間の割りふりを前もって大学と学生に示すよう求められる。私の学生の頃は、いな最近までは、そんなものを求められることはなく、気ままにやっているという感じがあった。

シラバスを、印刷するための都合もあって早くから作っておくことは、学生にとっても教師自身にとっても有用なものだが、しかし、話の発展の足かせになることもある。じつは、大学でやる授業の方が市民講座よりははるかに小心であって、創造的・発見的であるよりは、規範的・標準的な基礎を学生に与えるべく求められているというのが私の感じ方である。しかしそれは、決して、大学が教師にそのような規範的知識の伝授を押しつけているからではなく、大学、学生という制度じたいがそのような圧力をかけているからだと思われる。

そのように規範化された、つまり教科書的知識は、聞き手の内発によるものではなくて外からの要求である。したがって、話し手は小心になり、聞く方にとっては退屈なものとなる。その上学生諸君には、授業の話を金を払って買っているという意識はなく、ただただ押しつけられた忍耐の時間から逃れようとするだけになってしまう。こうした規範的知識の一方的伝授の極致が外国語の授業であろう。

外国語の授業が引き受けざるを得ない様々な不幸については、かつて「外国語を学ぶことの意味」(はじめ岩波講座『教育の方法』第4巻に、次いで『国家語をこえて』に収録)で多少ふれたので、重要なテーマではあるが、ここではむし返さない。

それに対して市民講座の方は、毎時間二、三千円のお金を払って買われているのであるから、大学における学生の場合と意識は全くちがう。そのようないわばあからさまな謝礼を講師に支払う習慣は、料理、生け花、ダンスなど、「〇〇教室」などと呼ばれるおけいこごと、つまり具体的な技能の修得に際しては当然のこととされる。というのも、その成果を示すことによって具体的にむくわれるものと信じられているからである。それに対して、私が経験した限りで言えば、一九八七年に岩波書店が主催した市民セミナー「日本語とクレオール語」、そして目下、新宿の朝日カルチャー・センターでやっている「現代言語学の基本問題」の参加者となると、この人たちは、いったい何を具体的な成果としてこの講座を選んだのだろうか。夜の七時からはじまるこの授業に、会社や役所のつとめを終えてからかけつけるネクタイとスーツの人たちをも含む二十人近くものこの人たちの動機は、とにかく教室で、なんとか我慢の時間をやり過ごそうという学生諸君とはまるでちがうのである。

ところが私は、この人たちもまた型どおりの教養を求めているのであろうと考えて、準大学式授業にとりかかるのであるが、もう最初の回ですでにそれは見当ちがいだということがわかる。

質問をうながすと、次々に長年かかえてきた難問や、当面の切実さをこめたような問題が出される。岩波の市民セミナーでは、最初から書店が話を録音し、それをまとめて本にしようという下心をもってのぞむもののようであるが、私の場合、それが本になるのにまる二年もかかった。というのも、しばしば私の話をさえぎるようにして質問が出され、それに答えながら話をすすめるという具合であったから、録音はそのまま本にはならず、全体をまるごと新たに書きおろさねばならなかったからである。

そこで今私の考えていることは、大学の授業に、市民講座的な要素をいくぶんかは織り込めないかということである。といっても、大学は市民講座のように、聞き手の自発性だけに頼るわけには行かないから、出席をとるというような、自由な学問のいとなみとは全く矛盾する、脅しの手段に訴えざるを得ない。しかし市民講座的精神は忘れずに教室に立つ。

中京大学での私の講義には百人ほどの学生が登録しているが、コンスタントな出席者はその三分の一ほどである。数回授業を重ねるうちに、そこにはいくぶん異様な雰囲気ができあがっているらしく、はじめて授業をのぞこうとしてやってきた学生は、その異様さに気づいて出て行ってしまう。この異様さを学生が感じてくれたことで私は満足した。そして、我々は世間でやっているのとはちがうことを、ちがったふうに考える方法をさぐっているのだという共感が流れはじめた気配がするのである。

私は大学疲れから二年間解放されていたという特権によって、次のような古典的問題をあらためて考えてみる気力が残っているのに気づく。それは、いわゆる教養、あるいは教養的知識を、どのような方法によって、必然のものとして秩序づけるかということである。教養的知識の伝授は、多少とも入門的な方法によらざるを得ないのだろうが、その秩序はどのようにして根拠づけられるのであろうかと。

その多くは、たぶん一九世紀から二〇世紀のはじめにかけて定着した伝統であろう。その伝統の中には、ものごとをそれ自体の秩序を反映した真実のものもあれば、単なる習慣を引きずっているというだけのものもあろう。

言語学においては、大家と言われる人たちは、晩年に近くなってから「言語」という、ある意味でそっけない題名で書物を書く。それは入門書として書かれ、またそのようにも使いうるが、たいていは自らの学問の到達点を示すものであることに気づかされる。ソシュールの『一般言語学講義』は、こうした著作の代表的な例だと言えるだろう。

しかしソシュールの『講義』には、そこに示された独特の試みに注目しておかねばならない。この『講義』によって近代言語学がはじまったという学説史上の評価に異論があるはずはない。しかし私には、もっと直接の動機の方が強く感じられるのだ。それはことばについての学問を、単なる知識の寄せ集めではない、一つの体系としてまとめ、それによって、絶えずその境界を脅かしてくる隣接の諸学から自立した領域を確立しようというものだ。

それは一面においては制度にかかわる関心から発してはいるが、本質的には教養的知識の新しい秩序づけという広いコンテキストの中に置いてみることができる。こうしたかまえこそは、大学という場でとるのが最もふさわしいし、どんなにけなしても、大学で、今の学生たちとともに考える以外にはないと思われる。大学はやはり、ものごとの秩序を発見し、考える場所であることをやめるわけには行かない。学生諸君はきっとそのことに気づいてくれるであろうという信念が、私に大学で教える勇気を与えてくれるのである。

（『総合文化研究センター報告書』２００１年３月　椙山女学園大学文学部）

今日の大学と学問を考える
——文学部不用論をめぐって——

日本の大学——企業の下請け

ぼくは日本では二つの大学——東京外国語大学と一橋大学（大学院のみ）——を経験した後、西ドイツ・ボン大学の学生になった。フンボルト財団という、ノーベル賞候補者クラスの将来性ある研究者に与えられるという潤沢な資金を得て、何の義務もない特権的身分だったが、ぼくは手続きをして、あえて学生になった。ドイツの学生生活を知りたいからであった。

ただちに気がついたことは、日本の大学は大学ではない、ということであった。人は言うかもしれない。お前さんの出た日本の大学なるものはいずれも本物の大学ではない。東京や京都の一流の、例のもと帝国大学に行けば、本当の大学に出会えただろうにと。とんでもない、そこも同じ程度に大学ではない。なぜか、それを以下に説明しよう。

ドイツの大学は、まず入学試験をやらない。いな、法律上やってはいけないのである。中学・高校一貫のギムナジウムの卒業資格であるアビトゥーアをもっていれば、全国どこの大学にも入れる。で、入学試験をやらないと、専攻によっては何年も順番を待たねばならないから、たまりかねた入学希望者の要望で、大学が選抜試験をやったところ、これが憲法に違反するという判決が出た――学問の自由に反するというのだ（こまかいいきさつはここには書かない）。

大学が入学試験をやってはいけないということは、学生がいつでも自由に大学をかえる権利をもつことと表裏一体だ。せっかく大学に入ってみたが、そこの教授の学問がだめだと知ったら、次の学期からは、よりいい教師を求めて他の大学に移る――ということは、大学の教師は常に学生から力のほどを審査されているということだ。大学をいつでも変えられるのは、入学費だの、授業料だのを払う必要がないからだ。これに反して日本の学生は、ある大学に一度入ってしまえば、それをかえることはない。これではまるで人質だ。一回だけの非学問的な入学試験が、学生の一生をきめる。これは何よりも「学問の自由」の原則に反する。

日本の大学の入学式は親も加わった大さわぎになる。それはそれでいい。だが本人も親も、学問をやる喜びなどでさわいでいるのではない。かれらの前には四年後に就職するはずの銘柄ものの大企業や官庁のまぼろしがちらついている。学問はときには危険なものであって、息子や娘が、悪い思想にとりつかれてしまい、困った道に入り込むおそれがあるなど、親は予想もしていないだろう。日本の大学は優良大企業や役所に入るための関門であるかぎり、大学としては自立していない。企業が人間を選ぶための単なる下請けをやっているにすぎない。

ぼくは東京外語、岡山大学、一橋大学という三つの大学に切れ目なく教師としてつとめ、切れ目なく成績をつけてきた。さきの話——大学は銘柄企業と官庁への関門——がほんとうだとすれば、ぼくが成績をつけるのは、企業が自分でやるべき学生選びの下請けをやることになるのではないかとずいぶん悩んだが、この問題は大学を離れて十年たった今でも解決していない。

東京外語在任中に次のような事件があった。イタリア語科の出身の学生で、一人は味の素に、一人は本田技研だかソニーだかに就職採用された。しかしあとでこの二人は卒業に必要な単位がとれていないことが判明した。にもかかわらず、上の二つの会社は、採用の決定をひるがえさなかった。理由はいずれも、我が社は、当社が必要とする人材を得るために独自の入社試験を行っているのであるから、大学の卒業とは関係ないと。

この企業の声明は、世間に大きな感動を与え、美談として新聞も大々的に報じたのである。ぼくはあまり脚光を浴びることのないイタリア語科のためにも大いに共感したのであるが、しかしこの話をすすめていくと日本の大学がかかえる根本的な矛盾につきあたることに気がつかねばならない。

大学における実用学と学問

大学で行われる学問（極めて広い意味で）には大きく分けて二種類ある。一つは、誰から見てもふしぎではない、そんなことを何で研究するのかという質問がまったく出る余地のない、いわば「当然の」専攻である。医学、農学、水産、工学、商学、経済学、それにぼくにはほとんど縁がないが、なかなか重要らしい法学などである。さらに、今の日本では忘れられているが、軍事学がある。最後にこれらすべての底辺をささえる学校・生徒管理学（教育学）がある。

今大学に入ってくる学生の大部分はこの実用（企業の要求）・実益をめざしていて、それが八〇、いな、九〇パーセントくらいを占めているのだろうか。その余は、すぐには何のために役立つのかわからない専攻である。

実用学を学ぶ学生たちは、さきに述べたように企業の需要に応ずるものだから、企業がそれぞれに研修所を設けて、自前で要員を養成すればいいじゃないか、わざわざ国立大学が企業の下請けをする必要はないじゃないかと、ぼくは考える。

ところが何ということだろう。我が国では、大学の評価をきめるのは、卒業生が何人優良企業に就職するかであるから、大学はそのための「就職支援課」のようなものを設けて、研究などは二の次、巨大な努力をそこへ注ぐ。言うまでもなく、この努力とは、学問とは何の関係もないものだ。時に発表される「大学の国際比較」の項目のなかに、就職率などを掲げることなどありえないことを、だれしもふしぎとは思わないだろう。

見えないものの学問

さて、以上は、これから述べたいことの前置きである。すぐに目に見える利益を生み出し、あるいはそれに結びつく、単純明快な専門については、大学がそのような専門を設けて学生を集めることには誰も異論をはさまないけれども、すぐには実利を生みださないが、人間として、どうしても考えなければならないことがらがある。

そこでの対象研究は、我々自身のことである、人間という困った動物についての研究である。人間の特性は、他の動物には見られない、なかまである人間を殺すかもしれないということにある。その奥底にはこころのはたらきという、目には見えない、えたいの知れないものがある。

こころじたいは直接扱いにくいから、それを見えるようにするために、まずからだの研究、生理学がおきる。こころの方はことばとして現れるから、一八世紀中頃、フィロソフィアにならってフィロロギアというものがはじまった。ソシュールは、この学問の成立をはっきり一七七七年としている。このフィロロギアには、日本では「文献学」という、まずい訳語があてられた。

たぶん文献学などのもじりで、日本では文学部と称する学部が作られた。この名は、日本文化のためにたいへん不幸なことであった。その結果、学問の方法にも手続きにもとらわれない、一種の落書きのようなものが「文学」と称せられるようになったからである。もちろんぼくは「落書き」が無意味だと言っているわけではない。

日本の大学の「文学部」の起源を知らぬまま、このような文章を書いてはいけないのだが、この「文」は、「文部省」の「文」であって「文学」の学ではなく、「文」の学というのがはじまりであったにちがいない。

日本の文学部にあたるものは、ドイツの大学では、フィロゾーフィシェ・ファクルテート、つまり「哲学部」と呼ばれている。日本の大学でももし、そのように呼ばれていたとしたら、文部行政担当者は、「大学に哲学はいらない」などとは簡単には言えないであろう。

ウィーン大学では、文学部にあたる学問分野は、ガイステスヴィッセンシャフテン（複数形）と呼ばれていたように思う。直訳すれば精神（諸）科学となるが、ガイストとは、漢字を使わないでいえば、ココロ、タマシイということになる。ココロとその働きを扱う諸学問は、他のあらゆる研究領域をこえて諸学の基本をなすことは誰しも否定できないところである。

今日、「文学部はいらない」と言っている政治家の中で、授業に出たり教師と議論したりしてほんとうにまじめにものを考える訓練をつみ、習慣を身につけた学生がどれだけいるだろうか。たぶんかれらはこの点で全くの無資格である。

さて、この「哲学・精神」学部の学生たちは、どのような学問感覚をもっているのであろうか。この「哲学・精神」学部の専攻は、俗な出世はしないという覚悟をもってそれを拒否した、だいたい食えないことに決まっているが、中には食える専攻もある。それをドイツ語ではBrotstudien《ブロート・シュトウーディエン》と呼び、訳せば「パンのための学問」となり、日本の独和辞典では、「よい地位や実利のために選んだ学問」（郁文堂『独和辞典』）とか、「就職だけを目ざす勉学」（小学館『独和大辞典』）などと説明をつけている。この辞典の編者たちの、ちょっとひがんでいるが、決然とした意気込みが感じられる。

哲学部の中で、どのような専攻が、「パンの学問」［日本風に言えばメシの学問］としてイメージされていたかと言えば、日本で言えば国語・国文学科、英文学科などがあり、たぶんさらに、日本史を加えてもいいかもしれない。これらをやれば、さえない教師くらいにはなれて、何とか食べてはいける。

ちょうどぼくがドイツに留学した一九六〇年代に入って、ある特定の専攻を指して呼ぶ新しいドイツ語が現れた。それはOrchideenfach《オルヒデーエン・ファアハ》というもので、直訳すると「蘭の学科」となる。ランは美しいけれども、温室の中でしか育たないひ弱な稀少植物というイメージを借用したものであろう。ここに入るのは古代エジプト学とか楔形文字学とか、そしてモンゴル学やチベット学も入っているだろう。これらは大学が場所を提供しないでは存在しえない専攻である。一九九〇年代にぼくはベルリン自由大学を訪れて驚いたのは満洲語学をメンデ先生が維持していたことだ。えらい！　アジアの国でありながら日本の大学には満洲学の専攻がない。

今日本の大学は、たいていが実利のためのものであり、人間的世界の根源的な問題を、人生のすべてをかけてかかわるものではなくなっている。学問と芸術は、人間の生涯のすべてを求め、奪うものであることを教師が忘れているから、その教え子たちもそうなっている。そのふやけた教師の最も質の悪い教え子たちが、自分の出世にとって無益であった大学をうらみ、その精髄たる文学部を憎悪するに至ったのは全く自然ななりゆきであり、ふしぎではない。

ぼくがそこに巣くっていたボン大学の「中央アジア言語文化研究所」は、W・ハイシヒが、ゲッチンゲン大学から移って築いた蘭科にはまれな城だった。そこにはモンゴル語訳の大蔵経をはじめ、この言語で書かれた重要文献が集められ、ヨーロッパ全土の専門家はそこを目ざして巡礼を敢行すれば、必要なものは、ほとんど見られるようになっていた。この城ができるのとほとんど同時に、ぼくはドイツに行ったのだ。

しかし、ドイツのみならずヨーロッパにとってのこの重要な拠点は、W・ハイシヒの死とともに衰え、ついに消えてしまった。ぼくには、弟子たちが、それを維持する力を欠いたためであると思われる。もちろん背景には、猛然と勢力をのばしてきた「シナ学」の影響がある。

弟子たちは、先生は本を書くのがうまいからねなどと陰口をたたいていた。だが、その弟子たちのいったい誰に、あの『モンゴルの歴史と文化』(訳は岩波文庫で読める)のような名著が書けただろうか。この本は日本語訳を介し、中国政府にとってぐあいの悪い多くの部分を削った上で内モンゴル語に訳され、モンゴル人の目にかくされていた歴史を[ある程度は]明るみに出したのである。

文学部の、とりわけ「蘭の学問」をまもるためには、研究者はたえずたたかっていなければならないことが、これでわかる。論文が何回引用されるかというようなみみっちい成果のためでなくて、読者大衆つまり国民を啓発し、理解をふかめ、学問の味方につけなければならない。そういう努力をしてもなお、敵は文学部をおそってくるからである。

日本の大学の文学部の教師（ここで多数を占めるのは外国語教師である）の多くは、与えられたポストに、オタクよろしく安住し、請負仕事と翻訳でひまつぶしをしているうちに、かれらを全く信用しない大衆、官僚、政治家の中から、もう、もはや抑えきれなくなった文学部不用論が湧き出してきてもふしぎはないのである。

もちろん抗しがたい「時の流れ」というものはある。しかし学問も他の諸領域と同様に、みずから、たたかうことなく守れるものは何もないし、たたかわずして、ただいただいて維持してきただけのものは、つぶされても同情の余地はない。しかしあくまで不幸なのは、日本の国民である。

（『ｍｙｂ』２０１５年10月25日新装2号　みやび出版）

大学と人文学の伝統

人類学がまだ土俗学と呼ばれていた頃の、黎明《れいめい》期日本の近代学問の開拓者となった鳥居龍蔵は、小学校に一年学んだだけで退学させられた。学校の授業が気に入らず欠席がちになったからである。

しかし家では多方面にわたって早熟な読書をし、英、独、仏など外国語の学習にも励んだ。やがて地元徳島の考古学的遺跡の調査を行い、明治一九年に東京人類学会が創立されると、ただちにその会員になった。一六歳のときである。

その後上京して、坪井正五郎教授の手引きで東京帝国大学の研究室の資料整理にかかわるようになり、生涯にわたって、樺太、シベリア、モンゴル、旧満洲など、ひろく極東の調査を行った。東京帝大助教授の職を得て勤務しながらも、意に沿わないことがあって辞職した。このような生涯の足どりを記したのが『**ある老学徒の手記**』である。

鳥居は言う。「私は学問のために学問し、生活のために学問せず」「学校卒業証書や肩書で生活しない。私は私自身を作り出したので、私一個人は私のみである」と。

学問の自立へのこのような強い信念が形成されたのは、その素質を見込んで、これを読んでみろと次々に書物を提供する市井の人たちや、徳島の自宅まで訪れて助言を与えた坪井教授のような大学人が、当時の日本にはいたからである。

鳥居とは対照的に、生涯ほとんど学校から離れず、独自にアラブ学の道を開いた前嶋信次もあげておきたい。私は東京外国語大学の学生であった頃、この人からフランス語の手ほどきを受けた。エミール・ゾラやシャトーブリアンの描く女たちを、先生は飄々《ひょうひょう》とした調子で論じているうちに、いつの間にかアラビアンナイトの女との比較に話が流れていくという具合であった。先生の本業がアラブ学であると知ったのは、ずっと後のことであった。先生は東京外語でフランス語を修めた後、東京大学の東洋史に進まれ、ヨーロッパと東洋を結ぶ研究に沈潜された。十字軍とレコンキスタを扱った『**イスラムとヨーロッパ**』は、いまのような時代になって突然浮かび上がったかに見える問題には深い背景があることを思い知らせてくれる。東西にわたる深く広い学識にささえられた洞察は、目前の実利に追われる総ビジネス化大学からは急速に失われつつある。

大学が企業や官庁の勤め人養成の下請け機関になりさがり、他方で研究をますます狭いこまぎれの専門領域へと分断する結果、技術はあるが、全体を見渡し考えることを放棄した人間を製造する場となる。その危険を、もう百五十年も前に警告しているのがJ・S・

ミルの講演『**大学教育について**』である。

ミルはこの講演で「自分自身と自分の家族が裕福になることあるいは出世すること」を「人生最高の目的」とする人たちに大学が占領されないよう、絶えざる警戒が必要であると訴えている。

今の日本の政治を担う人たちは、かつて大学生であったとしても、大学が学生に与えるべき最も大切な経験――真実という鏡の前で自らの精神のくもりに気づくという知的・心的経験を一度として味わわなかったのであろう。だからこそ、もうからない人文学を大学から追放しようという、先人の築いた日本の伝統を破壊へと導きかねない発想が表れるのであろう。

『ある老学徒の手記』(鳥居龍蔵著/岩波文庫)
『イスラムとヨーロッパ　前嶋信次著作選2』(前嶋信次著・杉田英明編/東洋文庫)
『大学教育について』(J・S・ミル著・竹内一誠訳/岩波文庫)

(朝日新聞　2016年2月7日)

《読書ノート》

『文字学の現在』

（A・コンドラートフ著・磯谷 孝・石井哲士朗訳／勁草書房）

文字への禁欲は近代言語学の精神と一つ

本誌の編集者から、アレクサンドル・コンドラートフ著『文字学の現在』の書評を依頼されたとき、私は大いに当惑した。私はことばには関心があっても、文字に対してはそれほどではないからである。ことばの直接の材質は音であり、文字は、それを視覚化するための単なる二次的手段、外被であるにすぎない。いやそれどころか、その単なる便宜でしかない文字が、しばしば人の目をまどわせ、ことばの本質を見誤らせることになる——と、文字へのうらみを述べたててきた、近代言語学の精神が、まだまだ深く私をとらえているからである。ソシュールは、音よりも文字に優先権を与えることは、「いってみれば、人を識るには、相手の顔をみるよりは写真をみたほうがよいと思うようなものである」と述べた。

古めかしい言語学の入門書は、その一部をしばしば文字の紹介のために捧げるならいであった。ペーデルセンの言語学史が、その約四分の一にあたるスペースを文字の研究史にあてているのは古典的な例であるとして、一昨年あらわれた、ウラル語学者B・コリンダーのドイツ語による入門書が、いまだにこの習慣を踏んでいることは驚きであった。ところが今では、言語学は、文字の惑わしから自らを引き離すための、永い間の骨の折れるたたかいの成果として、文字のことには一切ふれなくとも、概論書や入門書が書けるようになったのである。一九六〇年に初版を送ったアンドレ・マルティネの『一般言語学要理』はそのような到達点を示す一例であった。言語学が文献学の胎内にあった記憶は、ここにはみじんもとどめられていない。しかし、それにもかかわらず、通俗の興味をねらった書物は、文字の話をくりひろげるという誘惑を思いとどまることができない。なぜなら、とかく抽象的な話になりやすいことばの理論の中で、文字は確かな視覚への強烈さで、人をひきつける力をもっているからだ。そして、その見かけ上の異様さ、けばけばしさのために、数多くの文字を知る人は、それだけで魔術的な力をそなえているかのように敬意を払われることがある。もちろん、言語の、とりわけ文献による研究にとって、文字の知識は不用などころか、むしろその前提条件ですらある。私自身もモンゴル、チベット、朝鮮、アラビア、ユダヤの文字を多少やってみたが、それは技術的な必要のためであり、決して教室で、そんな文字の解説をやって、無駄に時間をかせぐためではない。文字への禁欲は近代言語学の精神と一つである。いや、この精神はなにも言語学だけにとどまらない。ことばの学問があえて文字の威信を拒否するという発想なくしては、民俗学や民話の学などが生れるはずはなく、グリムはもちろん、ペローやアファナーシェフも、民話――文字なき文学――の採拾などという途方もない企てを思いつくはずはなかったのである。文字とのかかわりにおける私のこうした背景を、編集者に説明するのは大変面倒なことだった。それよりも、なぜ編集者が、あまたある新刊書の中から、特にこの『文字学の現在』を選び出してきたのか、なぜこのような本に多大の興味を抱いたのかそれを知る方が早道だと思ったのだが、それもまた簡単ではなかった。考えてみれば、人が変った文字に好奇の念を抱き、その解読ものがたりに胸躍らせても何らふしぎはなく、あらためて問うのもおかしいほどの当然のことだ。ちかごろ私は、別の機会にも、書評の依頼者の意図がさっぱり理解できないままに引きうけたことがあった。そのときと同様、今回も敢えてうけたのは、せめてこの機会を利用して、文字に対するばあいの、かならずしも知的ではない、別のたちばを明らかにできると思ったからであった。

科学の通俗［大衆］化に本気でとりくむソビエト

書物の作りぐあいは、自分で書くばあいと翻訳のばあいとではかなりちがう。自分で書くばあい、途中でいやになってしまったらもうその先は書けないから、計画は断念するしかない。しかし翻訳は、ものがすでに目の前にあるから、いやいやでもなんとかやりおおすことができる。通訳が、どんなにいやな内容でも表現でも、とにかく訳してしまうようなものだ。つまり、翻訳にはある程度義理でもやれるところがある。『文字学の現在』のばあい、訳者はどれだけの情熱を注いだか推測しがたいが、とにかくこれだけの内容と量についいやした多大の時間は決して些少というものではない。そこにはある程度の傾倒もあったのだろう、と考えなおして、私も、本書の通読にある程度の時間を割くことにした。

それに、A・コンドラートフの名は私にとっては初耳ではなく、あとで述べるように、多少なつかしい思い出のある、同著者の別の訳書が、いまも私の手もとにある。『文字学の現在』の原著者序文によれば、「私にとって『文字学の現在』は、日出ずる国、日本で出版される十冊目の本となるだろう」とあって、私がたまたまそのうちの一冊だけを読んだことがあるからといって、特に親しみを感ずることのほうがおかしいくらい、この人は日本で知名の人であると知っておどろいた。しかし、「日出ずる国」だとは、いまどき、なんとそらぞらしい、陳腐なおべっか使いだろう。何かもみ手をしながら売り込みをやっているような図が目にうかぶではないか。しかし、その昔、この人の『音と記号』(昭和四二年、株式会社ラテイス刊)を読んだとき、その博識をすっかり自家薬籠中のものとして、親しみやすく闊達に述べたスタイルがひどく気に入ったので、この著者との再会は喜こばしいものに思えたのだ。

その本については、余計なことに思われるかもしれないが、やはり書いておきたいことがある。当時私は岡山に住んでいて、夜のふらつき歩きの途次、ある古本屋で目についたのだ。聞きなれぬ出版社の名と並んで、奥付には、「発売、丸善株式会社」とあったので、これはきっと、本を出しても自力で売れるルートを持たないために、その方面の有力会社に頼まざるを得ない、けなげではあるが、気の毒な小さな出版社なのだと思い、半分は応援の気持からそれを求めた。それにソ連の言語学通俗書の翻訳は、それ自体がめずらしいものだった。

その本は、ちょっとごちゃまぜすぎるのでないかとも思われたが、とにかく、ウォーフやスワデシュなど、アメリカ現代言語学の成果をひろくとり入れ、さらにソビエトの成果をもないまぜた、よく展望のきいた入門書だった。ソビエトは、こういう分野のしごとにかけては、我が国などにはとてもまねのできない先進国であって、科学の通俗化（ポピュラライゼイション）には、専門家あるいは、それに近い人が本気でとり組んでいる。そのことはイリインの古典的な一連の科学読み物を思い出すだけで十分と思う。

ところが大変印象的だったのは、『音と記号』の訳者は、残念ながら、日本語による言語学の概説書一冊だに開いてみたことがないらしく、「防火協会の監査官ベンジャミン・

リ・ウルフ［ほんとうはウォーフとすべき］」、その「ウルフの仮説」だの、「アメリカの有名な言語学者エドワード・セピル［サピア］」、世界語ヴォラピュクを発明した「ヨガニ［ヨハン］・セバスチャン・シュレイエル［シュライエル］」、「ロシアの有名な学者で音韻論創始者の一人であるN・S・トルベッキー［トルベツコイ］」等々、ものすごいロシアなまりだの日本なまりだの、我が国の慣用とは相当にかけ離れた表記をみると、くりかえし出てくるおきまりの「有名な」が、訳者その人にとっては、残念ながら、ちっとも有名でないらしいのが気にかかった。

それに引きかえ、『文字学の現在』の方は、『音と記号』とはちがって訳者もしっかりしているし、内容じたいも、より専門的に詳細に書かれているようだ。本書のなかに、「十年以上にわたってイースター文字に取り組んできた本書の著者」というくだりがあるので、なるほど著者はこの方面の解読作業現場の一人であったかと知られる。

翻訳上のいくつかの問題点

原始の絵文字からはじまって、未来に生まれるべき「科学の普遍コード」にまで説き及び、東西のありとあらゆる文字を話題にのぼせる博識ぶり、にぎやかさは、一般の読者としては話のすじを追うのにせいいっぱいで、かえって印象がうすれてしまうほどである。

「すこぶる知的刺戟に富んだ本」とでもいっておけば一応型どおりの書評にはなるのだが、いや、ちょっと待てよと、自分のとぼしい知識ながら、せめてなじみの範囲のところだけでもとめくってみると、おやと思ったのは三四四ページ、「古モンゴル文字の見本」と説明のある凸版の図であった。原書でそうなっているのだろうか、タテになるべきものが横倒しになっている。著者にも訳者にも、かんじんの文字のタテヨコすらわかっていないのかな。さらにまた見るところ、その文字は、決してモンゴル文字ではなく、ましてや古モンゴル文字でもない。何とずっと後で、モンゴル文字から派生した満洲文字ではないか。しかも困ったことに、この本のどこにも満洲文字への言及がない。おまえの話はちょっとこまかすぎるではないかと言われるかもしれないが、ことが文字の話だけに、こういう間違いはカンにさわるのである。だいいち、その余の引用文字への信頼にかかってくるではないか。

これも同じくらいこまかい話かもしれないが、たとえば三一九ページには「中華人民共和国のウイグル族は、いまでは消滅してしまった「中央アジア」系アラム文字から発生した、別の変形文字をも使用する。この文字からカルムイク文字、モンゴル文字が生じた」という記述がある。ところが、その同じページの数行まえには「中華人民共和国の領土に住むウイグル族……がアラビア文字を基礎にした文字を使用している」と述べられているから、すなおな読者なら、どっちが本当なのかとすっかり混乱してしまうはずなのだが、訳者はヘンだとは思わなかったのだろうか。実際には、正しいのは、後者の、アラビア文字を使用しているという記述の方である［アラビア文字はアラム文字から生まれているので、ここはあまりこだわるべきではない］。しかし、八世紀頃、唐代の回紇《ウイグル》は、後にモンゴル文字に祖型を提供したところの文字を用いていたのである。唐代のウイグルと現代のウイグルとが民族史の上で百パーセントの連続性をもっているかどうかは断定しがたいとしても、とにかく通俗的に単純化して言えば、仏教徒、マニ教徒、ネストリウス派キリスト教徒であったウイグルは、後にイスラム化されるとともに、文字の方もアラビア文字に移ってしまったのだと述べておいていいだろう。ここには、宗教の乗りかえに伴って生じた文字のとりかえという、文字学にとっても、甚だ興味ぶかい現象がみられるのである。

以上は、たんなる事実のまちがいを述べたにすぎないのであるが、以下に述べるところは、一見瑣末なようでありながら、むしろ文字使用のより原理的な面にかかわる点、より重大である。それは、中国語と朝鮮語を表記する際のロシア文字の使いかたの問題だが、訳者はどうやらそれに気がついていないらしいのである。

まず一七五ページから次のページにかけて、「〈shan'〉と発音された〈山〉の記号は、直角に転倒されて〈fu〉と発音され（阜）、「高地」または「巨大な」を意味した」と述べたくだりである。後半の記述はともかく、問題は山についての発音〈shan’〉の、〈’〉にあり、この記号で訳者は何を表わそうとしたのだろうか。おそらくロシア語の原文では〈шань〉と印刷されていたにちがいないのだが、想像するところ、訳者は、末尾の軟音符〈ь〉の処理に困惑したあげく（つまりそれが、中国語のどういう発音に対応しているか自分でもわからないままに）、ローマ字転写の際の慣例にしたがって、機械的に（ということは、深い考えもなく）、〈’〉と写したというだけの罪のない話なのだろう。しかし、それは、ほんとに罪のない話なのか、ついでに、これと対になった誤りを、二八一ページの次のくだりから引いておかねばならない。

「円」の記号はロシヤ文字では〈o〉《オー》と読まれ、ヌミディア文字では〈r〉、朝鮮文字では〈n〉、ブラーフミー文字では〈tkha〉、ビルマ文字では〈va〉、リキュア文字では〈u〉といった具合である。

要するに同じ一つの図形が、形はおなじでも、文字体系がちがえばいろんなふうに読まれるということを言おうとしているのであって、身近かなところからいえば、日本語でも「タ」、「カ」、「ロ」などは、それを漢字とするか、カナとするかで読みかたがぜんぜんちがうようなものである。ところで、もし読者が朝鮮語をちょっとでもかじったことのある人ならば、「ㅇ」の記号が〈n〉をあらわすとは、これはおかしい。〈ng〉でなければと思うはずだ。原文ではきっと〈н〉（エヌ）であったろうから、訳者はこれも機械的に〈н〉=〈n〉と置きかえてしまったのだろう。

ロシア文字で中国語や朝鮮語を写すばあい、語末に置かれた〈н〉は、舌先が上歯の裏について閉鎖をつくらないことを示し、舌先が閉鎖をつくることを示すには、軟音符を添えてнь としなければならないのだ。そこでこれらのロシア文字表記をローマ字にもどそうとするならば、нь→n、н→ng というルールに従わなければならないわけだ。そうすると〈шань〉は〈shan〉と写すべきで、余計な〈ь〉はつけるべきでなかったのだ。つまり、このばあいの軟音符の使用は、フランス語の正書法における、-n- に続いて語末に立つ -e と、全く同じはたらきが持たせてあるのだ。私がちょっとこだわりすぎているように見えるとしたら、それは訳者が朝鮮語や中国語をぞんざいに扱い、それらに対してしかるべき敬意を払っていないことへの不満のせいである。

優雅な知的話題ではない文字の問題

さて、以上はちょっとあらさがしめいたやりかたで、気にかかる点をいくつかあげたのではあるが、もちろん、私がコンドラートフを読む気になったとすれば、それはこうしたこまごまとした欠点を見つけるためではなく、何よりも、文字の問題にのぞむソビエト科学のたちばを知りたいがためであった。その一つは、往年の進化主義が、文字を見る視点、あるいは現存する諸々の文字体系にたいしてどのような評価を抱いているかへの関心である。第二には、ソ連邦内外の諸族に対する言語政策にかかわって、文字のイデオロギー性を、どのようなソビエトらしいやりかたでとらえているかである。

第一の点について目立ったのは、絵文字→象形文字→表意文字→表音文字といった、単純な進化の図式にあてはめて、文字の優劣の判定をくだすやり方をしりぞけていることである。特に日本語を考える者にとって興味ぶかいのは、異成文字（ヘテログラム）の項で、いわゆる音と訓の二本立て方式が、文字の世界史全体の中で、広い視野に置かれていることである。日本の読者が思わず身を乗りだすはずのところだ。英語だってetc.と書いて、ラテン語のエトセトラのかたわら、and so forthと読んでいるではないか、それが、日本語にあっては「ほとんどすべての概念（漢字）に対して行えるのだ」と説明して、英米の人々を感心させたと鈴木孝夫氏などは自慢げに書いているのであるが（『閉された言語・日本語の世界』を見よ）、コンドラートフは、「メソポタミアのセム族は、シュメール人から楔形文字を借用して、シュメール語の記号を書き綴ったが、それを自分たちの流儀で、すなわち、アッカド語で読んだ。また、古代ヒッタイト人は、アッカド式楔形文字を借用したが、それに「ヒッタイト語の」語尾をつけ、したがって、ヒッタイト語で読んだのであった。同じような事情が日本語の漢字においても認められる」と、先進地帯の文字を借用した後発の言語においては音訓の二重使用は、むしろ一般化できる現象としてとらえ、決して日本における漢字にのみ顕著な現象ではないと述べている。問題はこの現象をどう評価するかである。鈴木氏は日本語における音訓の二重の読み方が「高級な概念や、難かしい言葉を一部特権階級の独占物にしないですんでいる大きな原因なのである」として、漢字そのものの長所に数えて、漢字礼賛の主要な根拠の一つとしているのに対し、本書の著者のたちばは、ヂヤコーノフの次のことばの引用から明らかになっている。すなわち、文字と読み方との間には何の関係もない、「棒暗記」の約束ごとが異常に増えて行く結果、「複雑で混乱し、時とともにこの混乱を深めていく文字体系は、門外漢には近づくことの出来ない、学者階級の排他性を温存するのにこのうえなく役立った」。それというのも、「世界中のどの国においても、封建時代には読み書きの能力は、限られた階級の人士、とりわけ僧侶たちの所有するところとなる」からであるという。ここではヂヤコーノフの言う方に妥当性があるだろう。鈴木氏は、じつは音訓のことを述べながら、別のことを言っているのだということはすでに『言語の思想』（ＮＨＫブックス）において述べておいた。

話がこのように、にわかに我が身の問題に近くなってくるにしたがって、文字の話を読むにも次第に熱が入ってくる。文字の問題は、決して博物館における陳列空間を指さしながらの優雅な知的話題ではなく、とりわけ、我が国のように「生ける化石」のような文字の負担にさいなまれ、そこからの脱出を願うローマ字運動もカナモジ運動もいまや力なく、キソクエンエン、イキモタエダエの様相を呈しているところではそうだ。漢字は科学技術の発達にとって障害となるところの、後進性の象徴としてこれを取り除くべきだとする古い伝統のある運動は、高度成長のために、その根拠の一つを失ってしまったからなおさらである。それに加えて、近ごろは、よそおいを新たにした、音声アルファベットの排斥——したがって漢字の擁護につらなるモダンな理論が登場してきたのである。その論の看板は、漢字では書かれず、原語をそのままうつしてエクリチュール論と呼ばれる。その日本への導入者たちは、ことばの根源が音にあるとする思想、またそのすべてをアルファベット式に分析し、写すことができるとする普遍主義は、「音声言語中心主義」、「音声帝国主義」、であり、「言語への反省的意識をはるかに超えた大がかりな錯覚として西欧を支配し、ギリシャ以来の数千年を通じて、もはや錯覚たる自分を忘れたまま居すわってしまっ」た「この錯覚は晴らさねばならない」（蓮實重彦『反＝日本語論』）と威勢よくこきおろしている。ほんとにそうなのだろうか。ふしぎなことにこの論の導入者、信奉者のほとんどはフランス学問ないしは、そのまわりのアルファベット的西洋の専業者ばかりである。その人たちは、たとえば「アルファベットによって音声を表記する西欧的言語、つまりインド＝ヨーロッパ語系の諸言語に観察される現象が、いったいどうして言語学として普遍的体系を誇ることになってしまったかという奇怪な現象」（前掲書）などと述べて、あたかも非西欧、非印欧の諸言語はすべて非アルファベット文字によって表記されているかのようにまくしたてているところをみると、この人たちはどうやら非印欧言語はみんな漢字のたぐいで書いてあると信じ込んでいるらしい、ふしぎな知識の持ち主であることがわかる。この論は精錬して行けば日本の漢字愛好者にすこぶる役立つと思われるのに、まだ、理論と実践面とのつながりが作られていないのは喜こばしくも歎かわしいことである。喜こばしいのは、ひよわなローマ字、カナモジ運動が、これこそさらに手ごわい敵からの攻撃から、いまのところまだまぬかれていられるからであり、歎かわしいのは、日本のこの方面の知的商品輸入業者が、その舶来品をかみくだき、こなし、我がものとして駆使するにはまだまだ力が足りないことを示しているからである。

通俗書特有の短絡とねじまげ

最後に、第二の点、つまりソ連邦諸民族と文字との関係について、著者は何を示唆しているか。文字政策によって、極めて政治的な現実と対峙してきたソ連邦のことだから、ここから多くを読みとりたいという期待は当然であろう。

著者は、文字に、単に音を写す以上の価値を与え、「実際、ロシヤ語はロシヤ語だが、ラテン文字で書かれたプーシキン選集を想像してみるとよい。ロシヤ語、ロシヤ文学のあらゆる愛好者にとってそれは冒瀆に思われることだろう」と述べ、さらに「諸アルファベットの「統一化」は望ましいことではあるまい」（三二八―九ページ）と、すこぶるものわかりよく、保守的である。では、著者はいったい、ソビエト当局が、むかし内外の諸族にロシア文字を強いて「諸アルファベット」を統一し、あまたの冒瀆を犯したことにどう答えるのであろうか。予想されるこの問いに対する答えは次のように用意されている。いわく、「ソ連では一九三七年から一九三八年にかけて、諸民族の多数の文字が、ラテン文字、アラビア文字からロシヤ文字に切り換えられた。ブリャート語の表記には、旧モンゴル文字のかわりにロシヤ字母が現われた。しかし、モンゴル文字を基礎にしたブリャート語文字は、もともと長い伝統をもったものでなく、……実務的な文通がなされたり……特異な仏教論文が書かれたにすぎない」。

ここには、なま半可な知識をもって、広い読者を誘導する、通俗書特有の、おそるべき短絡とねじまげがある。ブリャート語は、モンゴル文字そのものによって、少なからざる文献の蓄積をもち、すでに十月革命以前から、モンゴル文字の独自の改革運動が実績をあげていた。十月革命の後も、ロシア文学、マルクス主義文献、科学知識普及書が大量に印刷され、モンゴル文字の地歩は固いものであった。のみならず、モンゴル文字の実用面からの追放とロシア文字への置きかえは、国境外にまで及んだのである。さもなければ、モンゴルの人文学者リンチンが、自著のとびらに「文化と文字のためにたおれた人々に」対して献辞をかかげる必要はなかったのである。

本書は、日本のような文字のあらそいの歴史にいろどられ、いまなお沸騰中の現場から見ると、まこと高度に知的、改革的ではなく現状肯定的、あたりさわりのない、おだやかかつ円満な書物である。どうやら、ここらのところが、今日のソビエト科学の状況を反映しているのではなかろうか。訳者の方は、それで何かもの足りない感じはしなかったのであろうか。あるいは別の何かの理由から、もしかして十分に満足せず、それで訳書の題名だけは「文字学の現在」とちょっと気どったのかもしれないが、それよりはいっそのこと、原題をそのまま写して、「文字の本」、または「文字の話」とした方が、著者にとっても気楽だったのではなかろうか。

【A・コンドラートフ　A.Кондратов　一九三七年生まれ。レニングラード体育大学卒業後、レニングラード大学人文学部大学院に入る。ソ連地理学会会員。著書に、『イースター島の謎』『古代文明のパラドクス』『サイバネティックス入門』『沈黙の古代文明』など多数】

（月刊エディター『本と批評』1980年12月　日本エディタースクール出版部）

原題「文字への禁欲——コンドラートフ『文字学の現在』とことばの現場——」

【二〇一七年のあとがき】

この文章は、言語篇に入れた方がよかったかなとも思うが、当時の私の大学生活ともふかくかかわっているように思うので、そのような気分を表わしているものとしてお読みいただきたい。

ヘレン・ケラーが明らかにした「ことばとは何か」

　ことばとは、まず何よりも、口が作り出すオトのことであり、そのオトは特定のモノや概念に結びついているから、耳で聞きとって理解できる。また、そのオトを発するためには、前もって耳で聞いておぼえておき、どうすれば同じものが作れるかを学習しておかねばならない。聞いたことのないオトは、出せないからである。

　オトは発せられた瞬間に消え去ってしまうのであとに残らない。そこで、そのオトを目に見えるかたちにして保存するために文字が生れた。文字はオトを出さないが、それを通じてオトにもどしてみることはできる。

　こう考えてみると、耳で聞く能力と目で見る能力とは、ことばを身につけ、使って行くために最小限の条件だ。ところがヘレン・ケラーは、その二つもの条件を欠いていたのに、ことばと出会うことができた。どのようにしてか。手のひらに指で文字を描いてもらったり、活字を浮き出して印刷した本を指でさわって、文字の形をたしかめることができたからだ。つまり指や手のひらが、目のかわりになって形をつかみ、次いで形はオトにつながったのである。こうした一連の過程は、大変な努力と想像力のたまものであった。

しかし、ヘレンがことばを獲得するにあたってもっともっと決定的に重要だったことは、一つらなりの文字（オト）が、ある特定のモノ（あるいは概念）に結びついているということ、つまり、オトは何かを指し示しているということを理解することだった。サリバン先生がヘレンの手のひらにw-a-t-e-rという五つの文字をつらねて描いてやったそのひとかたまりが、手のひらを伝わって流れる冷たい液体、「ミズ」を指していると知ったそのとき、ヘレンは重い重い扉を押し開いて、遂にことばの世界に到達したのだった。

もちろんヘレンはwaterという、手のひらに残った線の感覚が「ミズ」という意味の単位に結びついていることを知らずとも、風呂に入ったり飲んだりという状況として、水にふれていた。しかしそれは、状況という全体に、いわば溶けこんだ水であった。それがwaterという記号と、それが指す「ミズ」とがかたく結びついたとたん、「ミズ」は全体からきりはなされて、それ自体としてことばの世界におどり出してきたのだった。このことがこの芝居で言っている、「ものには名前がある」という発見のことである。

「ミズ」が名前として発見されれば、それとつながって「飲む」とか「流れる」とかの動作の名前も次々に発見されて行くのである。この名前――つまりことばの力によって、人間は、できごとや状況を、アーッとかエーッとかのような分けられないかたまりとしてではなく、部分に分け、名をつらねて表現することができるようになった。また名は、目に見えないもの、現実には存在しないが、人々の心の中にのみ存在しているものにも形を与えることができ、その力によって現実というせまい世界を乗りこえて行くことができるのである。それは、恐るべきエネルギーをもったテクノロジーなのである。

私はいま、ヘレンの中で生じたできごとを説明するのにこんなにまわりくどく苦労しているが、言語学や心理学にとっては、忘れることのできない、興味しんしんのできごとだったのである。

ヘレンがことばの世界に入って行くには、たった一つの原理を知るだけでよかった。waterやmilkが、ある特定のものを指すということを。ヘレンはやがてドイツ語、フランス語、ラテン語、ギリシャ語までもわかるようになるが、それを可能にしたのは、ひとえにこの原理の発見であった。

ところで、私たちはここでもう一歩踏み込んで考えてみなければならないことがある。ヘレンがはじめて接した言語は英語であった。英語は不完全であるとはいえ――たとえばヘレンは人形をさすのにdolではなくdollと、エルを重ねて書かなければならないことで苦労したように――その文字は、比較的忠実にオトを表わしているから、このような学習法でことばが学べたのである。

そこで考えてみよう。もし彼女が中国で生まれたらどうだったろうかと。漢字だけで書かれた中国語では、文字からそのままオトに入って行くという、単純ですっきりした原理では、ことばに到達できなかったろうということだ。このようにヘレンの物語は、彼女の経験にとどまらず、人間にとってのことば、またそのことばを表わす文字はどうあるべきかを考えさせる、なかなか奥の深い物語であることがわかる。

（「奇蹟の人」パンフレット　２０００年　東京演劇アンサンブル）

【二〇一七年の書き足し】

東京演劇アンサンブルの小森明子さんという人が、このヘレンの芝居の脚本を持って来られ、言語学者として何か解説を書いてほしいと頼まれた。それは二〇〇〇年よりは何年も前だったように思う。ぼくは注意深く見て考え、よく言われる三重苦というものがどんなだったかを考えた。この時以来、この劇団とはつきあいがあって、一九九九年には、ブリヤート共和国のウラン・ウデで、日本人捕虜が建てたという、オペラ・バレー劇場で、坂口安吾「桜の森の満開の下」を公演したのである。劇団はその後まっすぐロンドンに飛んで公演したというが、ぼくはそれに随行しなかった。

知識の支配とことばの自由

私、田中です。講演をお引き受けする際に、どういう題で話をするかとおたずねいただいて、なるべく決定は引きのばしたいと思っていたんですけれども、いよいよ迫ってきまして、とっさに思いついた題をここに掲げました。ちょっとものものしいわりにはあまり内容がないようで、自分でも照れているんです。しかし一面、正直な気持ちも現れていなくはないと思います。私は気が多いもんですからいろんな勉強をしました。したわりには身についていないんですが。大学では言語学の授業を担当しておりますが、私の場合は、技術として体系的に言語学を教えるということよりも、むしろ、人間現象を解く鍵としてことばの問題をどう考えたらいいか、というところに関心があるもんですから、話があまり体系化されていなくって、いろんなところにアプローチのとっかかりを構築しながら考えていくという、少し学者としてはだらけた態度になってしまうのです。

ことばは知識であります。人間は生まれながらにしてすぐにことばを話すということはない。アメリカのチョムスキーという言語学者によれば、ことばは経験によって獲得されるのではなくって、人間が生まれたとたんに、生得的といいますか、生まれながらにことばを話す能力、ことばそのものの能力を、いわば肉体にセットされて生まれてきていると、こういうふうな前提にたって、彼は文法理論をうちたてたのです。しかし、日常観察されるところでは、おとなが子どもにことばを教えなければ、子どもはことばを話すようにはならないのですから、ことばはあくまで経験に基づいた知識であります。自分でことばを発明することはできないという意味でも、あくまでことばは知識です。ところで、知識ということばですけれども、私は知識ということばについて、本能的といってもいいほどの憎しみに近い感情を抱いています。それはどうしてかっていうと、まず自分が知識に乏しい人間であるから、そして、知識はある点で、人間がつくってきた産物のなかでも汚れた産物であるという理由からです。その汚れたというのはどういう意味でかといいますと、特に現代の社会では、人と人とを選別するときに用いられる。十人、人間がいるとして、そのなかから一人、二人採用しなければならないというときに、公平な基準だという理由で、知識のあるなしで人間が選ばれる。そういう役割を果たしているわけであります。知識といっても、たとえば現代では、社交上欠かせない知識、特にスポーツというのが異常に大きな部分を占めています。野球、相撲、ゴルフ……私は新聞は読みますが、スポーツ面というのは、大抵スポーツ専門の新聞でなくっても、二ページあるいは三ページ、ときには四ページぐらい割いている。ここは全然私にとって関心をよばないページだから、全然開かない。これは非常に幸せなことだと思っています。いろんな知識をもたざるをえないようにし向けられている社会のなかで、自分はそういう病気からまぬがれている。つまり、酒を飲まなければ気がすまないとか、タバコを吸わないと一刻も時を過ごすことができないとか、というような種類の耽溺《たんでき》に似ていますね。そういう対象から私は、新聞の全体のページの四分の一ぐらいのところからまぬがれているということは、非常に幸いだと思います。しかしまあ、われわれの年代にも、大変優れた学者であり、大きな著作もしてる人ですが、野球の何とかリーグというのになりますと、教授会の席を立って、テレビのある部屋に飛び込んで見たりする人がいます。そのこと自体は非常にほほえましいことだと思います。しかし、私にとっていろいろ知らなければならないと思う、そのような知識は絶えず人間を脅かし、強迫観念でもって押し入ってくる。そのほか、歌舞伎とか、浄瑠璃とか、こういう日本の古典芸能を知らないということを率直に告白したために、どれだけの人から軽蔑を受けたことか分かりません。特にその種の教養の深い女性から、二度とさそわれなくなったりしましてね。だから、そういう目的のために、ちょっとは勉強しようと昔は思ったことがありますが、それほどの意欲ももうだんだんわかなくなってしまいまして、いくつかの分野の知識からは、確かに解放されています。しかしながら、先ほどご紹介にありましたように、私はモンゴルとか、今日のソ連の中央アジア、トルキスタンのあたりの勉強をしたために、そのへんの知識はあるけれども、いわゆる西欧的な教養とか、そういう点において大いに欠けている部分がある。それが自分の責めになっている。もっとも人間には、自分は何かのところが大きく欠けている、という感情を死ぬまで抱いていた方がある点で幸せではないか、というのも、その欠損感覚が常に自分を勉強させるバネになるわけです。あるところがボンヤリと欠けているんじゃなくて、くっきりと欠けているという自覚をもつことが、いかに人間をはげまし、いつまでも知識に対する欲望を失わせないですむか。私はどこを知らないか、ということをなるべくはっきりさせておくようにしたいと思っています。これには大変勇気がいりまして、若いときはそうはいかなかった。何でも知ってるような顔をしたんですけれども、近ごろはだんだん居直ってきまして、分からないということを人の前でいうことが、むしろ自分の快感になっているということを最近発見したのです。

ドイツ語にビルドゥングス・リュッケということばがあります。ビルドゥングは教養ですね、リュッケはすきまとか、欠損という意味です。何か知らないことがあると、ドイツ人の学生によく「それはあなたのビルドゥングス・リュッケだ」といわれたんですけれども、そのビルドゥングス・リュッケの一つに、たとえば、私が毛ぎらいして読まなかった人、実はこの六月で、恥ずかしながら告白しますと私四九歳になったんですけど、少し気持ちにも余裕ができて、いろんな思想にも毛ぎらいしないで接することができるようになったので、初めてニーチェという人の本を岩波文庫で買いました。『この人を見よ』というのを買いまして、こういうのも、近ごろはあまりはやらない本かもしれませんが、もしその気がおありの方はごらんになると面白い。よくご存知の方の前でこういうことをしゃべるのは恥ずかしいんですけれども、最初の章は、「なぜ私はこんなに賢明なのか」、その次は「なぜ私はこんなに利発なのか」、その次の章は「なぜ私はこんなによい本を書くのか」といったあんばいに、自信にあふれた著作であります。そして、そのあとの章では、『ツァラトゥストラ』をはじめ、自分の得意な著作をほめたたえ、全編、心から純粋に照れることとなく自慢したすばらしい本でありまして、こういう本が書けるのはうらやましい人物だと思います。この人は、これを四四歳で書いて、書いた直後から頭がおかしくなって、そのままの状態で、後十一年間の晩年を送ったそうでありますけれども、この「なぜ私はこんなに利発なのか」というところで、この人は「自分が自由に独創的に思索するためには、本を読みすぎちゃいけない」と書いています。なぜ本を読んじゃいけないか、「自分の頭でものを考える能力を台なしにしてしまう。どんなに天分があって、豊かで、自由な素質をもつ人でも、三十代になるともう読書ですり切れて、思想という火花を発するためには、人に擦ってもらわなくてはならないマッチのようなもんだ。そういう哀れな状態になり下がってしまうであろう」というようなことをニーチェは書いています。「一日の始まる早朝、清新の気がみなぎっているときに、本を読むことは悪徳である」とそのパラグラフを結んでいます。こういうことは、なにもニーチェのことばを借りて紹介するまでもないことで、私は自分でそう思い、しばしば言っていることです。しかし、そういう悪徳を、本を読むという悪徳によって悪徳であるということを再確認する、これはニーチェ流に言えば、すこぶる人間的な行為であります。また何とかカルチャー・センターに出て、人の話を聞くだけでは、何も生み出すことはできません。もっとも授業に出るとか、人の話を聞くということは、単にインフォメーションを得ようという悪徳だけの動機からだけではなく、コミュニケーションを求めるという面があるかもしれません。つまり、読むにせよ、聞くにせよ、人間はインフォメーションを求めるためならば、授業や講演に出る必要はないのであって、おそらくこのばあいは、コミュニケーションを求めてのことです。コミュニケーションはインフォメーションとは違います。それはインフォーマティブな知識を主題にしていてもやはり人間がお互いに生きている、お互いに共感しあって何かを考えようとしているそのことを伝えます。いわゆるふれあいとか、スキンシップといわれるものは、すべてコミュニケーションに属するものであろうと思いますが、ニーチェはそのことは書いておりません。

話をもとにもどしますと、知識についての憎しみといいますか、知識をなるべく拒否しようというのは、人間の潔癖な精神の現れでありまして、むだな知識をもちたくないという、こういう精神は、現代の気持ちにもよくマッチすると思います。むだな肉は体につけたくない、むだな消費を行うのは罪悪であるということと並んで、知識は消費すべき生産として、絶え間なく送り続けられているのが現代社会です。そういう知識の生産には加担したくないという気持ちは、私にもあります。

しかし、知識のなかにも、非常に何か必然性のある純粋な知識がありまして、それはどういうのか、ちょっと考えてみたんです。たとえば、私の理想的な人物像に、昔の旅行家とか探検家というのがあります。特に一八世紀ごろの探検家で、当時のことばでいいますと、博物学者です。たとえば、エカテリーナ女帝の時代に雇われて、ロシアの各地、シベリアや中央アジアの未開の地域をひろく歩きまして、植物を採集し、魚を捕り、珍しい昆虫を発見して学名をつけた、ペーター・シモン・パラスという人です。今日、シベリアの河に住むいろいろな魚にパラスという学名がついています。彼は発見したそういう動植物の克明なデッサンを行い、ほんとに細かい絵をかき、それから、そこに住んでいるひとびとの風俗習慣、何を食べて、どんなものを着て、どんな家に住んでるかということも、二〇〇年くらい前の克明な記録を絵にして残している。そして、地図も書きます。自分がどこにいるかということを確認するために、六分儀を使った天体観測をおこなって、緯度と経度を測定している。地質学もやる。彼は未知の西欧人に、未知の場所に放り出された人間として、何とかして自分が見た新しい世界を伝えなければならない。伝えるという、そういう必然的な目的があるからこそ、地質学や、クリノメーターを使った地層の測定とか、六分儀の使い方とか、動植物の分類原理とか、すべてそういうものを自分でマスターして、絵を描いた。写真がありませんから、当時は。録音機もないから、ときには五線紙の上に採譜をしてメロディを残す。こういう知識と技術は、いわば必然のものであって純粋なものだと思います。しかし、現代では欠かすことのできない受験勉強に関する知識などは、最も不純で汚れたもので、パラスとか、あるいは、一九世紀の初めごろに、ドイツのフンボルトが南米や南極、南の海でおこなった探検とか、こういうものに比べますと相当に必然性がない。したがって、必要に条件づけられない、間接的にしか条件づけられない知識は、悪徳の一種ではないかと、こういうふうに自分は思うのです。

そういう博物学者、探検家のようなやり方を理想的な知識の集め方だとしますと、その次に、ある程度必要な知識は、たとえば、法典、法律に関する知識です。これは社会の約束事であって、ある程度は知らなければならない。この法典は半ば道徳の領域にも足を下ろしている。先ほどの知識は自然に即した、あるいは、自然に関する知識です。たとえば、ガソリンに火を近づけるとどういうことになるかという知識は、子どもが自分の身の安全を守るためには、必然の知識でありまして、こういう知識は悪徳ではないわけです。法典の知識もかなりそれに近いと思います。それから、受験勉強的な、かなり悪徳に近い必然でない知識であって、その極限を成すものは歴史的な知識であろうかと思います。たとえば、私は京都に泊まり、けさ早く起きて、ちょっと町を歩いただけで大変な圧迫感を覚えます。まず目の前に御所というものがあるし、地名をはじめ、現代に残る建造物はもちろん、至るところに歴史的な知識があって、その歴史的な知識というものは、自分にとってあまり必然ではないけれども、これを知ってないと恥ずかしい思いをする。そういうものに日常囲まれて育っていくと、そういう知識をある程度必然のようにして身につけるかもしれないが、そういう文化的風土の全くないところに育って、たとえば、砂漠のなかの遊牧民、砂漠においては、永久建築、固定建築は残ることができなくて、生活はいつでも移動しますし、土器ですら発達しない。ミルクとか水を入れた土器は、ラクダの背中で持っていくときは壊れやすいですから、必ず皮袋とか、白樺の木をはいだ皮で作った入れ物を使う。だから、歴史的な遺物の大変少ない世界のなかで暮らしている。人間の口がことばによって伝えなければ、すぐに一瞬にして消え去るような知識、つまり歴史に関する知識は、この場合、大変少ないのであります。野球とか、相撲に関する知識も、優れて歴史的な知識でありまして、いついつの野球で、誰それがホームランを何本打ったとか、これは歴史的な知識であります。もうすでに経験から去っているという歴史的な知識です。音楽、現にある音楽を聴き、ある絵を見て、すばらしいと手放しで感激をする。その音楽はモーツァルトであるとか、これはピカソによって描かれた絵だとか、こういう固有名詞によって語られる知識は、すべて歴史的な知識の領域に属することです。日常われわれ現代人は特にたくさんの自由な時間をもつことによって、こういう知識を生産し、それまで必要でなかった知識が絶え間なくつくり上げられていく。そして、その知識が今度、人間の価値を測るもの差しになっていくというふうな形で、私たちは直接間接に知識に支配されている面があるのです。

今、そういう知識についての話を長々と述べたのは、知識そのものについての話をするためではなくって、実は、ことばという、それとは違った、別の種類の知識について考えるための前置きでいったわけです。最初に申しあげましたように、ことばは知識であって、これは学ばなければ身につかないものであります。生まれながらにセットされて、おのずとしゃべり出すという能力、そういう抽象的な能力は確かに経験抜きで授けられているかもしれないが、それが花開くためには、ことばを教えなければならない。ところで、人間のことばを指すときに、英語では、ア・ラングイジ、一つの言語というふうに冠詞をつける場合、それから、ラングイジズと複数にした言い方もあります。それに対して言語学者が書いた書物の題名には、ラングイジといって、冠詞抜きの「言語」という言い方があります。ヨーロッパ語では、単に「ことば」あるいは「言語」という場合にも、こんなふうに区別することができます。ロシア語のように冠詞のない言語では、日本語と同じようにそれを区別しませんが、一般に冠詞のある言語では区別をする。冠詞抜きの「言語」は、先ほどチョムスキーがいった意味での、人間が生まれながらにもっていることばの能力というのに近いかもしれません。ところが、人間は大変残念なことに、その能力が実際に使えるものとして実現されていく。人間がことばへと形成されて行く過程で、ことばはラングイジからア・ラングイジになる。つまり、「うちの子どもはことばをしゃべるようになりました」という意味でのことばは、ラングイジじゃなくって冠詞つきのア・ラングイジ、特定のことばになります。それは、京都に生まれ育った子どもならば京都語を話すお母さんが育てるから、京都語を身につけるのであって、それは同時に、東京語を話さない子どもを意味します。ましてや、英語は決して話さない。その子は、英語を話す母親に育てられれば、必ず英語を話せるはずなんだけれども、しかし、その場合は、残念ながら京都語は話さない子どもになっている。つまり、人間がことばを身につけるということは、必然的に他のことばを排除するところに始まるのであります。

知識には、排他的な知識とそうでない知識があります。先ほどの悪徳に属する知識、さまざまに述べましたけれども、もしかしたら知識は悪徳に近いもんだという考え方を私がするようになった一つの原因は、私は戦後に青少年時代を送った人間でありまして、そのころは本などあまり出なかった時代だったんです。本がまだ手に入らないころに、新刊書で大変目を引く題名をもった書物があって、それは『恋愛論』という名前の本でした。これはまだもっていますけれども、スタンダールの『恋愛論』というので、中学の二年生ぐらいに読んだのであります。そこで大変印象に深く残っているのは、恋愛のことではなくて、スタンダールという人は歴史に残る恋愛論を書いた人であったけれども、世にも珍しい醜男であったということ、それから、彼が『恋愛論』を書いたのは、決して自分は報いられた恋に基づいて書いたのではなくって、いつも報われない一方的な恋をくりかえしたから書いたらしい、ということも分かって面白いと思った。それ以上に面白かったのは、彼はいろいろな知識を不純なものとして退けた人であって、唯一純粋だとして許した知識は、幾何学と法律だというようなことでした。あとで、そのところを思い出したのですが、これを結びつけると、先ほど述べた必然の知識と、法典に関する知識、これは悪徳ではないということは、スタンダールも同意してくれているわけでありますが、そういう知識は多少悪徳だとしても、排他的ではありません。野球の知識をもったから相撲の知識をもってはいけないということにはならなくて、いろいろな知識をもつことができます。トランプができるからマージャンができないということにもならない。

このたとえはあまり適切ではないが、しかし、ことばに関していいますと、人間はことばを話す能力をもっているから、やがてア・ラングイジの知識を身につけるようになるというけれども、そのことばの知識は、かなりの程度において排他的です。これは、成長してからいろんな訓練によって日本人らしいなまりとか、京都語人という京都語らしいことばをしゃべるなまりや、アクセントとかいうものを、きれいさっぱり除き去ることはほとんどの場合不可能であります。その意味で、ことばの知識は排他的と申しあげたんですけれど、一方、ことばというのは、知識というような冷たい突き離した客体化した表現よりは、もっともっと、われわれの生まれながらの感覚にじかに結びついたところがあるから、ことばの知識というのは、ほとんど反省なく使うことができます。私がいまここでことばをしゃべっているときに、字引きや文法のことは何も考えない。この文字は何偏であったか、点があったか、ハネがあったか、ということなど全然関係なく、文字で書かれたことばでないかぎり、ほとんど自動的に自分の感情にむすびつけてことばにすることができる。ところが、先ほど述べた、たとえば、野球に関する知識などは、野球の教則本を読んだり、実際に見物し、プレーを見ることによって身につけます。これは一つのルールを成しているからです。相撲ももちろんルールの世界です。ことばもルールの世界です。ことばのルールは文法という形になっているし、あるいは、辞書も一つのルールです。このなかにあることばは使ってよろしい、こういう言い方は可能であるということを示したルールであります。しかし、この二つの、野球のプレーのルールとことばのルールとは、ずいぶん違う側面をもっています。ことばにかぎってみても、たとえば、俳句や和歌を作ったりするルールは、日常のことばを話すルールとは違っています。話す行為は、よく呼吸にたとえられます。今、私はしゃべっているけれども、何によってしゃべってるかというと、空気を吸い込んで、その吸い込んだ空気をはき出すときに声帯を震わせ、唇を閉じたり、舌を動かしたりして出しているわけであります。書物で言えば、たとえば、ドイツ語の哲学書だと、最初のページから始まって、次のページの中ごろまで、一ページ半もピリオドが全然ないような文章があります。しかし、書いている人は、それを息をつかないで読むわけではなくって、そういうことは、人間の解剖学的な条件が許さないわけです。人間の肺が吸い込む息の量は決まっておりまして、しかもそれを話すときに、運動選手が行うように胸一杯吸い込んではき出すのではなくって、それほど無理をしないで適度に吸い込んで、それをはき出す量で話せる、その分だけ人間は一回のセンテンスとして話すように習慣づけられているわけであります。いろんなそういうルール、呼吸をするルール、あるいは、歩くルールというのも、これも歩くときにいろいろ反省をしながら、たとえば、今、左の足を前に出してるから右の足はそのままにしておいて、左の足を前に出したときには右手を前に出すんだと、そういうふうに反省して歩くと、かえってぎごちない変な歩き方になってしまう。それはルールではあるけれども、もう無意識の世界にまで入ってしまうルールであります。ことばを、そうではないルールを意識しながら話していれば、これはもうことばでなくなってしまう。

そういう意味でのことばの知識と、他の一方の知識、とりわけ歴史的な知識と比べてみると、この方は誰もそれをルールとして直接に確かめることのできない知識であります。徳川家康がいつどこでこういうことをやったか、というのは誰も経験的に証明することができない。それは紙の上にそう書かれていたということなので、自然科学的な意味では、たとえば、実験によって確証できないのであります。歴史的な知識というのは、そういうふうに、自分の経験を越えて自分で判断することができない。だからこそ権威をもっているわけです。特定の権威づけられた人だけが、それが正しいか正しくないかについて発言する権利をもっています。それについて非常に大きな権威のある発言をした学者は、生きている間にか死んでからか、天皇から勲章をもらったりする人でありますけれども。ことばの知識ってのは、本当にそういう点からみると、何と変わっているものだろうと思わざるをえないわけでありますす。

それでは、ことばに関する知識は知識でないのかといえばそうではない。依然としてそれがやっぱり知識であることに変わりはないわけです。なぜなら、あることばを知らない人はそのことばを話せないのですから。ことばが本当に普遍的なものであるとするならば、何も勉強しなくってても本能でもってしゃべれるはずです。だから、動物にもことば、たとえとして、コミュニケーションに使える道具としてのことばはあります。確か、ミュンヘン［大学］にいたカール・フォン・フリッシュという動物行動学者は一九四〇年代、ミツバチのダンスについて大変詳しい研究を行いまして、ミツバチは尻を8の字型に振って、羽を広げて、太陽光線に向かって何度かの角度をつくって、その尻振りダンスを何回やると、十キロのところにどれぐらいの量のミツがあるとか、八キロのところにどれだけあるとか、距離とミツの所在の場所と量についても、精密な情報を伝えることができるという研究を発表しました。ミツバチ実験というのは、それ以来大変重要な動物言語のモデルとされるようになったのでありますが、これは、ミツバチが母親から教わらなくってもできる。こういうものは知識というか学んだものではなくって、生まれながらに、どういうミツバチでもそれを行うことができるはずです。［チョムスキーが人間には生得的に文法がセットされているというのは、このような意味においてです。」あるいは、スズメとかカラスとかの鳴き声も、教育を経なくってもできる。でもまあ、かなり最近の研究では、教育によらざるをえない部分もあるらしいです。アメリカ人で、大変妙なことに関心を寄せる鳥類学者が、都会のカラスと田舎のカラスの鳴き方を研究しましたら、少し違いがある、ということを発表した人がいます。パリのスズメとプロバンスのスズメの鳴き方がちょっと違うとか、そういうことは多少ありうるかもしれません。しかし、本質的に考えますと、そういう人間のことばにも動物のことばにも、いずれもルールがありますけれども、知識という、ことばの厳密な意味で、ミツバチの信号は学習によって学んだものではないといえます。

言語学については、いろいろな理論が入れ替わり立ち替わり現れまして、今はチョムスキーの理論、先ほどの言語生得説というのが強い影響力をもっていますが、最近は少し下火になったといわれております。このように、言語的知識というのは学習によるものでありながら、かなり自動的にはたらいている。自動的に人間から発出される知識であるということを、いろんな方面からふれてきたのでお分かりいただけたと思います。しかし、いままで述べてきた言語的知識というのも、それは大変狭い意味において、母語という意味においての言語的知識でありまして、母語というのは、母親から、あるいは、母親に代わるような人、生まれてすぐに言語的な環境を与えるおとなから身につけたことばであります。しかし、たとえば皆さんが京都を一歩出て、東京の官庁とか会社とか、とりわけ電話の交換手とか、あるいは、大会社の受付嬢、看板娘、そういうようなところに就職すると、おそらく自動的には話せなくなる。かなり自分のではない、別の知識によって自分の言語をコントロールせざるをえない、こういうことになると思います。ちょうどいま、私のゼミナールにいる男で、大学院にいる、あまり若くはない人ですけれども、今度、韓国に留学し、韓国の大学で日本語を教えることになりました。そこで、私は大変心配していることがあるんですが、この人は大阪の出身であって、大変頑固に、というのは東京の人間からみて頑固に、本人からみれば大変自然にのびのびと、全く自動的に大阪のことばを話しているわけです。自分と全く同じことばではなくて少し違ったことばを聞くのは、私は大変うれしいといいますか、刺激になります。理解しようとして注意深くその人の話を聞く。作家などは、なるべく人の使わない語彙《い》を使って人の注意を引きつけようとします。ただし、それは聞き手、読み手にあまりに強い緊張を強いますと、途中で放り出されてしまいますから、最後まで引きつけておくためには、それほどの疲労感を与えない程度の違いにおさえ、しかも、緊張感に満ちた魅力をもっていなければならない。これが文学作品の一つの資格であろうと思います。それはいつも作家が、自分の個性ということばで示される主体的な特徴を発揮しようとするのでありますが、それは個人的な営みであり、個人的でなくっても、自分の地のことばで全く無意識に話していても、京都の人が東京で話すと、これはおのずと違ったことばに、東京語からみればずれたことばになる。そういう少しずれたことばを聞くことに対する喜びといいますか、好奇心といいますか、これを日本の国語教育では――日本に限りません――絶対主義的な近代国家においては、特にフランスはそういう国家でありますけれども、そういうことばを耳にするだけで自分の耳が腐ってしまうとか、自分のことばの純粋性が濁ってしまう、という感覚さえあります。「汚ないことばは使わないで」というふうに母親はそういう教育をする。純粋な標準語以外のことばには触れさせないで、できることなら純粋培養をしたいというふうにすら思う。そういうふうな国語教育がずっと行われてきています。私は国語教育というのは、標準語以外の少し違ったことばを聞くことによって、自分の言語感覚を鍛える、刺激を受ける、そのことに喜びを感じるような国語教育であってほしいと、そういう多彩な色合いのある国語教育でありたい、と個人的には思っているんですけども。

先ほど標準語ということばをいいましたが、この標準語というのは、言語学の用語でいいますと規範を生命とした言語であります。普通、家庭内において子どもが最初に出会うことばは、特別な規範をもっていない。最初話し始めるときは、子どもがことばを話したということだけでおとなは満足しますけれども、学校に行くようになると、しつけと称しまして、年寄りに対する、あるいは、おとなに対することば使い、そして、日本では独得の規範として、女が使ってはいけないことば、それは男っぽいことばである、女の子はそういうことばは使っちゃいけません、というふうに規範を与えます。それから、男の子については、これは私がチョムスキーの本を書いたときに、チョムスキーと何の関係もないんですけど、そこにどうも触れざるをえなくって書いたんですが、あるアメリカの言語学者も書いていることですけれども、男の子であれ、女の子であれ、最初に生まれてきたとき、最初のことばは母親から学ぶ。母親ってのは、女だから女のことばをしゃべっているとしますと、最初に男も女もおしなべて触れることばは、女のことばに触れるわけですね。女のことばに触れて女の子はそのままで育てばいいんだけれども、男の子の方はある段階で男のことばを使いなさいというんで、そこでスイッチの切り替えを受けて、女のことばを使うのは恥ずかしいものとして男のことばに転換される。そういうからくり、メカニズムはどういうふうにして行われたんだろうか、ということをほとんどこれまで言語教育においても、あるいは、発達心理学だの、言語学においても取り上げられることがなかったのでありますけれども、これは言語形成、あるいは、男と女の差別感を植えつけていくうえできっと大きな役割を演じているだろうと、このへんを人間の根源的な問題として追究する人が現れていいだろうと思うんです。

そういうふうな、ある程度の規範化といいますか、これはおそらく、教育社会学などでは「社会化」ということばでいうんでしょう。ソーシャリゼーション――子どもが一種の社会化を受けて、特定の集団、特定の階層に関係づけられる。子どもは学校にいく以前から、「社会化」を受けます。つまり、おとなの関心によって、特定の社会、とりわけ特定の言語社会に繰り込まれる、そのときに子どもは規範化を受けます。かなり早くから男と女、あるいは、目上と目下という規範化を日本の社会では特に厳しく受け、繰り込まれ、男と女の場合では文法まで違います。使うボキャブラリーまで違う。それも大きな規範化であります。しかし、さらに大きな規範化は、やはり地域的な規範化、それから職業上の規範がありまして、これは、近年の日本のマス・メディアの発達によって、日本全国が大変急速に平均化している状況にあります。私はしばらく前に、三月中ごろでしたが、初めて沖縄というところに行きました。沖縄における受験熱、加熱した塾の繁昌ぶり、それから、特に標準語に対する教育熱、漢字教育というものについての熾烈な情熱を経験してきたのでありますが、聞くところによると、北海道も大変そうだということでして、日本の端にいくほど、そういう中央志向が強くなる。京都はそういう点で一番けしからんところなんだろうと思います、東京からみて。それは大変気位が高くって、文化的にも十分に東京に対抗できるとりでをもっているから、そういう現象が起きるのだと思いますけれども。こういう辺境になればなるほど同化への熱い願望が起きる。これは、私は沖縄や北海道の人がけしからんとか、裏切り者だとか、そういうふうなことを言っているのではなくて、これこそ社会学的に冷静な事実として取り上げるべき現象であります。そこに行くと、人間はそういう気持ちにならざるをえないという、そういう地理的、社会学的な現象を構成する部分であると思います。

先ほどの、韓国に日本語教師で行くという、大阪ことばをひとかけらの反省もなく、ごう慢にしゃべる男についての話にもどりましょう。大変心配しているのは、韓国の大学において「この人は大阪弁をしゃべってるじゃないか。これは日本語の教師として不適格だ」という指摘を受けることを非常に私は恐れているんであります。私が一番ありうると思うのは、韓国の人がそういう指摘をするのならいいけれども、多分そうではなくって、日本人がするに違いない。日本人というのは、そういう素質をもった民族でありまして、その人は非常な愛国心に燃えて、おそらく東京の出身者で、「あれは大阪ことばであって、日本に行ってああいうことばをしゃべると恥ずかしいぞ」とか、「だからあいつはクビにして、私あるいは、私のコブンを雇いなさい」とか、こういうふうに必ず話をもっていくであろうと。そういうふうな日本人の姿勢、行動のパターンは目にみえていて、外国でよく耳にする話です。アメリカで日本語の教師を採用するときに、父親も母親も東京生まれで東京育ちでなければならない。さらに、ご先祖さまが少なくとも三代までは東京に住んでいるんでなければならない。こういうふうにして、初めて正しい日本語を伝える教師になりうる、こういう考え方、これはアメリカにかぎらない。現にポーランドかどっかに日本語の先生に行ったときに、東京勢と大阪勢の間に激しい職場の奪い合いが起きたという、これは一種の言語戦争であり、あるいは、出身地のシェア、言語マーケットのシェアの獲得戦争といってもいいです。これは世界各地で日本人が日本語を教えるときに、必ずといっていいほど生じうる現象であります。だから、僕はあまりよく知らないんだが、たまにちょっと聞いたイーデス・ハンソンさんの話してる日本語のようなのは、大変貴重なケースであると思います。

私はこういう例を出して一般論を述べる、いつも一般論を話して逃げているんですけど、たまたまそういう心配が現実にあるということをゼミで話したために、「じゃあ、先生はその場合にどういうふうな態度をとりますか」、「一般論じゃなくて、具体的にどういう態度をとったらいいですか」と、これまた大阪出身の美しい私のゼミの学生さんが、そういう質問をしたんです。そのときにした答えを、何もここで繰り返すことはない、苦しまぎれに出した答えではないのでありますけれど、それは、いきおい理想主義的にならざるをえません。なぜなら、標準語規範というのはいつでも支配していますから。支配の座につけなかった立場の人の発言は、いつでも理想主義的にならざるをえない。しかし、学問はそもそも理想主義的なものでありますから、理想主義的な立場をいつも根拠づけるのが重要な使命の一つであるので、非常に仮りの返事でありますけれども、こういうふうになります。

ことばを教えるということ、それはことばの技術にかかわることです。しかし、教師というのは、私が今考えている理想的な教師というのは——まず私は失格であって、ほど遠いのでありますけれども——まず人柄がとても魅力的でなければならない。その先生の話がある時間は、どうしても一番前に座ってその先生の顔をずっと見て、その表情に見入り、その話し方全部を、一瞬も聞きのがしたくないというような先生。そんな先生はちょっとありえないんですけれども、先生たるものは、話がいつも魅力に満ちみちていなければならない。その先生の話が終わったときは、とても残念で席を立ちたくない。それから女の先生であったら、どこか美しい感じの先生であってほしいと思う。

フランスにミシュランという自動車のタイヤ会社があって、ここが作っている『ミシュランの旅行案内書』というのがあります［今では日本語版もあるらしい］。いつでしたか、私は自分の車でイタリアに旅行して、ボローニャという町に行ったとき、ずいぶんこのミシュランのお世話になった。一番安いホテルをみつけようと思って、ミシュランを読んだときに、ボローニャという町がどういう町かということが書いてあって、今でもミシュランで読んだことを大変強く覚えているんです。ボローニャはすでに一一世紀のことですが、ヨーロッパで一番古く大学ができた町です。三年前もボローニャに行ったときに、その大学は学生運動でひどく荒れていて、落書きとビラでベタベタ、日本の大学もかつてひどく荒れましたけれども、あんなものじゃない。あれが慢性的になっているところでありまして、ミシュランの案内記に、「ヨーロッパで最も古い大学の一つ、その一二、一三世紀ごろのボローニャの大学、法学部に、非常に美しい女の先生が授業していた。一学期が終わって、その先生のテストをしたら全員が白紙だったと。あまりの美しさに、学生が先生の顔しか見ていなかった。一学期間ずっとそうであった。それで、大学は非常に困って、先生の教壇の前に幕を引いて、先生の顔が見えないようにして授業をやった」、大体こういうことが旅行案内に出ていたと思います。日本の交通公社の旅行案内とか、ブルー・ガイド何とかには、こういう話が出ていないんで大変残念ですが、そういう時代に法学部に女の教授がいたという、日本ではありえない話ですけれども。今それを突然思い出した。僕は近ごろ本当に頭がにぶくなりまして、重要なときに重要な話をするのを忘れて、一週間くらいしてから、あのときにあの話をすればよかった、と思い出すことが多くなってきました。とにかく、先生が美しすぎて何にも学生が覚えていないんでは困るけれども、やはり先生はいつも魅力があって、その授業に出て行きたい、一緒に話がしたい、聞きたい、というふうであってほしい。こういう先生、それは先生が文法的に正しいとか、正確だとかの標準語で話すかどうかの問題ではないのです。

これは、ある意味で本当に精神と結びついた心の働き、ことばは人間の心の鏡であるとか、ことばは人格であるとか、こういう道徳的ないい方は好まないのですけれども、ことばとか文章には、確かに全人格、その人が生きてきた、これまでのあらゆる力をもって全力投球をすることによって、他の人のではないことばが出てくる。そのことばのなかに何かいいかげんなうそや心にもない、ちょっとした思いつきなどが交じり込んだりすると、すぐにバレてしまう。私は原稿を書くときには、消したり何かするし、近ごろはワープロなんか使ってうまく直すことができますけれど、人前で話すときは消しゴムで消すわけにいかないし、本当に私は話すことは苦手でありまして、きょうも本当に困ったのでありますが、ことばっていうものは、考えれば考えるほどうそがつけない。ことばはうそをつくための道具だともいいますが、しかしことばはどこかでいいかげんなことをいってると必ずバレてくる。不誠実なことをいうとバレてくる。ことばとは、まったなしの、そういう人間的な活動であるというふうに思っております。だから、絵に描いた箱庭のような、あるいは、盆栽のように完璧な日本標準語を与えることができたとしても、そういうことばが話せる人が全然魅力のない先生であったとするならば、たとえそれが語学という技術を教える先生であっても、そういう先生の日本語は好きになれないであろうし、日本語を学ぼうという意欲そのものも学生は失ってしまうであろう。できればその両方がそなわっていた方がいいかもしれないけれども。「私がしゃべっているのは標準日本語ではありません。ありませんけれども、そういう日本語もありうるし、ちょっと細工をすれば、標準日本語もしゃべれるようになります」と、せいぜいそれぐらいのいいわけをつけて、勇気をもって、そのかわり、なるべく魅力的な授業をするように工夫することが大切です。――少し話がうますぎるかもしれませんけれども、まあ、こういった話をゼミナールで、外国に行って日本語の教師になるときの心得を、私なりにその場で考えたことを話したわけであります。

先ほどたびたび知識の支配ということを話しました。歴史的な知識というものを一つの極限として、もう一つは、かつて博物学者の探検家がおこなったような必然の知識、生きていくための必然の知識について話をした。その対極にもう一つある、ことばの知識というのは、ひとりでに自動的に出てくる知識と、学ばなければ、あるいは、自分で評価を加えて、これはいいことばだけれども、これは話しちゃいけないことばであるというような、規範化された、社会化された知識、この二つの側面がことばにあります。そして、最初の方の知識は、これは言語学において体系とよばれるものです。システムとよばれるものです。体系はそのことばが――あまり言語学的な、これは授業じゃないので細かい話をしませんけれども――かなり自然科学的なシステムとして、システムは自然科学的な概念でありますが、これはコミュニケーションを行うのに一定の音から成る単語を用いて、一定の秩序づけに従って用いれば、意図が伝わるようにというふうにできているものであります。そして一つの言語のなかには、地域による方言だの、社会階層による方言だの、いろいろな複数の体系が含まれています。日本語なら日本語で、いろんな種類の体系が含まれておりまして、そして、その体系のうちのあるものだけが規範的な役割を担わされる。つまり、ある特定の体系がそこで選ばれるわけです。選ばれる動機にはいろんな動機があります。政治の中心であるとか、そこにそのことばをしゃべってる役人がたくさん住んでるとか。それから、国民のなかのマジョリティを占めているとか。マジョリティという考え方は客観的ですけれども、さらにそれはより美しいとか、それから、より合理的であるとか、よりいき届いた表現ができるとか、こういうふうにいろいろな理由づけを行う。これはとりわけ作家や国語審議会における学識経験者というような人が規範を作っているわけです。体系を研究する、いわば自然科学的な言語学、これまで行われてきた言語学、いわゆる文法、言語の構造とか、その言語がもっている語彙、辞書に記載されているような語彙の一覧表を作ったり、こういうことをおこなってきている従来の言語学は、ある意味で大変客観的で、ことばというものが実は動物がコミュニケーションに使っているような、あるいは、モールス信号とか、電報を送ったりするときの客観的な記号として研究している。そうではなくって、そのうえにさまざまな社会的な評価がつけ加えられ、それがかぶせられて現実のことばは使われているということを、言語学は言語学が科学であるために、科学であろうとするために、それをずっと無視してきょうまで過ぎてきたわけであります。

言語学のそもそもの出発点は、最初は規範を学ぶための学問、正しい話し方、正しい文章の書き方、あるいは、ヨーロッパですと、正しくラテン語を書くための訓練というところから始まってきたのであります。その規範的な立場を克服しまして、一九世紀から自然科学的な言語学が誕生してきて、真の意味で科学に値する言語学というものが二〇世紀になってつくられてきたのであります。ところが、一九六〇年代ころから別の流れが生まれてきた。その一つのあらわれは、アメリカで生まれた社会言語学というものであります。近代言語学の立場によりますと、ことばの知識というものは、先ほどいいましたような、身についていいて自動的に出てくる、人間が歩くのと、あるいは、呼吸をしたりするのと同じくらい自然な知識であるというたてまえから、言語の構造、システムが作る構造というものの研究に焦点を当てていたのであります。一九六〇年以降のアメリカにおいては、規範からはずされた体系を身につける、そのことによって、いかに人間が社会的に差別されているか、単に何々方言をしゃべっているだけで就職のチャンスが奪われるとか、こういうことは、特にアメリカのような多民族社会においては日常的によくみうけられることです。さらに、もっと重要な問題はこういうことだったと思います。日本でもつい先ごろ、テレビで誰かが対談しているのを聞いたのですけれども、たとえば、こういうふうな方言とか、こういうふうな劣ったことばをしゃべっているのでは、科学的な思考は生まれませんとか、哲学は生まれませんとか、そんなふうな議論であります。つまり、ある言語を使っているということが、その言語の話し手の知的な活動、論理的な思考を限定するのだと。要するに言語そのものに知性の優劣を認める考え方であります。

たとえば、同じ日本語、同じ東京語、京都語であっても、これを、たとえば親がことばによって商売を行っている家庭、その典型的なものが弁護士、弁護士は舌先三寸で人を生かしたり殺したりという、全くこれはことばだけで人の運命をきめる商売であります。先生もかなりことばだけでメシを食っている。牧師さんもお説教で食べていることばの職業だろうと思います。アナウンサーであるとか。あるいは、書くことばの職業もあります。

つまり一方の極には、言語表現に依存しながら生活をたてている人たち。それから、その対極にあるのはからだや手先を使う職業の人、職人とか農民ですね。これは、ことばが上手になればなるほど米がたくさんとれるというわけじゃないし、文章が上手になれば豚がたくさん子どもを生むというふうにはならない。これは、全く言語外の技術で業績を上げなければならない職業です。ところが、現代の社会ってのは、全般的にみるとことばのうまい社会階層が優利な座を占める。大学というのはことばをうまくするためにつくられた一つの組織でありますけれども、そのことによって大きな差別が生じてきている。これは、まず家庭において、どういう職業の親によってその子どもの教育が行われているか、実はこれは、日本のように社会的階層が比較的あまり強くないところでは問題にならないけれども、こういう研究がにわかに起こってきたのは、イギリスのような古い貴族社会が残っているところです。そういう研究は、やがてドイツの一部に受けとられて、肉体労働者、農民の言語を使っている家庭でなくって、言語による生活をおこなっている家庭、そういう家庭の子どもたちが、それぞれどういうふうな言語能力の違いをもっていて、その言語能力が、彼らの知的な活動、表現力にどういうふうに反映しているのかという、こういう研究が大変盛んになってきたのが六〇年代の特徴であります。

そこで、大体私の時間がそろそろ終わりになってきたのでありますが、私のきょうの話の目的は、知識というものは、人間がつくり出した大変な財産であるが、これは人間を支配する財産でもあるという認識が一つある。ところで、ことばという知識は、これは誰しも拒否することのできない知識です。だからそれは、ある意味で根源的な知識です。私は野球を知らなくっても生きていけるけれども、ことばは知らなければ生きていけない。根源的な知識、おのずからなる知識であります。知識の形にはいろいろありまして、たとえば、ライプニッツが説明しているのに面白いのがあります。それは、「はっきりと分かっているが、なぜそうなっているのか説明できない知識」、たとえば、私がある花を見ます。ユリの花でもヒヤシンスでも美しいなあと思います。あるいは、おいしいワインを飲みます。おいしいなあと思う。なぜおいしいか、なぜその花は美しいか。ことがらははっきりしているのに、その理由を説明しようとすると、とてもむつかしい。しかし、だからといってその人は、その美しさが分かっていないのではなくて、分かっているけれども説明できない。自分の母語についての知識というのは、それに類する知識であると、コセリウという言語学者はいっております。その言い方はちょっとおかしいとか、ちょっとうまくないとか、明確な表現としてはちょっと努力が足りないとか、そういう判断のできる知識、それは、おのずからなる知識です。それに対して、規範の知識というのはそうでありません。この方は、注意深く学ぶことによって身につく知識であって、しかも、完璧に身につくのはむつかしい。それに対して、おのずからなることばの知識は、人間にとって最後に残された知識のなかで最も根源的で自由な活動をつくり出します。ことばというのは、私は基本的に自由にもとづく活動だと思う。というのは、ことばは表現活動のなかで、話し相手との意思の伝達という、最も重要な活動を行う。相手を説得し、説得される関係において、ことばを自由に、お互いが全く自由に話し合うことのなかで、ことばは新しい表現形式を獲得して発展していく。このなかにおいて、そうではない知識、二次的な知識でありますす歴史的な知識や、それにもとづく規範、こういうものが、ことばの活動をさまざまな形で社会階層により、出身地域により人間を抑えつけている。私はことばの学問をやっておりまして、そして、そのことばは知識の中でも、万人に与えられた根源的で自由な知識であると考えます。こういう立場からすると、そういう本来自由であるべきことばの活動が、本当に解放されるためにどういうふうであればいいのか、ということをよく考えます。

きょうの話は、何かまだまだ大事なところまで、核心にまで到達しているという実感が正直いってしないのでありますけれども、その題に掲げました「ことばの自由」というのは、ミニマムの知識そのものがわれわれに自由を与えているんだと、こういう認識において自由でないことばを打ち破っていく、そういう活動をわれわれが取り戻す。与えられるのではなく自分の手にする勇気をもつというところから、われわれの新しい本当の表現活動が生まれてくるんだと、そういう気持ちをお伝えして終えさせていただきます。どうもありがとうございました。

（一九八三年六月二九日、水曜チャペル・アワー「講演会」記録）

（月刊『チャペル・アワー』No.116　1983年12月20日　同志社大学宗教部）

【二〇一七年のあとがき】

同志社大学の、しかもチャペルで、こんな話をしたことは、まったくおぼえていなかった。こんなことを長々としゃべったことは、いまから考えてみるとはずかしいかぎりであるが、読みかえしてみると、大変重要で根源的なことをよくも臆せずしゃべったものだとあきれるばかりである。当時私はコセリウの影響で、「言語的知識」というものを懸命に考えていたことがわかる。それにしても、どんないきさつで同志社大学宗教部が、私を招いてこんなわがままな話をさせたのか。四九歳だった当時の私がこのような形で残っていることに感謝の気持でいっぱいである。

第二章
読書ノート

《本から本へ》

誤解と理解

政治面では絶えざる話題の提供者である韓国を、こんどは文化の面からも多少くわしく知ってみたいという願いは、渡辺キルヨン氏の『朝鮮語のすすめ』（一九八一年）が広く読まれた頃からきざしていた。イ・オリョン氏の二著**『「縮み」志向の日本人』**と**『韓国人の心』**（いずれも一九八二年）、キム・ヨンウン氏の**『韓国人と日本人』**（一九八三年）が多くの読者を見出したのもそのためだ。

これらの著者たちはいずれも朝鮮人であるから、かれらの日本体験が、日本人学者の朝鮮体験にはるかにまさっていることは言うまでもない。たとえばイ氏は私と同年の一九三四年生まれで、日本語と日本人教師による植民地教育のもとで育ち、キム氏はと言えば、東京生まれで、早稲田大学の学生だったたというあんばいである。ところが従来は、日本人が一方的に朝鮮を論じるのみで、朝鮮人から見た日本論が日本語で読まれることは稀であった。その意味で待望の書であった、これらの著書は、日本人の中に根強く行きわたっている外国認識のゆがみを指摘する段になると、力がこもって鋭く、ときには罪状追及の迫力すら帯びてくる。

たとえば、人気を博した『甘えの構造』が、「甘え」をひたすら日本人の精神構造の特性ととらえることができたのは、その著者が朝鮮文化の存在そのものさえ眼中におかず、朝鮮語も知らなかったおかげであるとイ氏は指摘する。一般に日本人学者は、最も身近な朝鮮文化をさし置いて、いわばその頭ごしに、日本文化をもってアジアの文化を代表させ、「白人文化の対概念」としていることに著者たちはいきどおっている。たしかに、やはり隣接しあいながら、鋭いコントラストを示す、独仏の文化の比較に見られるような関心はなかった。こうした告発の当否はともかくとして日本人として、うしろめたい思いは拭えない。

さて、著者たちの採った比較の方法についてであるが、キム氏のは、多数の歴史的エピソードを引きあいに出した対比であり、ときには神話までが引照される。たとえば、日本の神話は「天孫降臨」をもって歴史のはじまりとしている点で「支配者が歴史をきり拓いていった」のに対し、『魏志』の伝える朝鮮にあっては、「その風俗は法規が少なく、国や村に首長はいるけれど、ひざまずいて敬礼する作法もない」ほど「民主的な感覚があふれている」という。日本神話が政治的に手を加えられ体系化されたことはよく知られているが、その跡が最も濃厚にあらわれた部分を、こうした形で素朴に引用することじたい、正しい方法とは思われない。とにかく、この種の対比をいくら連ねていっても、それでは、なぜ、このように「民主的な感覚」をそなえた民族が、かくも民主的でない政治状況から脱出できないかを説明してはくれないだろう。

歴史的ないいんねん話が、必ずしも現実の状況の解明に役立たないことをよく知っているイ氏の方は、「文化の因果批評」をしりぞけて「現象そのもの」に即する、いわば共時的態度をとる。ただし、採りあげられる題材は、今日の平均的日本人には縁遠い、茶の湯、生け花などの、化石的［伝統］作法への博識ぶりであって、日本人ですら忘れかけている、日本古流への案内書のようになっている。ふしぎなのは、著者たちが、なぜこのようなエリート的規範文化の方にばかり心をよせ、熱中するかということだ。

現代の風習にしても、規範的儀礼へのこだわりは驚くべきものだ。たとえばイ氏は、名刺を出し、受けとる作法のことを長々と述べた後、名刺を用意しなかった一週間は「人に会うのが悪夢のごとく感じられた」というが、そう感じたのは氏自身の、名刺交換儀礼に偏愛をもつ、日本の特殊な階層とのつきあいの中から学びとられた感覚でしかない。私と知りあったある朝鮮人学者は、箸の空袋に無造作に名前を書いて渡したが、そのデータはいまも役立っている。さらに名刺の裏に地下鉄の路線が印刷してあるのを、またまた「世界」を「縮小しようとする」「縮み志向」だというふうな落とし話にもって行く手法は、本書のねうちをさげることにしか役立たない。

こんなふうに腑に落ちない話もいろいろ出てくるが、イ、キム両氏が、異口同音に結論づける、次のような指摘には、ちょっとすご味がある。すなわち、ものの細部にこる「縮み志向」の日本的性向は、「脱イデオロギー」と「無思想」とを生み、そこから生ずる「無理念」「無節操」こそが日本国家の発展のバネだったと。少なくとも、この二人の知日派韓国知識人はそういうふうに見ている。「すご味」と私が感じたのは、その指摘のもっともらしさとともに、こうした「縮小」された日本像が、韓国の若い世代に、新しいステレオタイプを産み出して行くかもしれないすご味である。

いまも昔も、健全な日本人であって、せっかく咲いた花がすぐに散ってしまうことを喜ぶ者はいない。ところがイ氏は「日本人だけは」散るのを好むという。イ氏がこだわり保持しつづけるのは、むかし軍国日本が植えつけた、自然な心情に反する非人間のイデオロギーであるが、それは氏にあっては、同年輩の日本人以上に強く維持されているようだ。

ところでキム氏によれば、「いまでも日本映画は韓国で上映禁止されている」というほど両国人民の交流をさまたげる壁は厚い。私がおそれるのは、最も近い隣国との壁を厚くしておいたままで、かつて西洋人のやった方法をなぞり、化石化したエリート規範文化だけが「縮小されて」韓国人民のもとに送りとどけられることだ。

『「縮み」志向の日本人』（イ・オリョン〈李御寧〉著／学生社、一九八二年）

『韓国人の心［増補　恨《はん》の文化論］』（イ・オリョン〈李御寧〉著・裵康煥訳／学生社、一九八二年）

『韓国人と日本人　双対文化のプリズム』（金容雲著／サイマル出版会、一九八三年）

（月刊『太陽』1984年1月　平凡社）

《本から本へ》

帝国の現実

——ソ連の民族問題——

昨年もまた、ソ連は数々の謎めいた事件によって世界の注目を集めた。他の国とちがって、ここでは事件の経過そのものが知らされることは稀で、原因や背景がなっとくの行くように説明されることはめったにない。だから人は、そのかくされた部分にむかって、絶え間なく、謎解きの好奇心をかきたてられるのである。そこでは、すべてが推理小説のたねになりうるのだ。

たとえば高位の国家指導者が死んだり交代すれば、それは単なるふつうの死や交代ではすまされない。人はその死因や舞台裏を推測して、いやでも話にすじ道を通してみたい願望にかられる。こうして、ブレジネフの死去とアンドロポフの交代の真相はこうだと描き出してみせた、トーポリ、ニェズナンスキイ『**赤の広場**』(一九八三年、中央公論社)は、大胆な推理をフィクションというころもに包んで組み立てた。この本には、すじ立てそのものを別にしても、「シャツの新しいファッション一つ定めるにも五年がかり」だったり、「バルト海から太平洋まで二つの大陸にまたがる」広大な土地があるのに、「墓地をもらうにも行列」しなければならないといったふうに、官僚国家の風俗が描かれていておもしろい。

しかしソビエト現象を、その連邦国家の原理そのものから理解しようと思えば、いわゆる民族問題という視点をはずすことはできない。わが国のソビエト研究は、この方面での経験が浅く、擁している研究者の数も少ないので、どうしても外国の研究に依存せざるを得ない。モンテイユ『**ソ連がイスラム化する日**』（一九八三年、中央公論社）は、我が国ではもっぱら観光的な異国趣味に訴えてとりあげられるにすぎない、いわゆるシルクロードを含む、イスラム教地帯を扱って、民族問題なるものの実態を示そうとしている。

中央アジアの諸共和国に住む回教諸族は、もともと多産を尊ぶ伝統のもとで高い出生率を維持している。それはロシア人をはじめとするスラヴ語族が年々減少の傾向にあるのと鋭い対照をなしており、二〇〇〇年の頃には回教徒人口は一億にも達するであろうから、ソ連邦人口の半分近くを黄色い人間が占めてしまうかもしれない。このような予測は、一種のソ連版「黄禍論」を暗示さえしている。この強い繁殖力をもったアジア系諸族はまた、イスラム教によって、国境外の勢力と結びつき、モスクワに抵抗して、党と中央に絶えず脅威を与えてきたという歴史がある。

モンテイユのこの著書は、本書に先立って同様のテーマを扱った、カレール＝ダンコースの『**崩壊した帝国**』（一九八一年、新評論）を意識し、しばしば、強い批判的口調をもってそれに言及している。こういう、あまり一般的ではない言語で書かれた資料を扱う専門家のあいだでよく見られることなのだが、ちょっと意地悪な同業者的牽制がはたらいてしまうことが多い。率直な感想を言えば、カレール＝ダンコースの方が、民族別出生率や人口動態の統計数値にもとづく手がたい分析に徹しているのに対し、モンテイユの著書は、短期間の旅行の印象記などを織り込んだりして、やや雑駁な感じをまぬかれない。また、前者がソ連邦の状況に強い批判の色をこめて書かれているのに、モンテイユの方は、可能なかぎり肯定的な解釈を加えて、うっかりして反ソ・センセーショナリズムに陥ることにならないように注意している。

たとえば、言語的民主主義という面から見るとどうなのだろうか。ソ連では、裁判所は、民族語の使用の権利と、通訳の付添いを認めているのに、フランスでは「法廷でブルトン人容疑者が現在八〇万人の話し手がいる母語ケルト語で話すことを許していない」点で、「フランスはソ連におくれをとっている」と指摘することを忘れていない。

ところで我々は、こうしたソ連のアジア地域の研究を、やむなく西欧人の研究にあおいでいるのだが、この種の著作に接するたびに奇妙な感じに襲われることがある。それは、自分自身を西欧人のたちばに同調させながら読み進んでいるうちに、ソ連邦は東の国でもあるという重要な面を見失ってしまうということだ。たとえば回教徒であるテュルク系の諸族のことが論じられる。かれらは、言語、文化、それに風貌の点でも、より我々に近い東の人間なのである。じっさいに会って話をしてみると、我々の同胞という感じすら抱くことがある。ところがかれらは、スラヴ人によって引き上げられ、西欧化されるべき人間だという、暗黙の了解のようなものが、いつの間にか入り込んでいるのに気がついてはっとさせられることがある。

モンテイユの著書の原題は、『ソ連のイスラム教徒』という単に記述的な題名であったのを、出版社の意向で「イスラム化する日」などと少々予言めいてセンセーショナルに仕立てられたらしい。しかしたとえばカザフ共和国は多数のスラヴ人を受け入れてしまったために、カザフ人はかれら自身の共和国の中で三〇%という少数者の地位に落ちてしまったことを考えると、我々東の側から見る者は、中央アジアのロシア化をこそ言わねばならないであろう。西にまわってこれらの著作を読んだら、あとはそこにとどまらず、かならず東へもどってきて、今度はそこからもう一度問題をとらえなおしてみたいものだと思う。

『赤の広場　ブレジネフ最後の賭け』(E・トーポリ、F・ニェズナンスキイ著・原卓也訳/中央公

論社、一九八三年）
『ソ連がイスラム化する日』（ヴァンサン・モンテイユ著・森安達也訳／中央公論社、一九八三年）
『崩壊した帝国　ソ連における諸民族の反乱』（エレーヌ・カレール＝ダンコース著・高橋武智訳／新評論、一九八一年）

（月刊『太陽』1984年3月　平凡社）

いしゃだおし

戦後の新しい保健行政によって集団検診がはじまった頃のことだったと思う。あんたはどこも悪いところがないねと医者にほめられたある中年女性が、「わたしは毎日いしゃだおしを煎じて飲んどりますしけい、悪いところは一つもあれしません」と答えたそうだ。そのことを母はさもおもしろそうに話して聞かせた。それを医者にむかって申告した女性に悪気のあろうはずはないのだが、語源にしたがえば、「いしゃだおしとは」「病人不足で医者が倒産する」ほどの薬効をそなえた草ということになるから、万一皮肉であったとすれば、かなりたちの悪いものだ。

さて、そんなにおそろしい力のあるクサとはどんなものか、ある日母にたずねたところ、道端の、小さなかわいい紫色の花をつけた草を示した。私はその後もこの名前がおかしく印象ぶかくて忘れられず、東京に来てから、各地の出身者たちにたずねてみた。答えは、それはゲンノショウコのことだろうとか、センブリだろうとか、おもしろくもおかしくもないものだったが、薬効からすれば、その解釈の方が当を得ているように思う。辞書なども、そういうふうに記述している。

ところでおととしの夏、東京なのにまだ牛なども飼っている農家の近くを歩いていて、四十年前、母が教えたあのイシャダオシとそっくりの植物を見つけ、庭に植えた。しかしそれはたちまちに群れつどって来た数種の虫に食いつくされてしまった。ことしはかなりの若葉が出たが、半分くらいはもう無い。なるほど、風邪や、腹くだりの虫がやってきて、これで病気をなおすのだろうと思った。ひまができてやっと植物図鑑でたしかめてみたところ、どうやらキランソウ草というものであるらしい。ただし私のはあまり毛が生えていなくて若々しい。サラダにして食べたいくらいだ。私はいつかそれを陰干しにして、薬効をたしかめてみたいのだが、その一角はいつも虫のための施薬院になってしまって、いまだ収穫には至らない。

（月刊『健康』1984年11月　月刊健康発行所）

野菜と私

私には、野菜とチーズ（あるいはヨーグルトか牛乳）さえあればいつでも元気でいられるという妙な自信がある。だから、これを充分に食べさせない日本のホテルやレストランには恐怖に近い感情を抱いている。一昨年、カナダのケベックに行ったとき、セザール（シーザーのフランス語形）という名のサラダをとった。なんとかロマーナという、緑濃く厚手のレタスに粉チーズをまぶし、クルトンも入っている。これがボールに山盛りで三百円ほどだったから、あとは赤ワインの小瓶を一つつけてもらえれば、楽しい昼食だ。食べながら、なるほど葉っぱがロマーナだからセザールなんだなと納得する。食事の前に立ち寄った青空市場で、このレタスをロマーナと呼ぶことをたしかめたばかりだった。

私の身辺には、時には研究室にも、ナスとピーマンがいつもあって、それらを生かじりする。ナスはちょっと塩をふってやればじつにうまい。ひまがあれば、これを味噌とオリーブ油でさっといためてやればぜいたくなおやつである。私のこういう趣味を育てたのは私の父であったと思う。戦争末期、飛行機を作るとかで、鉄道で三時間ほど離れた小都市で一人暮らしをしている父のところへ訪ねて行くと、ナスを輪切りにして塩をふりかけ、うまいだろう、と言って食べさせた。また冬には、雪の中から掘り出した大根を五ミリほどの輪切りにして、その上に味噌を延べて、食べてみろと言って出した。その時ほんとにうまいと思ったから、今もそう思っている。

数日前、近所でとれた梅の実をたくさんもらったが、手のかかる加工はできない。そこでこれを砂糖煮にしてコンポートを作った。一回に三個ずつくらいを、牛乳の中でつぶして食べるのだ。かなり酸っぱい実でもこうすると絶品になる。コンポートを、私はソ連とドイツの暮らしで学んだ。ソ連では切り干しリンゴをもどしてコンポートにする。自然の贈り物をむだなく活かしたという満足感が、気持をいっそう豊かにしてくれるのだ。

(月刊『健康』1988年9月　月刊健康発行所)

【二〇一七年のあとがき】

三〇年ほど前にカナダで食べたサラダは、こんなふうにものものしく書かなくても、いまの日本でも、「シーザー・サラダ」としてよく知られている。ロマーナという葉っぱも「ロメイン・レタス」として一般に知られることばになった。

大根の葉っぱとイナゴとタニシ

八百屋さんの店さきに、青々とたくましい葉っぱがついたままの大根が目にとまると、私は気持ちが落ちつかずそわそわしてくる。その店がちょっと離れたところにあっても、どうか売り切れてしまいませんようにと願いながら、自転車をもって出なおすのである。

それを手に入れて家にもどると、葉っぱを根からはずして水洗いし、全体を一センチくらいに切り刻んでなべに入れ、火にかける。入れたときはこぼれるほど山盛りでも、見るうちにかさが減ってくる。そこに油揚げ、しいたけ、かつおぶしに、さらにたくわえのあるときはこんにゃくを加え、醬油とみりんで味をつければできあがりだ。それを温かいごはんの上にたっぷりのせて、ちょっと汁もかけて食べるときの安心感と満足感とは、他の料理では得られない。

今、私の大学の学長をやっている阿部謹也は学生たちによく、田中はダイコンの葉っぱで生きていたんだよなどと話して聞かせ、自分たちの学生時代のくらしがいかに質素であったかを説くらしいが、大根の葉っぱめしは、私にとっては苦節のしるしではない。

この料理と呼べるかどうかわからないほどの原始的なメニューは、戦時中、母が作っていたのを思い出し、それに私なりに改訂を加えてできたものだ。その頃は、みのった稲穂の上を無数のイナゴが群れとんでいたので、それを大量につかまえて袋に入れて持ちかえり、かごに伏せて一晩おくと、いっぱいうんこをする。こうして腹の中がからっぽになったきれいなイナゴを、煮えたぎった湯の中にほうり込んでゆで上げると、赤い色が出てエビのようになる。母は寺の出だから、その時かならず「なみあみだぶ、なみあみだぶ」ととなえるのであった。それを新聞紙の上にひろげて、日なたでぱりぱりに乾かしたのを、そのままおやつにして食べるのだ。

　稲田のそばには大根畑があって、その栄養のみなぎった、厚い葉っぱの茂みにもイナゴがひそんでいて、ちょっとゆさぶると、いっせいに跳ね出して来た。その大根をもらってきて葉っぱを食べたのだ。この葉っぱには鉄分をはじめ、極めて有用な栄養素が含まれていると説かれたし、また見かけもそれを裏切らぬ立派なものだったから、それへの信心が深まったのは自然のことだった。

　しかし、今とその頃の大きなちがいは、当時は農薬がかかっているなどと心配する必要がなかったことである。たんぼにはイナゴのほかにタニシがいた。タニシは稲の根を食い荒らす害虫ということで、それをとることは子供たちに奨励されていた。海から遠い山の中では、タニシは貝にも劣らぬ美味な食品であり、これをネギとともに酢味噌あえにするとすばらしかった。

あの頃の日本のタンボは、米だけでなく、動物蛋白をも供給する、ありがたい場所だった。私の今日あるは、あのタンボのムシたちのおかげである。


（月刊『健康』1995年9月　月刊健康発行所）


【二〇一七年のあとがき】

ぼくがこうした身近な食べものにいつも関心があったのは、少年の頃の食料難の体験によるものだけではない。ぼくの子供たちの母親がしばしば寝込んでしまうことがあり、ぼくはいつも家族の夕食づくりの気がかりが念頭から去らなかったからである。

ぼくの母の「なみあみだぶ」は、ぼくの耳に残ったオトの印象を文字で写したもので、ほんらいは「なむあみだぶ」（南無阿弥陀仏）であるべきだが、二番目がmuでなくmiとなっているのは、次の次にあらわれるmiに同化してmiとなったのだと考える。言語学のたちばからすればこれを規範にのっとって、「なむ」とするのは「間違った修正」であり、許されないことである。

ことばと向きあう人

むかしの歌よみや詩人は、いまの詩人よりはもっと無邪気で、自然にことばに向うことができ、いわば無意識のうちにあふれ出る情感と詩想に身をまかせ、おのずからなることばを文字にすればよかったのだ——と、そんなふうに想像していいだろうか。それにくらべていまの詩人たちが、より意識的であり、より無邪気ではあり得なくなっていると。そう考えたくなるのは、いまではかれらは、いっそう、むき出しのことばそのものと向きあわねばならなくなっていることはたしかだからだ。詩人は、与えられているかぎりのことばを、単に利用していさえすればいいのであって、かれらが、わざわざ神秘のヴェールの中に踏み込んで、ことばの解剖学に従事するなどというくわだては、詩人本来のつとめをはみ出た、はしたないふるまいだと思う人もいるだろう。それが、西洋からの影響によってか、あるいは日本における歌よみわざの内的発展によってか、とにかく詩人たちもまた、道具そのものを外にはずして、その切れ味や使い勝手をもう一度たしかめなければならなくなっている。

もちろん、むかしとて、伝統や定型に支配された歌には多くの約束ごとがあったから、詩作は決して、自然で無意識というわけには行かなかった。定型の伝統はどうしても内容を束縛するから、おのずからなる流露の展開は、それだけ妨げられる。しかし、定型のしばりが保障してくれる怠惰は、かえって型への探求の骨折り損から詩人を解放してくれていたのである。

だが定型が去ってのち、かれは孤立無援の人として、支えなく、ことばそのものと向きあわねばならない。かれはそこで、ことばに向きあうためのことば、すなわちメタランゲイジを使うだけでなく、それを作る人としてもあらわれるのである。

そうかと言って、詩人がそれをあからさまに語ることは似つかわしくないかもしれない。料理の講釈のうまいことが、うまい料理の代用ではあり得ず、舞台をかたって巧みなことが、すなわち舞台の巧みになるわけではない。詩人は解剖せず、分析せず、常人の歩むみちすじを踏まず、一挙にことばの神秘に到達する超人であることを、詩を買わされる一般大衆は期待してきたのである。その一方で、この神秘性もまたいかがわしいものだと感じとる、準詩人的な受けとり手もおいおいと増えている。

もともと、ことばという、すでに自明な道具を、わざわざそれとしてとり出して論ずることは、健全な常識をそなえたおとなの仕事ではなかった。その奇妙ないらざる作業を、それでも、明るい、人目につくところでも気がねなくできるようにと、人は近代的な「言語学」という学問の名によって、囲い込まれた、一つの安全地帯を設けたのである。この特定保護区のなかで、ことばという、誰でも話しているものが、正当な対象となるためには、そのために考案されたことば装置によってまもられなければならない。

ところが、ここに詩も作る谷川俊太郎というひとがいて、かれは、この安全地帯に住むための住民登録もしなければ、そこへ入るための通行証となる約束ことばをも装備しない。かれはどうするかというと、いきなり、さっとこどもたちの前にあらわれて、おとなの間でだったらそのままでは通用しない、ことばについてのことばなしをはじめてしまう。

こどもにおいては、ことばは、それによって何かがはじまるための手段にとどまらず、それじたいによって、すでに何かがはじまっている。それじたいが目的であるから、それじたいが、しゃぶればそのまま味であるような喜びである。ことばがプリミティブに、はだかのまませまってくるこうした場面ほど、詩人にとって好都合なところは他に求められない。かれは、おとなの前だったら、こうした児戯にひとしく、児戯そのものであるようなことがら——音声学ほど児戯性に徹したものが他にあろうか——を、これほど晴れ晴れと、手放しに語るわけにはいかず、そこではちょっと深刻ぶってとりつくろわなければならないだろう。

人は、この人がこどもの前にあらわれるとき、かれは、たんにセンスのいいだけのしろうとが、その持ち前の直感力にものを言わせて、おとのさしかえ、組みかえテストなどのゲームをやってみせているのだと思ってしまうかもしれないが、それは浅い見方である。かれのやりかた、誘導のしかたは、思いつき以上の周到な計算の上に立っている。かれはいまや、音声学の教師であるなどと決して思わせないままに、こどもたちを通して、そのこどもたちと同数、あるいはそれ以上の多数のおとなたちを引きつけてしまう。このおとなたちは、女であれ男であれ、こうしてこどもをなかだちにしなければ、音声学という児戯に決して加わろうとはしなかったであろう。

私は今までもまた今も、文学と語学とは性が合わず、相容れないところがあるように感じている。前者に主として従事する人は、ことばを使っていても、あわただしくことばを素通りして、いきなりものにつきすすむ。ところが最近は、この、ものにかかわる人のなかにも、ことばに大変な勉強熱心で、研究も深く、いかにも頭脳的な対しかたをしている人が増えてきた。しかも、この人たちは、言語学者のばあいのように、理論が実践を求めるのではなくて、実践が理論を求めるという、ものごとの道理に沿った順序をとっている。

こどもの前に出て、こどもをさそい込みながら、ことばのしくみをそれじたいとして述べるという試みを徹底して行うために、谷川〔俊太郎〕さんは遂に、『にほんご』と題する教科書を書いてしまった。それは正統教科書に対立する方法を示したマニフェストだが、しかし、それを手に取るものは、単に異なる流儀が示されているのをみるだけでなく、こどもたち、したがって、これからのすべての日本語人の、ことばとの出会いのしかたを根本的に変えようとする、挑戦の身ぶりを感じとるであろう。この挑戦はおそらく、谷川さん自身が受けた、ことばをきゅうくつに閉じこめた、あの時代の命令的、規範的な「国語教育」に対するものであり、また、ことばを抑圧とし、みずからが発見的であろうとしなかった教師たちへの、時をへだてての異議申し立てなのであろう。

テキストの作りかたは、日本語についての一般的な、わくにはまった知識を、一定の順序に従って与えるというのではなく、そこには日本語についての発見と、こどもが気づいたその発見を発展させたいという、作り手自身のやや興奮したおももちが感じられる。発見したものは、すでに与えられた知識ではなく、みずからが生み出したものだ。教える者自身に発見のよろこびがなくて、どうして、こどもに発見のよろこびを感じさせることができるだろうかと、そんな強い調子の声を、人はここで聞くであろう。この感化の力が伝わってくるからこそ、『にほんご』はおとなが読んでも引きつけられ、また人によっては、この本の読者となるこどもたちが、『にほんご』の人質にとられてしまったような気になって、どことなしに、危険な雰囲気を感じとってしまうかもしれない。
『にほんご』のなかには、ことば理論家としての谷川さんのテキストが、巧みにはめ込まれている。とっかかりの四ページめには、すでに、
こえをだす　いきものは、
たくさんいるね。
けれど　ことばを
はなすことの　できるのは、
ひとだけだ。
とあって、ここには、「こえ」は「だす」もの、「ことば」は「はなす」ものという、周到な意味分析が仕込んである。こうしためだたぬ周到さは、たとえば五〇～五一ページの
あなたは　だれ？
わたしは　かずこ。
という文をまず示したのちに、
だれが　かずこちゃん？
わたしが　かずこ。

といったふうに、日本語の「は」と「が」の現れかたのちがいがきわだたせてある。私のようににぶい読者でも気づいたところが他にもいろいろあって、そこから少し拾ってみると――

ことばには　いつも　きもちが　かくれている。
けれど　きもちが　あんまり　はげしくなると
ひとは　それを　ことばに　できなくなることもある。
（二八ページ）

とか、

まいにちの　くらしの　なかでは、うそは　あんまり
つかないほうが　いい。
けれど　ことばを　つかうかぎり、ひとは　まったく
うそを　つかずに　いきることは　できないだろう。
（一一一ページ）

といったふうに、ここにはおとなをも、つり込んでしまう哲学的な考察が仕込んである。このことを見て、根源的なことがらへの近づきは、決してこどもを排除するものではないということがよくなっとくできる。

巻末に置かれた、日本語を三つの地域的変種によって示そうとした試みもおもしろいと思う。しかし、ここに至って私は、しばらく前に読むようにすすめられた、ある、やはり

規範外教科書のことを思いだした。全国解放教育研究会が作った『にんげん』と題するその「読本」では、まず、標準を破った生活の登場があり、それと結びあわされた状況のことばが示されている。そこでは、たとえば親がこどもを保護し、なぐさめるのではなく、逆に「ここはとうちゃんにんどころ」と、失意の父親をなぐさめるこどものうたがあり、また、友だちから「きもち悪い」と言われながらも、「すずめの毛むしり」をして暮しをたてる「おかあさんのしごと」を冷静に描写したこどもの作品が置かれている。

谷川さんの『にほんご』では、ことばそのものとむきあおうとしたために、ことばの取り扱いかたが抽象的、思弁的で、当然、場面への依存は抑制してある。他方『にんげん』にあっては、場面がことばを引き出し、ことばはそれじたいとして分析されるのではなく、場面とことばとが、たがいに強化しあって、読む者に強い印象を与えている。

『にんげん』を対照に置いてみるとき、『にほんご』からただよってくるのは、東京山の手中産階級のにおいである。このにおいは決して悪くはないが、それなりの限定をもっていることも事実だ。心ある人は、この層の有力な支持者である、たのもしい教育ママたちと手をたずさえて、さらに『にほんご』をこえる冒険に出かけねばならないだろう。

（季刊『飛ぶ教室』No.15　1985年　光村図書）

新しい「文化方言」の試み

私はこの感想文を書くにあたって、あまりえらそうな顔はできないものとよく心得ている。何よりも、私はこの読本の存在すら全く知らなかったのだから、もし編集部から読んでみろとすすめられなかったならば、決して読むチャンスがなかったであろう。そして読んでみて、私は、読んでみろとすすめてくれた人の気持が嬉しく、どうしても、私のたちばで、自由に感想を述べておきたいという気持になったのである。

解放とは、自由と同義である。しかしそれが運動となり組織をもつようになると、本来あるべき自由がしばられるという面が出てこざるをえない。私をも含めて、世間の人々は、「サベツ糾弾」の外向きのスローガンがオモテに立ちはだかっているために、その運動が内にたたえている、ほんとのやさしさや豊かさとふれる機会をはばまれているのではないだろうか。そのことをいつも残念に思っていたのだが、この『にんげん』は解放運動の内なる自由の世界を、教条化する以前のなまの姿で示している。『にんげん』は、たぶんいろいろな事情があって、読本などという端役的な名に甘んじているのだろうが、ほんとは「教科書」と名のりたいところ、ちょっとがまんしているなと感じた。

解放運動は、よくもこんな、比類のないあたたかさとユーモアをこめた教科書を作ったものだと、私は一瞬、強いねたみを感じ、羨ましく思った。こんな教材を自分で作りだす精神のみずみずしさと力量をそなえた知的集団が背後にひかえていようとは。しかもそれが、運動のおもてに見えて来るようになっていないのはどういうことなんだろうかと。

収められた作品の中には、名のある書き手による既成品もあって、その選択も適切でいい。しかし、あきれてしまったのは、自前の、名なしのおとなやこどもの作品である。それは決してつくりものではなく、それぞれが、自分のことばで、自分の具体的な生活の中から、思うかぎりを書いたものであって、とても職業作家などにはまねのできないものである。「あきれてしまった」というのは、解放運動が、こうした才能を、いつのまにか掘り出して、作品にしあげる力量をもっていたということに対してである。

まず判型の大きい「1ねん」からはじめよう。リズム音譜のページがあって、そこには、「ここはとうちゃんにんどころ」と、一風かわった歌詞が添えてある。たぶんリズムをつけながらうたっていって、ところどころ動作がはさまれるのであろう、「わきのしたくすぐる、こちょこちょ……」などと指示がある。「にんどころ」は「かんにんしどころ」「がまんすべきところ」というような意味だろうと、私は解釈し、たぶん、失意の父親を、こどもがはげます気持のうただろうと勝手に想像したのだが、それでいいのだろうか。ことばがそもそも、標準童謡作家の思いつかない奇抜なものである点で、これを「ブラクわらべうた」と呼んで許されるであろうか。私はこういう名のジャンルを、日本文学史の上に残したいのであるが。またこどもの方から父親を力づけるという標準プチブル家庭には稀な発想——この二つが、『にんげん』七冊の全体を貫くユニークさを予告していると私は思った。

読みすすんでいくうちに、地の文は標準語になり、そこに「わたしらもよせて」、「ゆみちゃんかてしんどいねんで」という近畿特有の表現がはめ込まれて出てくる。私がもし東日本の小学校教師だったら、クラスの中にいるかもしれない西日本からの転校生に、それをじっさいにしゃべらせ、みんなにイントネーションともども口まねさせて、近畿の言語的世界にふれさせてやるだろう。

私がひどく感心させられたのは、「わたしたちの町」(三年)、「むらを調べよう」「広っぱがほしい」(四年)、「水をひけ！」(五年)などで、こどもたちが身近かな自分の住んでいるむらや町をしらべることによって、どういうわけで、自分たちが水のこないたんぼをあてがわれ、閉じられた不便な場所に住むことになったのかを解明していくすじ道が描かれている。どんなに知識がためこまれても、学ぶということはどういうことなのかがわからなくなってしまっている今の世のおとなたち、とりわけ非ブラクのおとなたちにも、ぜひ読んでもらいたい内容のものだ。

教材がつくりものでなく、それゆえに拒みがたい実感をもってせまってくる一篇として、私はどうしても、「おかあさんのしごと」（二年）をあげたい。せつ子のおかあさんのしごとは、「きんじょのすずめやへ、すずめの毛むしりに」行くことだ。友だちに「きもちわるい」、「えずきそう」（吐き気がしそう）といわれながら、この子は先生に励まされて、「おかあさんのしごと」を見に行く。ひろげられた新聞紙の上に山盛りにされたすずめのさしえが入っていて、そこに手ぎわよく羽をむしられたすずめは、「はだかになって、二十ぱずつていねいに　はこに　つめられて　いました」と結んである。短い一篇だが、ここにはすずめが食用に供されること、そのすずめはせつ子の母たちの労働によってこのようにして製品にされることが示され、そこにはたらく母親の仕事ぶりを、この女の子はつぶさに観察し、記述していくのである。題材の示しかたとして非凡であると言わなければならない。

さて、全七冊のうち、最も体系的に、理論的に内容をつめて構成されたのが、中学生用の最終巻である。個人的な好みからいえば、この中の「ムラの唄と読み書きと」が最もいい。「こんなアホなおかんでも　おらんかったら　おらんかったら」と、ギターをひきながらうたうヒロノブ君の姿もまた、ユーモアとたくましさを兼ねそなえた、未来をきりひらく戦士の姿につながっている。

しかしながら、この巻になると、解放運動の理論家や指導者による、枠づけられてまとまった論述が入ってくるからことばもいきおい、教条的、紋切型な色あいを帯びてくるところがある。たとえば、「長良川のウのように」利益をのみこんだり、「木の葉のようにほんろう」したり、「沖縄に対する差別と収奪のしくみはますます構造化し」たりなどの無内容だったりわかりにくい表現が、同じページに一せいに出てくると、小学校六ねんまで、拍手しつづけてきた私も、この辺でちょっと気が抜けてしまう。つまり、中学生篇のところに来ると、世間並みのすり切れたことばが露出してしまっている。そう思うのは、もちろんそれ以前のところが、あまりにもいいできだからである。

『にんげん』はいろいろな点で、これまでの教科書にはできなかったタブーを打ち破り、こどもたちのこころにしみ通っていく、ほんとに必要な教科書の姿をさし示している。

これまでの教科書は、中産・中流階層、あるいはその予備軍たる準中流の生活感覚を標準とし、それを固定し、こどもたちをそこに押し込める標準言語と標準教養とを与えてきた。そんな言語教育のなかから、ほんとに創造的・個性的で、解放的な精神が生まれるはずはない。

『にんげん』は、もしかして、特定の地域と特定の階層のこどもをめあてに編まれたものであるかもしれないが、それは、単に差別からの解放にとどまらず、新しい言語表現を求めた、日本のみならず、世界の人々を勇気づける試みとしての意味をもっている。それはドイツ語で言う、新しい「文化方言」(Kulturdialekt) 創造のための、じつに楽しい、自由の気に満ちた試みでもあると思った。

私は『にんげん』を読んで、これは、抑圧された人たちが差別とたたかいながら、こどもたちを守りそだてるなかで生みだした、真に自慢するねうちのある成果であると思った。この成果は、解放運動の人たちだけに独占されてはならず、その運動の外にあり、ときにはそれと敵対するかもしれない、すべての人たちにも読んでもらいたいものだ。どんな人にも失意のときはあり、『にんげん』を読んで勇気づけられない人はいないと思うからだ。それほど高い水準の一般性がここには晶出している。

そしてまた、何よりも、解放運動の担い手自身にも、『にんげん』の中にあふれ出たことばの泉に、折にふれてたちもどっていただきたい。その泉は涸らしてはならず、永遠に続く精神運動としていつも新鮮であってほしいと願うのである。

〈新書にんげん4『ぼくもまた〈反差別編〉』1985年　財団法人解放教育研究所編　明治図書出版〉

《読書ノート》

『うつりゆくこそ ことばなれ——サンクロニー・ディアクロニー・ヒストリア——』

(E・コセリウ著・田中克彦・かめいたかし訳/クロノス)

理論は教条化する

創造的ないとなみのはずの理論が、ひとたび学界という世俗の中で権威を附与され、多くの追随者を得るにしたがって、そこで示されたテーゼは、もはや、その始祖が出発した地点にまで立ち降りて追体験されることなく、単に受け入れられるべき知識として教条化される。すなわち、教科書の中でおきまりの項目となり、試験問題にも出される規範化された知識となる。そうなった理論は頭初の力を失うだけではなく、言語の本質にせまる、創造的な思索への道を閉ざしてしまうのである。こうした教条化の圧力をはねのけて、その理論が提示した問題性をよみがえらせるには、理論はくり返し再発見されねばならない。この作業にとっては、強い自立の精神が不可欠であるが、著者コセリウは、近代言語学のあらゆる教条の源泉となったソシュールの矛盾を、言語の思想史の全史をふまえながら明るみに出して行くのである。

言語変化は破壊か

ここで言うソシュールの矛盾とは、次のようなことを言う。すなわち言語が体系をなすのは共時態のみであり、その共時態は変化の要因を含まぬ、一種の力学的均衡状態において維持されている。とすれば言語は、その本質において変化しないはずであるが、それにもかかわらず、現実には言語は変化しているではないか。しかもその際、言語の変化にとって、話し手の意図は関与せず、話し手は「社会的事実」としての言語を一方的に使わせてもらっているだけだという。そうすると、言語変化の要因は、言語それじたいの中には存在せず、言語の外から、「盲目的な力」［ここで言う盲目的とは、状況とかかわりのない、理由のない、したがって、説明のできないというような意味］としてやって来ざるを得ないことになる。とすれば、言語における変化とは、常に無用で、偶然によって生じる、好もしからざる破壊であり、体系にとっては損傷であるということになる。

言語は自然のモノか

一九世紀の言語学は、言語がそれじたいの内的生命をもちながら、独自の法則によって生成する有機体であると考えて、そこから話す主体を排除した。それを克服しようとしたソシュールはさすがに、言語を生き物とは考えなかったが、やはり話す主体の外に、それとは関係なく存在する自律の体系であると考えた。いずれのばあいも、言語を人間から独立して存在すると考えた点ではちがいがなく、「ソシュールは、主要な論点においては青年文法学派と対立していないのである」と著者は言う。

帰するところ、言語学が近代的な科学になれたのは、言語から人間を除去して、自然物にすることができたからであった。このように、主体からきりはなされた、自然物における変化は、なぜ、と問うてその「原因」をたずねることができるが、人間の言語においてはそのような問いのたてかたは適切ではない。そこでは原因ではなくて「目的」の次元において、すなわち、その「機能」において変化が規定されていると著者は説く。

変化することこそが言語の本質

こうした考え方の背景には、言語とは「すでにできあがった道具ではなく、できつつある技術の体系である」という、フンボルト流の考え方がある。したがって、言語変化とは、できあがった体系に、暴力的に加えられた「損傷」（ソシュールの表現）や破壊ではなく、たえ間ないたてなおしと創造のことである。とすると、変化こそが、言語の本質に属するということになる。

言語変化とは、人間の外に何かの原因が求められるような、そのような過程ではなく、話し手の自由にもとづく、意図を持った活動であるというこの同じ原理から、言語は単に体系であるにとどまらず、与えられた可能性の中から選びとった規範（ノルマ）であるという、文化の認識が生まれる。この規範の概念は、音声学と音韻論、ラングとパロルの概念を媒介することになる［という］、著者の得意の分野を作り出すが、ここでは詳述しない。

鋭く輝かしい思想の書

コセリウの著作は、本書以外にも、我が国では三修社から六冊の邦訳が出されており、それに導かれながら、西欧の言語学的伝統の全体を、鋭い批判精神をもって眺める方法を学ぶことができる。しかし、本書は著者が三〇歳代のはじめの頃、言語変化という、この、言語にとって本質的な問題にねらいを定めて放った最初の強力な矢であり、したがって著者の作品の中で、最も迫真の力のみなぎった記念碑である。

本書は言語学の方法論に関する極めて高級な著作であると同時に、ひろく、人文・社会科学の原理そのものにかかわる性格をそなえている。私はちょっと乱暴だと思いながらも、ときに学生に本書を読ませた上でレポートを求めるが、経済学部、法学部などの学生が、言語学を専攻する学生よりも、はるかに透徹した深い読みを示し、輝くような論文を仕上げることがあるのは、本書のそのような性格をよく物語っている。

「言語変化の問題」という原題を、文芸書のような題名にしたのは、もう一人の共訳者の脱漢のこころばえによる。

（月刊『言語』1987年5月　大修館書店）

原題「ことばのブックガイド・1　E・コセリウ『うつりゆくこそ ことばなれ――サンクロニー・ディアクロニー・ヒストリア――』」

【二〇一七年のあとがき】

本書は亀井孝先生の強いおすすめがあったので、そのため、ほとんど心得のないスペイン語を勉強してとり組んだ結果、生れたものだ。スペイン語はやさしいから、君ならすぐにわかるようになるよとのさそいに乗せられてしまった。私がたよりにした独訳は直訳に近いものであって、あまり役に立たず、むしろスペイン語から離れているロシア語の方が、思いきった訳語や解釈をあてているので、心強かった。今日、この訳書は『言語変化という問題――共時態、通時態、歴史』という原題に近い訳名で、岩波文庫（二〇一四年）に収められている。「言語とは何か」という問題を根源的に論じた書として最高の地位を占めるものと考えている。

思想の風貌に向き合う

奇妙に思われるかもしれないが、私自身、コセリウの主著の翻訳者であり、かなりの心酔者でもありながら、この三月のかれの三度目の訪日まで一度も会ったことがない。一九七九年、かれは来日し［てい］たというが、その時私の方はドイツに居た。ボンからテュービンゲンまで出かけるのはわけもないのにそうはしなかった。昨八二年もコセリウは国際言語学会に出席するため日本にやって来たという。その時も私はソビエト・トルキスタンへの旅行があったりして、せわしない状態だったとはいえ、会おうとして会えぬわけではなかった。

今回もまた、いついつどこで、いっしょにコセリウに会おうじゃないかとさそう人もいなかったから、たぶん会わないですんでしまうはずであった。ところが今回、はじめて会って対談までやるはめになってしまったのは、ひとえに『翻訳の世界』とバベルフォーラムのおかげである。編集部は、私との対談を企画してコセリウに伝えたところ、苦しゅうないというふうなことをむこうは言ったらしく、それから先の段取りは私にまかされたのであった。

私が今日まで、すすんでコセリウに会おうとしなかったのには二つの理由がある。まず第一に、ある人の思想を知るのに、その本人に対面することはあまり必要でないと思っているからだ。むかし、L・ヴァイスゲルバーに会って話をしたときにそう思った。また、偶像の顔を一目拝んでおきたいというような願望がちょっとでも心の中にあって、それに実現の機会を与えるのだ、と自分で意識するのははずかしい。

第二に、コセリウは気むずかしく横柄で、人をばかにしたようなところがあると聞かされてきた。スペイン語の原誠君は、それをくり返し説いた一人であって、ヨーロッパのどこかの学会で、かれはコセリウにスペイン語で話しかけたところ、そのような〔具体的に言えば、人を小ばかにしたような〕あしらいを受けたと言った。それはそうかも知れない。

私はつねづね、ニコニコ顔でもみ手しているような学者は、ちょっと信用できないと思っている。いったい張りつめた思索に襲われた精神に、ニコニコ顔がやどるであろうか。そうは言っても、気むずかし屋は苦手であることに変りはない。だから私は、そういう人物は、尊敬していても、書物の上だけのつきあいにとどめておいた方が賢明だと思っている。ところが今度はありがたいことに、私がコセリウに会うのはシゴトのためだ。それはシゴトである以上、よしんば相手が横柄であっても、こっちは傷つかないですむ。こういううまい口実を思いついて、私はつとめて気軽に電話のダイヤルをまわした。

コセリウさんは風邪を引いていたせいもあって、声はちょっとかれていた。そのことが私に温かな感情を呼び起し、安心させた。私が名のると、「あんたのことはいろいろ聞いているが、どうして顔を見せないのだ。あした学習院で話をするから、そこに出ておいで」ということになった。

コセリウさんは、私よりもひとまわり大柄な感じで、決して神経質ではなく、よくしゃべる。かれの著作はすこぶる繊細な論の運びで組みたてられてはいるが、決してひよわではなく、大胆に展開されて、時にアジテーションへとたかまる。自ら訴えるべき何物も持たないのに、こまごました知識の誇示の場とすることがないかぎり、学問は常にいく分かはアジテーションの形をとるものだと私は考える。

編集部の注文を受けて私が出した問題は三つあった。すなわち、㈠ヨーロッパ思想史全般の流れの中で、近代言語学の展開を見るとどういうことになるか。㈡日本でやられている言語学にどういう印象をもつか。㈢翻訳という作業を、言語の一般理論から見るとどうなるか。以上であった。

第一のテーマについて、コセリウは一気に一時間以上も話してしまったので、これは「対談」というよりは、独立の「講演」になってしまった。言語学における方法としての記述と歴史とが、古代から二〇世紀に至るまで、たがいにどのような関係をもちつづけて来たかが述べられ、両者の区別は、対象のちがいにもとづくものではなくて、科学の中で生まれ、科学の中で統一されるべきものとして示された。

「日本の言語学」について、かれは個々の具体的事実についてよく知っているわけではないがと前置きしながら次のように述べた。日本の言語学は実に強い受容力に富んでいる。しかしそれはしばしば無批判で偶像化された受容であるため、オリジナリティーに欠けるように見える。これではせっかくすぐれた受容力も、創造的ないとなみである科学としては生きて来ないであろう。創造的ないとなみとなるためには、受容が固有の伝統との対決の上におこなわれなければならないだろうと。ここで私は、それがいかに困難な試みであるかを、時枝理論の形成のことにふれながら述べようと努力し、コセリウもそれについて知っていることを述べた。しかし、日本の言語学の固有の伝統ということになると、私は当惑せざるを得ない。いったい、固有の伝統というとき、ヨーロッパにおける伝統と等置できるような形で仮定できるのだろうか。それは、日本の固有文化の性質そのものの問題でもあるからだ。

翻訳論については、かれの理論的関心の多面が引き出され、翻訳作業にあらわれるKunstとしての性格が浮きぼりにされて興味深かった。

「対談」は結局、二時間の予定が四時間にもなった。時計をにらむ主催者の表情などにはおかまいなしに、「ちょっと補足をしたい」、「実例を挙げよう」と言っては話がひろがって行くさまは、スイッチを切ってもはずみのとまらないエンジンのようであった。コセリウは冷たい人どころか、むしろ多血質とも言うべき人であり、時間の制限などは眼中にない、その奔放な横柄さに私たちは魅了されたのであった。

（『翻訳の世界』1983年6月　日本翻訳家養成センター）
原題「バベルフォーラムを終えて　思想の風貌に向き合う」

《読書ノート》

『言語と精神　カヴィ語研究序説』

（ヴィルヘルム・フォン・フンボルト著・亀山健吉訳／法政大学出版局）

一九世紀のドイツには、兄弟がそろって、傑出した学究活動を残した例が少なくない。グリム兄弟はとりわけ名高い人たちだが、フンボルト兄弟も、そのスケールの大きさと、学問的意義の深さにおいて、グリムに劣るものではない。弟のアレクサンダーは、フンボルト海流、フンボルト・ペンギンの［発見者、］命名者として知られる著名な地理学者で探険家であり、兄のヴィルヘルムは、言語哲学や文芸学の領域で、深い洞察に満ちた著作を残した。今回亀山氏によってはじめて完全な翻訳がなしとげられた、『人間言語の構造の多様性と、それが人類の精神発達に及ぼす影響について』（本訳書の原題）は、今日に至るまで、言語に対する、最も包括的で、内容豊かな思索の宝庫となってきた。

たとえば、今世紀、二、三〇年代のドイツでは、まずヴァイスゲルバー一派の意味論がその思想的源泉をフンボルトから得たとして、自らを新フンボルト学派と名のり、また新しくは、チョムスキーが、その生成文法理論の構築にあたっては、フンボルトを後だてにして登場した。一方は極度の相対主義に拠り、他方は絶対主義（普遍主義）に立つという、このどう見ても相いれぬ両極の理論が、いずれもフンボルトにたよりを求め、その威光で自らを照らし出しているさまは、まさにフンボルト的であると言わなければならない。

このことは、フンボルトの言語思想が、いかに両義的（どちらともとれる）で、重層的であるかを示しており、また、特定の派による、単純な教義への還元を許さぬ性質のものであることを示している。この宝庫へ、気軽に近づこうとする人々を遠ざけてきたものは、フンボルト独得の含みの多い言いまわしである。しかし、今回の亀山氏の訳業は、それをよく噛みくだいて、読める日本語にすることによって、フンボルト理解に広く門を開け放った、記念すべき一歩である。

訳文は緻密で周到であるにもかかわらず、いじけたもったいぶりがなく、時に思いきった決断による解釈が織り込まれている。

読者は、この訳業によってはじめて、名ばかり高くて読まれることの少なかった、この宝庫への鍵を手にしたのである。

我々アジアの読者にとって特に興味があるのは、フンボルトが中国語に対してとった、困惑の末の、まさに両義的な態度である。すなわち、ヨーロッパの屈折言語に比べて、中国語には、これという文法形式が存在せず、その意味では、最も不完全な言語である。そのような言語になぜあのように高度の文明的達成がなし得たかという疑問の前に立って、フンボルトは、外的文法形式が貧しければ貧しいほど、逆に感覚は鋭く張りつめ、内的形式が充実するのだと、きわめて矛盾した、しかし、どこかわかるような気のする結論を導き出しているのである。訳者は巻末に、なぜフンボルトが日本語を扱わなかったかを論じた自作の論文を添えているが、これは本訳書の性質にまったくなじまぬ、通俗へのサービスである。フンボルトにとって、もともと日本語は中国語とヨーロッパ語との中間に位置する、「中国語よりはちょっとだけ、中途はんぱに進んだ」「どっちつかずの混血児」であって、言語の構造そのものからすると、かれの関心の中心を占め得ないのである。

本書は、言語への、人々の、細分化されない、素朴で根源的な問いかけが、まだ学問的な思索と結びついていた、幸福な時代の産物である。これらの問いかけは、近代言語学がそのまま引きついでないとはいえ、人間としてはやはりやめるわけにはいかない問いかけである。

（『週刊ポスト』1985年9月6日号　小学館）

原題「Post Book Review　言語学の古典的労作の本邦初訳『言語と精神　カヴィ語研究序説』」

ことば

　ことばをテーマに書いた作品で、学問的な洞察にもとづいていて、しかも現実の問題の核心にずばっと切り込んだものはほとんどない。特に日本語では。言語の世界ほど、ひとりよがりの専制的感情論に支配された領域はないのだが、とりわけ日本の作家や文化人で、言語ファシストでない人はめったにいない。だから戦争になると、かれらはすぐに翼賛語を嬉しそうにふりまわす人になってしまうのだ。そうして今では左翼や反体制までがその翼賛語のシッポを引きずっている。

　私がどうしても読んでほしいのはこのような問題関心から書いた私の本だが、そういうふうにすると威張っているように思われて困るので、少しまわりくどいが、次のような作品をあげることにする。

（一）

E・コセリウ
『うつりゆくこそ　ことばなれ――サンクロニー・ディアクロニー・ヒストリア――』

クロノス刊。この本には、私としては『ソシュールを超えて』といったふうな題をつけたかったのだが、もう一人の訳者［亀井孝先生］が、それじゃソシュールをあまりえらいと思っているように見えて、ちょっとしゃくじゃないかなどと言い出したために、こういう風流気取りの題になってしまった。理論とか学説とかがいったんドグマに仕立てあげられてしまうと、そのドグマを一層強化し、神聖性を与えるのが、正統学者のしごとということになってしまう。この本は、驚嘆すべき知のエネルギーによって、ソシュールが製造したラングの虚構性をあばき、ことばとは、できあがった不動のなにかではなく、それを話す人間の意志による絶えざる破壊と修復のことだということを教えている。

（二）

福田定良『落語としての哲学』

法政大学出版局。不幸な題名［ダメだと言っているのではない、残念だという気持からだ］をもった本だ。「落語」が哲学を求める人をしりぞけ、また「哲学」を求める人は、そこに落語を介入させる心の余裕はないからだ。これは理論を理論として述べた本ではないが、中でも「ある未開文化に惚れた日本人」、「天下之愚著『ことのしらへ』」の二篇にはまことにこの著者の、ことばの本質への洞察の深さがあらわれている。いっそ「日本語起源論入門」とか「言語哲学入門」という副題をつけたらいいと思う。

（三）さて、最後に一つだけとなるとむつかしいところだが、思いきって、**L・ポリアコフ『アーリア神話――ヨーロッパにおける人種主義と民族主義の源泉』**法政大学出版局、をあげよう。世間であがめられている言語学という学問の骨格を作ったのは、一九世紀の印欧語比較言語学だが、それはナチのイデオローグにとっての人種主義の源泉となったが、この学問じたいが、国民国家形成のナショナリズムの時代精神をてこにして育ったものだ。そのことを本書は、言語学の古典を含むぼう大な数の研究書の中に跡づけている。この種の書物はこれだけではないが、翻訳されているもののうちでは最もよい。

以上、私の選んだ三点はかたよっていると思う人もいるだろうが、いま大切なことは、これが科学だ、学問だと権威づけられて呈示されるものに対する根源的な批判力を身につけることだ。これらはそれぞれのしかたで、現代における最も必要な批判の方法を教えている。

（『思想の科学』1989年6月　思想の科学社）

《読書ノート》

『耳の中の炬火』

（エリアス・カネッティ著・岩田行一訳／法政大学出版局）

私は専門的な読書に疲れると、痛切な心をこめて書かれた自伝風な物語に、我を忘れて読みふける。そうすると、さまざまなわだかまりに汚れた心は洗い清められたようになる。しかし、自伝の中で、著者が自分自身について書いたところよりは、まわりの人々を描き出したところの方がもっとおもしろい。そこには書き手の無私の賛嘆が見られ、結局は最も深くみずからを語っていることになるのである。

この種の自伝の傑作として、私はためらわずに、エリアス・カネッティの**『耳の中の炬《きょ》火《か》』**（岩田行一訳、法政大学出版局刊〔一九八五年〕）をあげたい。同じ訳者、同じ出版社による、その前篇にあたる『救われた舌』〔一九八一年〕では、このスペイン系ユダヤ人作家の、仰ぎ見るばかりの教養に満ち、情熱的で気位いの高い母との幼少年時代が描き出されているが、一六歳から二六歳までを扱った本書には、一九二〇年代のウィーンとベルリンの最も知的な人たちのすがたが、目で見るように描かれている。著者は言う。「私は思い出に、どんな人間の思い出にも敬礼するのである。私は思い出を無傷のままにしておきたい。思い出がおのれの自由のために存在する人間のものだからである」と。

そこには、よく名の知られた作家や芸術家が登場し、かれらの素顔が現れる。しかし何よりも私の注意を引いたのは、あふれる才能をもって皮肉なまなざしを世間に投げかける、ある若い身障者の物語である。

トーマスというこの若者は全身がまひし、手も足も動かせないから、車いすで、まるでモノのように運ばれないとどこにも行けない。「一歩も歩けない」どころか、「ひとかけらのパンを口に入れること」も「グラスを唇に運ぶことすらできない」。それでいて、この男が「研究をしている」のだと友人から聞かされて著者はびっくりする。その研究を助けるために、ウィーン大学の有名な教授たちが、わざわざかれのもとにやってきて、「個人的に講義」をしているのだという。その教授たちというのがまた、ただの人ではない。たとえば経済学を教えに来るベネディクト・カウツキーは、有名なカール・カウツキーの息子だし、「この」若者の専門である哲学を教えに来るのはハインリヒ・ゴンペルツというウィーン大学の著名な教授であった。この人たちは、何の報酬も求めず、ただただ、この動けない若者との学問的な対話のためにやってくるのだという。

ゴンペルツ教授は、哲学関係ではウィーンで最大と言われる自分の蔵書をその動けぬ弟子に自由に使わせたというが、いったいこのまひの青年は、どのようにして読んだのだろうか。

「あるとき、通りすがりに、彼が舌をつき出し、その舌で本のページをめくるのを見たことがあった。私はそれをはっきりと見たけれども、それを信じなかった」と著者は書いている。

著名な教授と身体の動かぬこの青年との心のかよいは、驚くべき深さを持っていた。あるとき、青年から「自分には女性がいなければならぬ、さもないと研究を続けることができぬ」と告げられたゴンペルツ教授は、ウィーンの女性たちのたまり場になっているカフェーに出かけ、その中の美しい一人に事情を話して来てもらう。

「その娘は心が温かく、一生懸命であったし、トーマスはあれほど熱烈に願っていたものを体験した」のだそうである。教授はこの娘への報酬さえも準備してトーマスに払わせようとしたが、娘はどうしても受取りを拒む。「そんなこと心配しないで！　楽しみにあなたのところへ来るんだもの！」と娘は言う。しつこく受けとらせようとするトーマスと娘との間で感情がもつれ、二人の間は六か月で断たれてしまうのだが。

カネッティはこうした一連の自伝ふうな著作で、一九八一年にノーベル賞を受けた。にもかかわらず、私のゼミの学生でカネッティを知っている人は一人もいなかった。カネッティは、人は人を見ることによって、最も多くを学ぶことができるということを教えている。


（月刊『悠（はるか）』1989年4月　ぎょうせい）

原題「UNDER LINE　エリアス・カネッティ著『耳の中の炬火』より」

《読書ノート》

『現代の英雄』

（レールモントフ著・中村　融訳／岩波文庫）

私が小説らしいものを読みはじめたのは中学二、三年の頃で、それはトゥルゲーネフの『春の水』と『煙』だった。子供心にも、これはちょっと甘すぎるんじゃないかなと思った。それは戦争が終わって間もない頃で、何ごとにつけすぐに感心してはいけないという、批判精神のみなぎっていた時代であったからでもあろう。こういう読書に私をさそったのは同級のおかっぱの女の子で、家は農家だった。この子からアンナ・カレーニナだのキエルケゴールだの、はてはメレジコフスキーだのという名を聞かされたので、私も何か知ってるふうなことを言わなければならなかった。豊かな家ではなかったので、彼女は中学を出ると、当然のように紡績工場の女子工員になってしまった。あの山奥の片田舎でいったい彼女はどこからそんな本を手に入れてきたのか、今思うとふしぎなことばかりである。

その続きで、私が買ったのが、この『**現代の英雄**』だった。日本評論社が出しはじめていた「世界古典文庫」という、ものすごく充実した感じのするシリーズの一冊で、このほかにも、グリボエードフの『智慧の悲しみ』、ハックスレイの『自然に於ける人間の位置』

もおもしろかった。

『現代の英雄』には昭和二五年一月一〇日の奥付けがついている。私が一六歳のときだ。たびかさなる引っ越しにもかかわらず、失われなかったのは、よほど気にいっていたからと見える。この原文のロシア語を声に出して読みたいと思ったから、アクセント記号つきのテキストを買ったり、ブリヤート・モンゴル語訳さえ買って持っている。

話は、軍務についてカフカスを旅する「私」が道中で聞いた話や経験を綴ったことになっており、作家の分身と思われる二五歳の青年将校ペチョーリンを中心に展開する。第一の物語は、チェルケス人の一六歳の少女ベーラを、その弟アザマートに連れ出させて暮らすという、荒々しい物語だ。生まれた家を思ってわびしい思いにひたっているベーラを、ペチョーリンは、「ねえ、かわいいベーラや! お前にだって、僕がどんなにお前を愛しているか、わかっているじゃないか。僕はお前の機嫌をとるためなら、何を手ばなしたって惜しくないんだぜ」とかきくどく。ところがベーラがこのロシアの青年にすっかり夢中になってしまったと知ると、かれはやがて「僕はあの娘のためなら命をなげ出しもしましょう。——それでもやっぱりあの娘と暮らしているのが退屈なのです……。自分が馬鹿なのか、悪党なのか、——僕にはわかりません。が、ただ僕もまたきわめて同情すべき人間で、その度合いはあの子以上かもしれない、ということだけは確かです」などと言いはじめるのである。ベーラはしかし、結局は、ロシア軍の保塁から出たところを、彼女を恋するチェルケスの男に撃たれ、ペチョーリンに抱かれながら息を引きとるのである。雪をいただく峨々《がが》たるカフカスの山、岩を割ってほとばしり流れる川、異族の少女とのとろけるような悲恋。こういう物語が、恋を知りはじめた少年の心に、どうして忘れがたい印象を刻みつけないことがあろうか。

と思えばこんどは、有名なピャチゴールスクの湯治場での「公爵令嬢メリー」との恋である。この気位の高い貴族の娘を追う、いささか気取り屋で俗物の少尉候補生のグリシニツキーを、ペチョーリンは皮肉で冷酷なやり方でしばしば面目を失わせる。令嬢はそんなペチョーリンにあらがいがたい力で引きつけられて行く。決して恋心を見せようとしないペチョーリンにむかって、この誇りたかい女は、「口をきいて下さいな、あたしあなたのお声が聞きたいのよ！」「あなたはきっと、あたしに先に、好きだって言わせたいのね……」などと哀願するに至る。

「あたし愛する方のためならなんでも犠牲にすることができるんですのよ……。ねえ、早く返事をしてちょうだいな——あたしをかわいそうと思って……」という哀切この上ない訴えに対して、ペチョーリンはいたわりのかけらもなく、「僕は、あなたに、本当のところを残らず申しあげましょう。……僕はあなたが好きじゃないんです」と答える。何たる仕打ち！

ペチョーリンはグリシニツキーと決闘となり、ペチョーリンの方が生き残り、この町から去って行く。ところがこの作品が発表された一八四〇年のあくる年、作者は物語とは逆に、決闘によって二六歳の短い生涯を閉じたのである。レールモントフは銃口を天に向けて撃ったが、相手は、この詩人の心臓にねらいをつけて撃ち殺したという。

女の甘い息づかいが聞こえてくるような悩ましいばかりの描写のみならず、カフカスの風光が、まるで目で見るようにせまってくる。私をひきつけたのはそれだけではない。妥協を知らぬ俗物性への冷笑、鋭い警句の連続は、しばし私をペチョーリン気取りにさせた。ひとたび熱くなったら、熱くなったままでいてほしいという願望や努力の中には、いつわりがあると知りながら、なおそう望む気持ちの強い私には、これはたしかに英雄的世界だったのである。

『現代の英雄』は、今では岩波文庫（中村融訳）で読める。しかも挿し絵入りで。メリーとペチョーリンが馬をならべ、浅瀬を渡りながら頬を寄せている図などはとてもいい。しかし、私は昔の北垣信行氏の訳の方に、荒々しい迫力を感じてしまうのである。

（ＮＨＫテレビ『さわやかくらぶ』１９９１年１月　日本放送出版協会）

原題「私の好きな一冊・レールモントフ『現代の英雄』（岩波文庫）女の甘い息づかいと俗物性への冷笑」

《読書ノート》

『饗宴』

（プラトン著・久保　勉訳／岩波文庫）

五月の末、「ノモンハン・ハルハ河戦争国際学術シンポジウム」という、まことに手ごわい催しをやりおえた。日本で「ノモンハン事件」と通称されるこの戦争は、ふつうは、日・満軍が、ソビエト・モンゴル軍に大敗を喫して終ったということになっているが、他方では「ノモンハン戦で負けたという気持はまったくない」（小沢親光『ノモンハン戦記』）という強気の人さえいる。それでいて、捕虜になったが生還し得たという将校のほとんどは、ピストルを渡されて自決を強要されるという、まことに暗い、いわくつきの「事件」であった。

ソ連、モンゴルから軍人たちを招くための資金あつめも、すでに大仕事であったが、私として最も心を労したのは、日本人側に深くよどんでいる、相互の意見の対立である。対立は、無視するだけでは「学術研究」の名にあたいしない。それを維持した上で、なお異った意見を理解しあってこそ「シンポジウム」になり得るのである。

シンポジウムが近づく半年ほど前から、不愉快なことが起きるたびに、私はプラトンの

『饗宴』を開き、その故事にあやかりたいと思った。言うまでもないことだが、こう訳されたもとのギリシャ語「スュンポシオン」は、「ともに、（ワインを）飲む」という、まことに厳粛で、かつ晴れやかな意味をもっている。この対話篇には、「人は何を讃美するにしても、これについての真実を語らなければならない」などなど、味わい深いことばも少なくないが、私が引きつけられたのはそんなことではない。弁論者たちの、「飲む」ことについての堂々たる議論である。

冒頭でまず一同は、「今日の集りをむやみに飲む会にしないで、ただもう気の向くままに飲もう」ということに同意する。その話を聞く人は誰でも「驚倒し、心を奪われてしまう」というソクラテスは、その飲み方のほうも尋常ではない。「御馳走のあった時などでも、本当にそれを味わい楽しむ力を持っていたのはこの人だった。特に飲むことにかけては」と回想されるソクラテスは、「いくらでもすすめられるだけ飲み干して、しかも酔うということがなく」、そもそも「酔ったのを見た者が無い」と述べられているほどだ。

その時も、最後まで眠らずにソクラテスと議論を続けていた二人もついに居眠りをしてしまった。夜が明けたので、ソクラテスはその「二人を寝つかせてから立ち去り」、「沐浴してから、いつもの通りに時を過した後、夕方になってから家路についたという話である」と、この一篇はしめくくっている。

お前さんのような本の読みかたは変じゃないかと言う人もいるかもしれないが、『饗宴』は私にとって、教養ではなく、はるかに実用の書であった。舌たらずにシリをちょん切ったシンポがあちこちで開かれるようになったが、二千四百年の昔に、全身全霊をかたむけて争われたシンポジウムの真摯さとおおらかさを、時には想い起したいものだ。

(『文學界』1991年8月　文藝春秋)

【二〇一七年に思う】

シンポジウムは、右の文章を書いて二十年以上もたった今、もはや新語ではなく、ちょっとした集まりまでがこう呼ばれるようになった。それだけに、いまは、シンポジウムの語源を味わうためにも、あらためてこの『饗宴』を読みかえしたい。とりわけ、そこでは「皆がともに飲んだ」ことを忘れないでおきたい。

カルメンの穴あきくつ下

オペラや映画を通じてあまりにも有名になってしまったものだから、人は読んでいるつもりでいるが、ほんとうは読んでいないという作品が世の中にはたくさんある。メリメの『カルメン』もその代表的な例だ。

物語は、一人の考古学者がスペインのアンダルシア地方を研究旅行中に、二日後には絞首台にのぼるという、山賊の悪党、ドン・ホセから聞いた身の上話を書きとめたという組み立てになっている。この女にさえ出会わなければ、将校になって出世の身を歩んでいたはずのドン・ホセが、どのようにして女の言いなりになって次々に罪を犯して行くかが筋立てのおもしろさである。

昔この作品を読んだときに、ホセが「女のくつ下には穴がいくつもあいていました」と回想するのが印象に残ったが、こんど読みなおしてみると、ホセは監獄の中でも「穴のあいたくつ下が、いつまでも目の前にちらつくのです」と述懐していることに気がついた。世の中ではよく、「ことばでは言いつくせない」などというが、こうした感覚はことばでなければ表せないように思う。
ホセはバスク人、カルメンはジプシーと、おもしろい組みあわせだが、メリメはこの方面では、なかなか学識のある人だったということは、最後に付された、ジプシーの言語、風俗に関する論文調の一章を読めばわかる。しかしこれは何といっても、おそろしくはあるけれども、離れることのできない女に捧げられた作品である。

（讀賣新聞　1991年9月9日）
原題「乱読精読　カルメンの穴あきくつ下」

【二〇一七年のつぶやき】
いまではジプシーなどと言ってはいけない、ロマと言いなさいと言われるようになったが、もともと日本にはジプシーは暮せる環境がないから、ジプシーに出会うチャンスがない。そのような実態を知らない民族の名をとりかえて呼ぶことの意味を考えることは、また別の話である。呼びかえはイメージの変化を求めてのことだが、イメージの変化は、作品にとっては致命的である。

受難の歴史を生きる「流浪の民」

ヨーロッパを長く旅したことのある者なら、だれでも、あの目も髪も皮膚の色も、白人とはちがって、黒味がかったジプシーに、一度や二度はめぐりあったことがあるだろう。しかし、最初からジプシーを見てやろうと思って出かける人はあまりないだろうから、この国際的な少数民族が、日本人の注意を引くことはめったになかった。

私も、ジプシーの生活にふれる機会は、かならずしもなかったわけではないので、いまこうして、知識をまとめてみようというときになって、断片的な記憶の中から思いあたるものも少しは浮んでくるのである。

私は深い森につつまれた、ドイツのある小さな村に住んでいた。その森の終ったところに、板ぎれを寄せあつめて打ちつけただけの、みすぼらしい数個の小屋があり、ジプシーと呼ばれる人たちが、普通のドイツの村人たちとは全く交渉なく住んでいた。

〝全く交渉なく〟というのは少しいいすぎかもしれない。というのは、時にかれらは手編みのレースだとかホウキだとか、その他、こまごまとした家庭用品を売りに、一軒一軒まわって来ることもあったからだ。

こういったジプシーは、まわりのドイツ人のくらしがいいだけに、きわだって貧しく感じられるのだが、もっと威勢よく、かっこいい連中もいる。

その村のはずれを、ライン河にそそぐ小さな支流が流れていた。その河原には一団のジプシーが時に現われて、しばらくたむろしては去って行くのであった。

モスクワで見かけたジプシー

私が最初にジプシーを見たのは、一九六四年、モスクワでのことだった。しかもそれは、あのソ連ご自慢のモスクワ大学で、第七回国際人類学、民族学会議が開かれている最中の大学の門を出て、地下鉄の乗り場へ急ぐ途中だった。

うすぎたないスカート、ネッカチーフに乳呑児を抱いた数人の女ジプシーにとりまかれ、この児にやるミルクもない、小銭でいいから、と哀れっぽく、しかし半分脅迫するようにせびられたのに、「これは不思議な社会主義」などとやり返すと、中の一人が「この四つ目のけちけち野郎!」とどなって、私のメガネに手をかけた。

それまでの経験から、モスクワではめんどうなことを起したくなかったので、ほうほうの体で私は逃げ出した。

あとでこの珍しい光景をカメラにおさめられなかったのを大いに口惜しがったが、後のまつりであった。その日、私は数人の日本人にこの経験を話したが、そういうめにあったのは幸か不幸か私以外になかった。

ハンガリーの音楽やプーシキンの詩から、わが国では、何か漠然とロマンチックな想像をもって受け入れられているジプシーではあるが、どこへ行っても、生活苦にうちひしがれているようなかれらの暮しは、周囲の市民のそれとはいちじるしい対照を示している。

その呼び名の起源

ヨーロッパの社会の中からはじき出され、閉ざされた群をなして、みじめな暮しをたてているジプシーは、いったい、どこからどうして来たのであろうか。この問いに答えるのはそう簡単ではない。

というのは、ジプシーはかれら固有のことばを持ってはいるが、文字を持たず、かれらの過去を書き残していない。

ただ、一九世紀の中頃から、ポット（ドイツ）、ミクロシチ（ウイーン大学）といったような言語学者が、ジプシー語の研究をおこない、かれらがもとインド北西部に住んでいた部族で、しだいに西方へ移動をはじめてヨーロッパ各地に広がったのだということを明らかにした。

また、ヨーロッパ各地で成立した古い時代の記録に、今日でいうジプシーと思われる放浪民が現われた、とさりげなく述べられてあることから、おおよその経路や時代を推定することができるのである。

わが国でいう『ジプシー』という呼び方は、英語のジプシーをそのまま取り入れたものであり、これはエジプシャン、つまり、エジプト人という意味のことばがくずれたかたちである。かれらがヨーロッパに現われた際、エジプトから来たといったためにこのような呼び方をされるようになった。

スペイン語ヒターノ（Gitano）は、やはりこの系統に属する。

ドイツ語、ハンガリー語のファラオンも、やはりエジプト起源を指し示すことばである。

ツィゴイナー、ロシア語ツィガーン、ハンガリー語ツィガニ、イタリア語ツィンガロなどは一つの群をなし、ビザンツ時代の異教の〝触れることのできない〟汚れた人々ということばが、元の意味であるとされる。

これらよく知られた呼び名のほかに、フランス語でいうボエミアンは、ボヘミア地方（今日［当時］のチェコスロバキアの西部）からやってきた人という意味で、カタロニアでギリシア人と呼ぶのは、やはり東方をさしている。

最も変っているのは、北ドイツ・バルト海沿岸地方、デンマーク、スエーデンなどでいうタタール、あるいはタルタル人であろう。これは、ヨーロッパ人がジンギスカンのヨーロッパ侵入以来、日本人をも含む、主としてアジアの黄色人種の総称と同じで、東方人、あるいは「白人ではなく有色の」野蛮人という意味であろう。

とすれば、ドイツ中部から北ドイツにかけて好んで食べる、パンに玉ねぎなどと一しょにはさんで食べる、タタールという生のひき肉や、またタルタル・ソースなどのタタールは極東を指すのではなく、ジプシー料理を指すものであろう。

ジプシー自身の呼び名

ところで、ヨーロッパのジプシー自身は、自分のことをロム（Rom）という。これは、たとえばアルメニアではロム（Lom）、イランではドム（Dom）、シリアではドムあるいはドウム（Dom, Dum）などと自称しているのからみて、同じことばが、各地方でなまって別々の形に発達したものと考えることができる。

サンスクリット語や、インドの諸方言には、独得のそり舌音がある。たとえば、ダ行のそり舌音は、舌尖を奥の方へ少し巻きあげて、舌さきの裏面を歯茎の奥の口蓋のところにくっつけて発音する［ḍ］音は、ラとダの中間のように聞きとれる。

そこで、もとdomといっていたのが、あるところではドムになり、別のところではロムになったのだと説明する材料は他にも少なくない。

ある部族が、自分の部族のことを名指すのに使う名称が、同時に〝人〟という意味である場合が多いように、このロムも、じつは〝人〟という意味である。

たとえば今日、ウェールズのジプシーでは〝ドム〟は〝夫〟を指すが、これはもと〝人〟という意味であったのが、意味がせまくなって現在のようになったと説明される。

流浪の民の故郷

さて、このようにジプシー自身の呼び名をはじめ、各地のジプシーの言語を調べてゆくと、それは西北インドで話されていることばと最も近く、その故郷をその地方と推定する根拠の一つとなる。

ところで、このdomという名は、インドでは六世紀頃サンスクリット語で書かれた天文書に現われているなど、古くからよく知られた部族名である。

ドム族はもともと、社会的には低いカーストに属する賤民で、音楽に才能を示し、かれらの中から現われたある有名な歌うたいは、王家の中で権力の座についたこともあるといわれる。また罠猟に巧みで、狩猟に傭われたりしていた。

かれらが北西インドの故郷を去って西方へ移動を開始したのは、紀元一千年の頃と考えられているが、それがどんな理由によるものかは明らかでない。ジプシーが次に居住地として選んだのはペルシアである。

ちょうどこの頃、ペルシアで成立した六万節におよぶシャー・ナーメ［王書］という韻文の物語には、ゾトという名の部族のことが記されている。これはジャト、つまり、インダス流域のパンジャブ地方居住民を表わす名で、これによってジプシーを指していたとする解釈がある。

一三世紀のモンゴル軍の西方への侵入は、さまざまな民族移動のきっかけを作ったが、ジプシーもその例外ではなく、かれらがペルシアをすてて、さらに西へ向ったのは、モンゴルのペルシア侵入を直接のきっかけとしている。

かれらはまずアルメニアからオセット地方（カフカス）へ向ってから、一部は南下し、一部はシリア、パレスチナ、エジプトという経路を歩んだ。一部はまっすぐ西に向ってアナトリヤ半島（今日トルコ共和国のあるところ）を経てギリシアに入った。

アイルランドの僧、シモン・シメオンが、一三二二年、クレタを訪れたさいに見たというジプシーについての言及があり、それ以後ジプシーが迅速にヨーロッパ各地にひろまった様は、各地の古記録が物語っているのである。

チェコのある年代記から推定されるように、同じころ、一四世紀初頭には、ジプシーはすでにバルカン半島を出発してドナウ河を越え、今日のチェコスロバキアに姿を見せていた。

しかし、移住が全国的に活発になったのは、バヤジッド一世治下のオスマン・トルコのヨーロッパ進攻が、ドイツ皇帝軍を撃破（一三九六年）するに至った頃である。

こうした事態のもとに、ジプシーはさらにルーマニアへと逃れ、ここから西北方へ向って、さらにハンガリー、オーストリア、ボヘミアの各地に広がった。そのため、今日ヨーロッパのジプシーの各地の方言には、共通してルーマニア語の要素が多く認められる。こうして、一四一七年頃には全ドイツにもジプシー移住の波が及んだと推定される。一四一八年には北辺のハンブルクにも、南端アウクスブルクにも、ジプシーの出現が記録されている。

イタリアでは、すでに一四二二年に、ボローニヤやローマという大都市にジプシーの出現が記されており、海峡を渡ってイギリスに達したのは、一五〇〇年頃とされる。

苦難に満ちた接触の歴史

ヨーロッパに入ったジプシーは最初のうち、好遇されたとはいえないまでも、特にひどい仕打ちは受けなかったようである。特にバルカン諸地域では、かれらの生活は安穏なものであって、依然流浪の生活を続けるものもあれば、大都市に定住するものもあった。かれらは指定された一区画に一種の特殊居住区域をなして住みついたが、しかし、それは差別のしるしではなかったといわれる。こうしたところでは軍隊に入るものもいた。ルーマニアのシビウ（当時のヘルマンシュタット）は、一四七六年に、そのようなジプシー居住区としてあてがわれた例である。

多くの地で、ジプシーは農奴として利用されて、一定耕地にしばりつけられて暮したが、かれらのうちのあるものは、手職にいちじるしい才能を示した。中でもすぐれていたのは、今日もひきつづいてかれらの有力な生業の一つになっている金属加工である。

ハンガリーのペーチの司教に武器を作ってやった、約五十のテントから成る一集団は、おほめにあずかって、特別に保護を加えられた。

またかれらは、その巧みな細工の腕を買われて、一五一四年、鎮圧された農民叛乱の首領の刑罰のために、命ぜられて鉄の王座、鉄の王冠、鉄の王笏を作らされた。叛乱の主領は真紅に焼かれた王冠を頭にかぶせられ、灼熱の王座に坐らされて、かっかと燃える笏をにぎらされるという手のこんだ刑罰を与えられたという。

ハプスブルク家のオーストリアが、ジプシー問題を正面からとり上げざるをえなくなったのは、ハンガリー南部バナト地方が、一七一八年にトルコの手から還って、オーストリア領になってからであろう。

すなわち、この地には多数の遊牧ジプシーがあって、かれらにも一五歳から人頭税を払うよう義務づけたからである。これによってハプスブルク家は逆に、ジプシーの一般社会の中への繰り込みに着手せざるをえなくなった。

一七六一年頃から、マリア・テレジアはジプシー定着のため、本気になって一連の方策にとりくんだ。たとえば、その一つに、ジプシーの子供たちをキリスト教徒の家庭にあずけて、農業や手の職を身につけさせるというものである。

習性は遺伝によるのではなく、環境によって作られるのだという啓蒙主義的な考えから発していたのかどうかはわからないが。

しかも、これら、しかるべき訓育を受けた子供たちは、かれらの生業がきちんと身につかぬうちは結婚も許さないという、きびしいアフター・ケアーがあったにもかかわらず、効果はあまり上らなかったといわれる。

その子ヨーゼフ二世も、ジプシーの境遇に同情を寄せることを忘れなかった。一八世紀の終りころ、ジプシーたちが窃盗、殺人をおかし、あげくの果てに人間を食べたという嫌疑をかけられて、四十五人が処刑されるという事件があった。

これはヨーロッパにおけるジプシー受難の歴史の中の一コマで、この事件以後、ジプシーの喰人説が各地にひろめられた。

ところで、ヨーゼフ二世は、この事件を調査させてみたところ、事実無根であることが明らかとなったが、ジプシーのかぶった濡れ衣は、簡単にはがれるものではなかった。ヨーゼフ二世の母親ゆずりの同化政策も、やはり成功しなかったが、ジプシーを農奴の身分から解放し、ジプシーの文化遺産を世界に知らしめる上に多大の功績があった。

それはすなわち、かれによって、はじめてジプシーの楽士が宮廷に招かれて、ジプシー音楽の演奏をやらせたことである。

しかし、これらのエピソードはわずかな例外で、全体としては、中世ヨーロッパにおけるジプシーの歴史は苦難の連続によってつづられている。

不成功に終った独立運動

全ヨーロッパに分散して、下層民として極貧の生活を余儀なくされているジプシーが、独立国をたてて、そこにジプシーの安住の地を見出そうという試みは、何度か夢みられたことであろう。

そうした試みの中で、大きな勢力となって、一貫した影響力を広く持ちつづけたのはグレゴリー・クヴィークのものである。

かれは一八五六年生れで、イタリア、スペインで少年時代を送った後、ポーランドでいかけ屋をはじめた。

一八八三年、かれは二七歳のときに、自分がジプシー王に即位したと宣言し、ヨーロッパ各地のジプシーのもとを訪ね歩いて、自分の支持者を増やした。

その子ミカエル二世は、父親の衣鉢を継ぎ、かなりの支持をかちえたあげく、一九三〇年、ワルシャワ近郊でジプシー王としての戴冠式を挙行した。そして、ついにはポズナンにロマニー（ジプシーの）公国を興そうというところまでこぎつけた。

ところが、ここで致命的な兄弟争いがはじまった。ミカエルの次の弟バジルが王位を請求して争い、それを知って三番目の弟マタイも調停のためにスペインから急ぎ帰還した。バジルと、さらに別の弟のルードルフの二人は、ミカエルをポーランドより追放すべくなおも画策した。

ミカエルは王としての自分の権威を守り、ジプシー公国の実現のために大いに努めた。すなわち、一九三四年、ルーマニアであったジプシー会議に参加して帰り、ロージ（人口七一万人のポーランドの工業都市）で開かれたジプシーの大集会の場で、ジプシー王として確認されたが、兄弟たちを中心とする反対派からの報復をおそれてチェコに逃れて、そのまま消息不明となった。弟の一人マタイは一九三五年に何者かによって暗殺された。

こうして邪魔者が視界から消えたところで、バジルが王となった。

一九三七年には、別の兄弟ヤーヌスがワルシャワで、一万五千のジプシーの群集を前にして戴冠し、ここにかくれもないジプシー王ヤーヌス一世が誕生した。

こうして、ハンガリー、スペイン、ドイツ、ブルガリア、ユーゴスラビア、ポーランドの各地にいる全ジプシーの王であることを宣言した上で、ジュネーブの国際連盟にジプシー公国領をあてがうよう交渉におもむいた。

しかし、はかなくも十カ月後には、ヤーヌス一世選出は無効であるとして、これを退位させるべきであるとの意見が出て、その王位はゆらいだ。ヤーヌス一世の消息はその後知られていない。

戦後、その兄弟のルードルフは全世界のジプシーの福祉のために活動しはじめた。かれ自身は、ジプシーの平凡な職業の一つ、いかけ屋をしてワルシャワで暮しをたてながら、一九四六年、まず全ポーランドのジプシー人口調査に手をつけた。

かれの調査によって、戦前一万八千を数えたポーランドのジプシーは四千五百に減少している事実があきらかにされた。その他四分の三もの大量の人口減少は、その大部分がナチの虐殺の犠牲になったと考えられている。

ルードルフは現在、ジプシー世界会議議長として、ポーランドに、時に会議を召集してジプシーのために気を吐いているという。

ジプシーの悲劇

以上は、ジプシー自身からの国家と独立を求める運動である。しかし、ジプシー人口の増大の傾向をおそれ、地球上の一個所に領土をあてがって、そこへ閉じこめておこうという構想は、ヨーロッパ人の中からもいくつか起きた。

その具体的な例はブルゲンラント巡回裁判長の提案に現われたもので、すなわち、それは、オーストリア、ハンガリー、ユーゴスラビア、チェコの全ジプシーをポリネシアのどこか一つの島にまとめて移住させ、その費用は国際連盟が負担するようにという趣旨のものであった。

このような考え方は、やっかいもののジプシーをこの地球上より抹殺してしまえというジエノサイドの危険な思想と紙一重である。

事実、ナチ時代、ジプシーもユダヤ人と並んで最大の苦難をなめた人々であった。ユダヤ人に加えられた惨劇は、現代史の叙述の中では欠かせぬ大きなできごととして、また文学のかたちをとって、だれ一人知らぬものはない。

しかるに、ジプシーの悲惨について特に強調するものは少なく、注目をあびることはなかった。さきにのべたルードルフは、ジプシー自身の手によって、その事実を数字によって明らかにしようとした一つの例である。

その他にも、アウシュヴィッツではチェコのジプシーのうち数千が殺され、ベルギーでは約二千が犠牲になり、全ヨーロッパで約二万の生命が失われたとされている。

生き残りのジプシーは、ゲリラとして果敢な抵抗を行なったと伝えられている。

定住生活を拒むジプシー

今日、全世界のジプシーの総人口はどのくらいであろうか。それを確実に知る統計資料はない。正確な人口調査が行なわれていない上に、ジプシー語を失い、混血が進んでいるところでは、どこまでが「ジプシー」かという線を引くことがむずかしいという事情がある。

そこでソビエトの学者が、一九五九年に推定した数字に、全世界のジプシー総人口は九十万から二百万人としているのは、ひどく大ざっぱなようではあるが、こういった事態によく対応しているかもしれない。ソ連邦内に居住するジプシーは六万一千とされる。

ユダヤ人の場合と同様、アメリカは亡命ジプシーなどの避難所となったため、戦後は十万を数え、ニューヨークだけで七千から一万二千人と推定されている。中近東には六〜二十万人。

結局、全ヨーロッパには、しめて百万近くのジプシーがいるという勘定になる。その中でも二、三十万の多数に達するのはルーマニア、ハンガリー、それにギリシアなどである。

一度として祖国を持つことのなかったジプシーの歴史は、いってみれば、居ついたその土地への適応の歴史であった。

かれらはほとんど、住みついたその土地の最も有力な宗派の信者となり、その土地で話されている言語から多くの単語をとり入れて、自らの言語を使えるものとして維持してきた。したがって、全世界共通のジプシー語というものは存在しない。

具体的にあるのは、ポーランドのジプシーの言語、イタリアのジプシーの言語などという形においてである。

しかし、それらは、やはり北西インドに発する言語の骨組みと共通の語彙をもっている。この種の、元来から持ちつづけたと思われる共通の語根は四百ほどであるといわれる。だから、しんは少しは残っているものの、それぞれ、まわりの言語の中にすっかりひたり込んでいるわけだ。

そこで、各地のジプシーの言語の中に含まれている借用語彙の出どころを明らかにする作業は、ひいてはジプシーの移動の経路を間接的に教えてくれるものとして、ミクロシチをはじめとする言語学者の注意をひいてきた。

それによると、全ヨーロッパのジプシーに共通して、中世ギリシア語要素が多く認められ、これはそのまま、インドからイランを経てきたジプシーの最初の定着がギリシアであったことにほかならないとされる。

その次に多いのはスラブ語要素で、たとえば、ウェールズのジプシー語には、ギリシア語九十にたいして、スラブ語六十が含まれているのは、かれらが、ブルガリア、セルビア、チェコなどの地域に長期滞在していたことを示している。

こうして、イギリス、ポーランド、ロシア、フィンランド、スカンジナビアの諸方言にはドイツ語が入っているのに、スペインのジプシー語にはそれがなく、また中部、北部ヨーロッパのそれにはルーマニア語要素が多いなど、移住の経路を写し出しているだけでなく、現地の生活環境への高い依存度を示している。

そこで、生活の中で最も失われにくい数々の語彙、たとえば、かつてのかれらの遊収生活に必須であったと思われるような、植木、草の実、花、動物、鳥などの語彙が忘れ去られているという。

（『世界の秘境シリーズ』１９６８年6月号第75集　双葉社）

《読書ノート》

『ファーブル伝』

（G・V・ルグロ著・平岡 昇・野沢 協訳／講談社文庫）

ファーブルの伝記として著名なこの本を読んで、どこに興味を引かれるかは人さまざまであろう。私にはあのスチュアート・ミルが、彼にとってまるで神様だったハリエット夫人を旅先のアヴィニョンで亡くし、そのまま居ついて、そこでファーブルと知りあったという話である。「ミルとファーブルをむすびつけるきずなになったのは、とくに植物学だった。いっしょに野原へ植物採取に行くふたりの姿が、よく見かけられた」と書いてある。ミルはイギリスに帰ってからも、生活に窮したファーブルに大金を送って助けた。

しかし、もっと興味ぶかいのは、ファーブルのことばの生い立ちである。フランス語の巨匠と言われるアナトール・フランスが、ファーブルの文章をひどくけなしたというのは有名な話だ。しかしルグロによると、ファーブルの母語はプロヴァンス語で、かれはこのことばを熱愛し、当時たかまっていた、プロヴァンス語の擁護運動に協力していた。だからファーブルは、「文体上のいろいろなくせや好み、新語などをプロヴァンス語から借りてきた」。このことばはファーブルの「骨の髄までしみこんでいた」という。私が思うに、ファーブルの文体は「悪い」のではなく、「プロヴァンス風に、いなかくさかった」のであろう。

ところで、プロヴァンス語については、この言語で作品を書いて、ノーベル賞まで得たミストラルがいる。同じプロヴァンス人だが、ミストラルはファーブルよりももっと有名になり成功していた。ルグロは、ひとしく郷土を愛したこの二人を対比しながら、こんなことを言っている。「ファーブルのほうは、他人の意見や人からもらう賛辞にもまるでむとんじゃくだったが、ミストラルは反対に、自分の評判を保つのにたいへん苦労していた」。世界中から寄せられるファン・レターに目をとおし、返事を書くのに一日の半分近くを費していたなどと、ちょっと意地悪な書きかたをしている。

じつは、ルグロのこの著作にはもう一つ翻訳がある。平野威馬雄訳、奥本大三郎解説で、ちくま文庫に『ファーブルの生涯』として入っている。右に引用したところはどうなっているか。「ミストラルはすがたを見せさえすればただちに人々からとりまかれ、喝采され、祝福されていた。けれども名声にこびたり、思いあがった気持などみじんもなく、本質的に素朴な人だった」。

傍点を附したところは、さきの訳とは逆の意味になっている。そこで原本にあたってみたところ、傍点のような一節は原文には無いのである。

ちくま版の解説者は、平野訳には、原著の一部を削って『昆虫記』の一節をつけ加えたりするなど「創意工夫」がほどこしてあるというが、これはちょっと困りものだ。この伝記全体のモチーフの一つが、この二人の同郷人の性格のコントラストを描き出すことにあるのだからだ。

（『文學界』1991年10月　文藝春秋）

《読書ノート》

『フィンランド初代公使滞日見聞録』

（グスタフ・ヨン・ラムステット著・坂井玲子訳／日本フィンランド協会）

ラムステット（一八七三―一九五〇）といえば、アルタイ系諸言語、とりわけモンゴル語研究の領域では、その名を知らぬ人はいない。しかしかれが、フィンランド独立後、最初の公使として、一九一九年から三〇年までの長い間、日本に滞在していたことも思い出しておきたいことだ。本書はこの期間に見聞した日本の文化、経済、人々のくらしなどを、フィンランドの読者のために紹介したものだが、いまの日本の読者にとっても興味ぶかい。

独立後間もない小国の代表として公費は切りつめられ、宴会を開くどころか公邸の家具類も自分の給料で整えなければならなかったと述べているが、「国家は食事をしたり、食事を饗応することで代表してはならない」。それは「文化の分野」で行うべきだと、なかなか意気さかんである。だから講演を頼まれて断ったことはなかった。こうして、東京大学での講演は、柳田国男をして方言の収集にのり出させたというし、また各地にエスペラント語で講演をしてまわり、エスペラント運動に大いに励ましを与えた。大阪朝日新聞社での講演はとりわけ得意だったらしく、「市長も出席し」、「大阪の最高の芸者衆が、私のために桜踊りを踊ってくれた」。しかしその後招かれたチェコスロバキア公使の講演はあまり成功せず、その人は「芸者すら見ることができなかった」といった調子である。

この記録がおもしろいのは、著者の稚気あふれる――すぐれた言語学者はたいていそうだが――手柄話があちこちにちりばめられているからだ。こんな話もある。一九二一年、当時皇太子だった昭和天皇がヨーロッパ諸国への旅を終えて帰国した祝宴のときである。ラムステットは皇后に「日本語のできる公使」として紹介されると、皇后は「日本語は難しくないですか。世界で最も難しい言葉だといいますが」とたずねる。それに対し、「ほんとうは日本語は、学ぶには非常に容易ですが、それを書く技術は考え得るかぎり最も難しいものの一つです」という答えに、皇后も「そうですね、たいへん難しいですね」などと異例の長話がつづいた。こうして皇后をひとり占めにしたのは、外交官の中では自分だけだったと得意げである。

宮中の宴では、食べ残した料理を包んで家に持ち帰るのがならわしだったという。「何百人もの身分の高い日本の軍人や高官たちが、こうした布包みを手にして、式典から車や人力車で帰路に向かう光景は奇妙であった。老提督東郷元帥も自分の残した料理を布に包んだ」という。私も近頃は、一つには実用のために、一つには料理を作った人へのねぎらいの気持から、食べ残しを店の人に包んでもらって持ち帰ることがあるから、東郷元帥にはとても共感するのである。私の子供の頃は、お菓子をもらったときなど、そうするのが普通だった。

ラムステットは、いそがしい公務のかたわら朝鮮語も身につけ、英語で『朝鮮語文法』（一九三九）と『朝鮮語語源研究』（一九四九）を書いた。朝鮮語研究を国際的な場に解き放った人としても、記憶すべき人である。

（『文學界』１９９１年９月　文藝春秋）

《読書ノート》

『チベット 受難と希望──「雪の国」の民族主義』

（ピエール＝アントワーヌ・ドネ著・山本一郎訳／サイマル出版会）

「ソ連」が「ロシア」の言いかえではないことを、最近世界の人々は実感をもって経験した。ソ連邦を構成する有力な民族は、すでに一九二四年の最初の憲法によって、連邦への自由な参加と脱退の権利を保障されていたが、それが現実に行使されるだろうとはだれも想像しなかった。世界は、この、真の「民族解放」というドラマを、感動と讃嘆《さんたん》のまなざしで仰ぎ見ているさなかである。

ところが、ソ連と並ぶ社会主義のもう一つの大国である中国は、ソ連に劣らぬ多民族国家であるが、そんなことはたてまえとして許されないことになっている。近代的な概念では、当然独立国家となり得る諸民族の自治区も、憲法によって、中華人民共和国の不可分の領土であると規定されているからである。もっとも中国共産党は、創立当初から十年くらいの間までは、諸民族が分離、独立し得る原則にもとづく連邦制の構想をもっていたのであるが、「中華人民共和国」が成立するにおよんで、そんな原則は放棄されてしまった。共産党政権は、一九五一年以来、武力によるチベット「解放」を決意し、人民解放軍はラサを占領し、五九年には、チベット民族の精神的支柱、ダライ・ラマは国外に脱出した。一九八九年、天安門の蜂起《ほうき》がある直前、最後の大蜂起があったが、むごたらしく鎮圧された。

著者はフランスの、若い、中国通ジャーナリストで、中国の「国と国民を愛さずにはいられない」が、その一方で、チベットの民族と文化が永遠に消されてしまうのではないかという、強い憂慮の念からこの本を著した。チベットのみならず、内モンゴル、ウイグルなどの諸族の消息は、「中国」という一つの看板のもとにかくされて、国外にはとどきにくい。それにまた、巨大な市場を提供しているこの国との交易の利益を考えて、とりわけ「金がすべて」の日本国などは、決して批判めいたことは口にしない。しかし、西欧は、中国政府の強い抗議にもかかわらず、ダライ・ラマにノーベル賞を与えたのである。

本書を、このような日本で翻訳、出版するには、たしかに勇気と決断が必要であり、著者は、この出版社に特別の感謝をささげている。私もまた、中国は日本にとって大切な隣国であるからこそ、チベットの状況に無知であってはならないと考え、せめてこの一冊は読んで欲しいと訴えるものだ。

最近のニュースによると、一一月下旬にダライ・ラマの訪日が予定されているというが、予想される中国政府の抗議に対して、日本政府がいかに対応するか、興味深いところである。

（信濃毎日新聞　1991年10月6日）

《読書ノート》

『ブダペストの世紀末』

都市と文化の歴史的肖像（ジョン・ルカーチ著・早稲田みか訳／白水社）

ヨーロッパに有って日本にはないもの、それは都市ではないだろうか――これが私の長年抱いてきた感想である。ここに言う都市とは、単に人々が集まってきて住みつき、必要に応じて学校や役所ができたというような、単なる拡大された集落ではない。生活と文化の理想があり、独得の色と光と香気と音と、さらに独得のことばをもって、画家、音楽家、作家、その上、味覚をも生み出して行く、母の胎のようなものではないだろうか。本書はまさにそのような見方から、ブダペストという一つの魅力的な都市を、一九〇〇年を中心において、その前後から今日に至るまでを描き出そうとしたものである。

ウラルの東方から現在の地にたどりつき、独得の言語を保ちながらヨーロッパの一国として座を占めたハンガリーの民族国家には、まことに多彩な要素が流れ込んでいる。一六、七世紀にそこを支配したオスマン・トルコは、バラの花と浴場とをもたらし、ハプスブルク家の支配を受けた一八世紀には、ブダペストでは住民のほとんどがドイツ語を話すようになった。またその二〇％以上を占めるユダヤ人が経済、文化の面で多様な貢献をなした。

そこへ一九世紀の民族主義のたかまりが訪れ、強力なマジャール（ハンガリー）化が生じる。興味深く感じられたのは、そのせいであろうか、進行する都市化にもかかわらず、画家たちは、いなかに住むことに執着したということだ。そうした民族意識の形成の中でこの都市は独得の風貌《ふうぼう》と魅力をそなえ、世界によく知られた、バルトーク、コダーイなどのすぐれた芸術家を生み出した。映画ははじめてパリで生まれた翌年には、ここでもはじまり、地下鉄はパリより早く走ったという、先進都市だった。

著者はくり返し強調する。自分はブダペストの歴史を述べようとしたのではなく統計表には決して現れない、都市の「雰囲気」とその「肖像」を描き出そうとしたのであると。たしかに本書からは、ライラックやアプリコットの花の香りや、女の衣《きぬ》ずれの音さえも伝わってくる。といって、政治のことも大いに語られているにもかかわらず、都市はまるで一人の女のように描き出される。「輝く自信に溢《あふ》れた若い夫人の顔のようだった」ブダペストは、一九四五年の破壊で「歯抜けとなって」、「往年の美しさは失われてしまった」などと。

私が思うにこのたとえは、ヨーロッパの多くの言語で「都市」が女性名詞であることと関係があろう。それはたしかに、人と文化と夢を産み出して行く母胎なのである。「都市」というものを考えさせてくれる、ちょっと羨《うらや》ましいような名著である。

（信濃毎日新聞　1991年10月27日）

《読書ノート》

『言語とその地位――ドイツ語の内と外』

（ウルリヒ・アモン著・檜枝陽一郎・山下 仁訳／三元社）

よく、「世界にはこれこれの言語があり、その数は全体でいくつになるか」などと一覧表にして示されることがある。しかし、それぞれの言語は、ただ紙の上に対等に並んでいるわけではなく、上下の地位の関係があり、勢力の強さや、威信の高低、人気のあるもの、そうでないもの等々のちがいがある。

従来の言語学は、このような、言語にまつわる、いわば「なまぐさい」問題は、学問が近づくべきではないとして、純粋に「言語そのもの」、つまり文法だの音声だのに限定して研究するのが常であった。しかし、現実に人々のなみなみならぬ関心を引いてきたのは、このなまぐさい方面であって、それを学問が避けて通るのはおかしいじゃないか――というような問題提起から出発したのが社会言語学であった。

ここに、七つの論文を一冊にまとめて日本語訳が出版された、本書の著者、ウルリヒ・アモンは、現代ドイツの中堅社会言語学者であって、こうした、言語にまつわる「俗な」問題を体系化し、一つの学問に仕上げる上で、大変な功績のあった人である。

取り扱われているいくつかの中心課題の一つに、世界におけるドイツ語の地位、なかんずく、ドイツ語、フランス語などをどんどん追い抜いて、世界を制覇しつつある英語との関係である。世界的な規模で見ると、外国語として学ばれる度合という点で、日本語はドイツ語の比ではない。しかし、次第に「国際的」になりつつあるという日本語を念頭に置きながら読んでみると、興味しんしんたるものがある。

とりわけ、次のような一節は、私の注意を引きつけた。白状すると、私は国際会議などに、英語でレポートを出せと求められると、四苦八苦したあげく、こんなことなら会議などには出たくない！と声をあげるのであるが、英語がもっと楽にできると思われているドイツの学者も同様だということだ。アンケート調査によって、ドイツの大学の英語英文学の専門家ですら、「印刷に耐えうる英語をまったく書けないという一致した証言を得た」ということである。そして、「まさに英語圏の出身ゆえに結婚を決意した自分の配偶者に助けてもらっている」というのである。私は「そうか」と安心するとともに、やはりエスペラントが必要かな、などと考えてみるのである。

ドイツ人学者によくある、図式的な分類への情熱がわずらわしく感じられるが、日本語の問題を考えるうえにも、なかなか役に立つ本である。

（信濃毎日新聞　1992年12月20日）

辞書——自由のための道具

戦後の言語学をとらえたイデオロギーは、アメリカ流にいえば記述主義、ヨーロッパ流にいえば構造主義であったから、日本の辞書も当然それを信奉し、理想とした。このイデオロギーは、二つの目標をかかげてたたかった。一つは、ことばはかくあるべしと、きめてかかる規範主義から解放されること、二つは、いま、げんに話されていることばの状態そのものを、歴史的な解釈や、つじつまあわせの小細工を加えることなく、ありのままに、共時的《サンクロニク》な構造として示すことであった。それは、別の表現でいえば、反伝統主義、反歴史主義ということになり、じじつこうしないと、いま用いていることばの真の意味を発見することができないからであった。人は簡単に古典の権威の圧力にひれふして、存在しないものによって生れつつあるものを説明するという誤りにおちいりやすいからである。この方法が、いかに戦闘的な意味を帯びるかという一つの例を示そう。

二年前のことだが、私はある若い研究者と知りあい、名刺をもらった。その人は、裏も見てくださいよと念を押した。引っくり返してみると、そこには、ある辞書から、ある項目のところだけがコピーして印刷してあった。それはこうだ。

かんしゅう［監修］（名・他サ）自分が責任を持つことにして、ほかの人に編集や著述をさせること。

この名刺の主は、たぶん、こういった種類の監修をする人のぎせいになった経験があり、そのくやしい思いを代弁させるつもりで、この項目を名刺に刷ったのであろう。それにしても、「責任を持つことにして」などという、心にくいばかりの書きかたはどうだろう。「ことにする」だけではない監修をして、苦労させられたことのある私としては、ちょっと待ってくれよといいたい気持もするが、「ことにする」監修は一般化しているのかもしれない。うち明けて言うと、この辞書は『三省堂国語辞典』第三版で、その著者たちの顔ぶれを見ると、いずれも私の敬愛する、堂々たる執筆陣であって、決して、ひがみやうらみでこれを書いたのではないことがわかる。記述主義への忠実さがなかったら、こんな説明は決して書かれなかったであろう。

日本語で「辞書」というとき、それはよそ行きのことばであって、ふだんはたいていの人が「ジビキ」と呼んでいる。それは、字、すなわち漢字の書きかたをたしかめるという、日本語の言語生活における、限定された辞書の役割をよく物語っている。ジビキを引くのは、辞書の書き手が最も苦労したにちがいない、意味の記述を見るためではなくて、単に字を知るためだけだとしたら、母語による辞書ほど、その書き手がむくわれないものはないだろう。

しかし、日本語を学ぶ外国人が増えるにつれて、状況はかわってくるだろう。一九七〇年代のこと、柴田武さんたちのグループは、たとえば「アガル」と「ノボル」、「ヒネル」と「ネジル」はどうちがうのか。「山にノボル」とは言っても「アガル」とは言わない。「二階に」だったら「アガル」と言う。また「俳句をヒネル」とはいうが「ネジル」とは言わない、などなどのテストを重ねて、日本語の基礎語彙の意味をつかむために大変な努力をした（その成果は、平凡社刊、『ことばの意味』シリーズにまとめてある）。こういうしごとは、学問的には貴重であり、外国人には、ふつうの日本人が説明してくれない大切な知識をもたらしてくれるが、しかし、一般の日本人は、こういうことをたしかめるためにジビキを買うのではない。いったいジビキを持っている人で、一度でも「アガル」だの「ネジル」だのを引いた人があるだろうか。あるとすれば、その人はすでに言語学者に近い変人だといえる。

辞書の書き手たちが、誰も省みてくれない項目に心血を注いでいるさまを示す、もう一つの例をあげよう。たとえば「五」という項目を引いてみよう。『広辞苑』（第三版）では「数の名。いつつ」となっているが、こんなことをジビキでたしかめて感心する人はまずいないと思う。『広辞苑』より新しくつくられた、そして容量も何分の一かの小さな『岩波国語辞典』（第三版）ではどうなっているか。「十の半分。片手の指の数」と、説明が単なるいいかえ、同語反復にならないために、血のにじむような苦労をしている。さきほど掲げた、ラジカルな記述辞書、『三省堂国語辞典』ではどうなっているか。そこでは「四より一つだけ多い数」と工夫のあとが見える。

辞書学の本質的部分は意味学（セマシオロジー）であるから、書き手はふつうの利用者が、自明のこととして通りすぎてしまうようなところにこそ熱中するのである。それにまた、めったに人が引かないところだからといって、こういう項目をのせないというわけにもいかないだろう。

以上に述べたような基礎語彙は、千年もあるいはそれ以上も前から日本語の中にある、いわば骨にあたる部分である。しかし、人間と同様に、ことばも骨だけでは暮せないから、必要になるたびに、その他たくさんのアクセサリーを手に入れ、身につけて行く。辞書の利用者が、「わからない」ことばの意味をたしかめようとして、開いてみるのはこのような語彙である。

「わからない」ことばの大部分は外来語と新語で、まれに方言だの古語だのもある。こうした語の説明は、母語の基礎語彙の説明にくらべれば、まことに荒っぽく安易に片づけられている。それは意味論学者、辞書学者の職業的な関心を引かないようであるが、しかし日本の現代の生活にとっては、こうしたいわゆる「現代用語」の説明の方が、「基礎語彙」(いいかえれば自明語彙)よりもはるかに重要になってきている。

「基礎語彙」とは区別されるこのような「近・現代語彙」は、基本的には「基礎語彙」の意味の記述に用いられたのと同じ方法で記述され得ると同時に、それだけではもの足りない点がある。なぜなら、前者はほとんど議論の余地のない意味として話し手に共有されているのに対し、後者においては、その成立の由来が新しく、また文脈の中にさまざまな政治的・文化的背景が持ち込まれるために、使う側にも受けとる側にも批判的な態度が現われるからである。つまり、テ、アシ、アタマなどの、いわば自明の日常語彙とは異なって、「それはどういう意味か」という、意味についての意味の設問、つまり、メタ言語的な態度が現われないではすまないからである。

こういう語の意味は、とても共時論だけではおさえきれない。なぜならば、現代生活そのものが、過去百年くらいにわたる展望をおさめておかないと、くらやみの中を手さぐりで生きているようなものになってしまうからだ。そのくらやみが晴れたあと、気がついてみると、そのやみを支えていたのは、じつはことばだったのだということに気づく機会がますます増えて行くだろう。これらのことばは、あたかも悠久の太古から、無前提に存在してきたようにふるまっているだけに、共時の中でさえ歴史的な相対化が必要であろう。最近のできごとで言えば、「ソビエト連邦」を根拠づけ、武装してきた一連の政治用語がその例を提供しており、百年ほどの昔のできごとが、そのまきれめなく連続して現在にむくいているのである。だから、現代の共時態《サンクロニー》は五十年か百年くらいの時間的な厚みを持たざるを得ないのである。

とりわけ私たちが生きている時代は、その経過がことばの中にうけとめられ、うつし出されているだけでなく、ことばが作ってきた時代である。現代を動かし、人々をかりたててきた「自由」、「進歩」、「解放」、「民主」、「文明」、「文化」などが、いかに今日の世界を作り、また作りつつあるかは、いまなお私たちが経験のさなかにある。

注意しなければならないのは、これらのことばは、見たところ日本語のかたちはしていても日本語ではなく、異なる社会的・文化的環境から生まれたヨーロッパの新語を漢字で翻訳した、いわば変装した外来語であることを知っておかなければならない。このような経験は、日本にとっていまがはじめてではない。二千年以上も昔に入ってきた仏教の概念を、いまなお根源にさかのぼって「わかろう」とする努力が続けられているのを見てもわかる。「わかる」ということを、そういうレベルでとらえるなら、いわんや、ことばの寿命としてはま新しい、百歳になったばかりの近・現代語を「わかる」ということは、時間の厚みの中でゆれ動く共時態として扱わなければならないことになる。それは、記述主義と反歴史主義が教条主義的に排した観点も利用せざるを得ないだろう。そうでないと、せっかく規範主義を脱した記述主義が、新たな別の規範によって身動きできなくなってしまうからである。

比較的最近になって手に入れ、愛用している中国製の辞典がある。それは『漢語《ハンユ》外来詞《ワイライツ》詞典《ツデイエン》』というものであるが、ここに収めた外来語とは、大部分が、漢字のままそっくり外から導入した語彙であり、その起源地は言うまでもなく日本である。拾い読みしただけでも、「民主」、「阶（階）级」、「解放」、「憲法」など、近代中国にとって不可欠であった、数えきれないほどの多くの新語が、ことごとく日本語起源であったこと、その日本語はまた、ヨーロッパ諸語にモデルをとったことを説明している。それは右に述べたような政治用の語だけでなく、「接吻」のような新風俗に関する語も、日本語から取りいれたのだと記している。それをたとえば、「相手のくちびる・顔・手などに自分のくちびるをつけること。」などとわかりきった「記述」をすることよりも、いつごろ、どういう作品の中でこういうことばが用いられたかを記す方がこのことばを「わかる」ためにはより有用であろうと思う。私たちは、現代中国の辞典によって、逆にこういうことを教えられるのであるが、フランス語の辞書にはこういう点では実にいいものがある。それは、近代フランスが、いつも新しいことばと概念を作って世界の先頭に立ってきただけに、自らのことばに責任をもたなければならないたちばにあったからだろう。日本語もまた、外国人によっても学ばれ、とりわけ、アジアの近代の研究のために学ばれる言語になるようであれば、辞書に対するこうした能動的な書きかたにむかって進む必要があると思う。

私は以上のように述べることによって、記述主義、共時主義が追放した、古色蒼然たる「よろずもの知り、骨董的語源主義」に立ちもどれというのではない。ことばは自然に与えられた、単なるモノではなく、――これまでの記述主義は、ことばをそのようなモノとして見る基本的な態度に発している――その話し手が、新しい世界を切りひらき、作りだして行く利器である以上、それを相対化し、批判して行かねばならない性質のものである。新しい辞典は、そのための手がかりを記述の上で示すことによって、ことばを規範によってしばるためにではなく、そのことばが持つ可能性を解き放つために、生きた力を発揮するものになってほしい。束縛よりは、自由のための道具として。

(『辞書を語る』1992年1月　岩波新書編集部編　岩波新書)

《読書ノート》

『セヴストーポリ』

（トルストイ著・中村白葉訳／岩波文庫）

一九八九年は、いわゆるノモンハン事件（モンゴルではハルハ河戦争という）の五〇周年にあたる。この年から、私はモンゴルやソ連の戦史家たちとシンポジウムなどでよく出会うことになった。いきおい「戦場」というものにも関心が生まれ、軍事史や戦記を読むようになった。『**セヴストーポリ**』もその一つである。一八五五年のクリミア戦争のとき、二六歳のトルストイは、この名高い激戦地の要塞にたてこもったときの経験にもとづいてこの一篇を著わした。そこには、軍医の手で、生きたまま腕や脚を切断されて、うめく負傷兵の苦痛が描き出され、また、「花盛りの谷間には、灰色や青色の軍服は着ているが靴ははいてない、醜い屍体がうずたかく積み上げられ、それを人夫たちが運び出しては車に積み込んでいる。屍体の臭気が空中に満ちている」（中村白葉訳、岩波文庫版）といったような、反戦文学のすぐれた見本となるような描写もある。

しかし私の注意を引きつけたのはそんなことではない。この凄惨な戦いの、つかの間の休戦時に、ロシアの将校も兵も、さきを争ってへたなフランス語を使い、敵のフランス兵たちと会話を交わし、自分がフランス語を知っていることを誇示しようとしたことである。トルストイによれば、ロシアの将兵たちは「自分の意志よりも自分の知っていることば」によって、「フランス人と話したくてむずむずして」いたのである。ある兵士は、「自分のフランス語の知識を一度にさらけ出して」、「フランス煙草、ブーンない、ボンジュール・ムシュー」などと言ってフランス兵と笑いあっている。当時のロシアが、いかにフランス文化とフランス語への心酔者であるとはいえ、戦友の屍体を傍に積み敵軍のことばを使ってはしゃぐロシアの将兵たちのありさまは、人によっては奇妙に感じるかもしれない。しかしここには、たしかに真実が語られているということを誰も疑わないだろう。言語と文化が持っている威信とはそういうものなのであろうと。時の皇帝アレクサンドル二世は、この作品にいたく感動し、ただちにフランス語に翻訳するよう命じたという。

私は少年時代にあった戦争のことを思い出す。英語は「敵性語」として、学ぶことすら禁じられ、戦後ですらも、ロシア語に近づくものは「アカの手先き」だと見なされたことを。そして、さらに思う。ノモンハンは最たるものであったが、それに続く戦争も、残念ながら貧しく自閉的で、戦争の美学そのものに反していたのであると。

（「ＬＤノート」１９９３年１月15日　№.６６０　総合労働研究所）

原題「『セヴストーポリ』の戦場」

悪魔くんに思う

日本ではじめての「悪魔」くんが誕生しかかっていたのに、父親はこの名前をあきらめてとりさげたという。この事件は、日本社会における命名に際しての圧力がいかに大きいかをよく示しているし、また言語意識の特有性をもあらためて明らかにした。

「悪魔」くんの名を聞いたときに、すぐに思い出されたのは、モンゴル人の名づけのことである。私がモンゴル人の名前に関心を抱くようになったきっかけは、国立銀行の長い行列についていらいらしながら順番を待っていたときだった。係の人が「ネルグイ」さんと何度か呼んだ。「ネルグイ」とは「名無し」という意味である。私がぷっと吹き出しそうになったところでやめたのは、満員の待合室の誰も、そんなことをおかしがったりはしなかったからである。当の「名無し」さんは何のこともなく、すっとカウンターに近づき、札束をにぎって去って行った。

その後気をつけてみると、名無しさんはいっぱいいた。政府発行の新聞の編集者で、私に寄稿をすすめた人も「名無し」さんだったし、民主化運動をかかげで指導していたという、切れものの数学者も「名無し」さんだった。どうしてこのような名があるのか、何人かに聞いてみたが、説明はさまざまであった。ある民俗学者は、こどもが生れたとき、父親が遠くに出かけていて、しばらく帰って来られないときにこういう名がつくのだと言った。しかし次のような例を思いあわせてみると、これとはちがった別の説明のしかたも十分あり得る。

まず「フンビシ」（人でない）というのがある。この名は新聞で見て知った名である。大きな活字で印刷されていたから、普通以上に社会的地位のある人のはずだ。単に「人でない」というだけでは強調が足りないと思われたのであろう、「ヘンチビシ」（誰でもない）というのをやはり新聞で見つけたときにはほんとにびっくりした。

これらの名づけの動機はかなりはっきりわかる。どの民族にあっても、名前を明かすことは、特別の信頼関係を前提にしている。名前は実体と不可分、ときには実体そのものと見なされるから、名を明かすことは極めて危険なことである。「ネルグイ」にはそのような背景があるかもしれないし、「人でない」は、悪霊などにとりつかれぬための最良の防禦策であろう。

まず、こうした「異様な」名――それは日本人にとっては、ということわりをつけた上のことでだが――に慣れておくと、あとは少しくらい変った名に出会っても驚かなくなる。敢えて訳せば「うんこまみれ」というふうになる、バーストという立派な詩人もいるし、内モンゴルにはモーオヒン（悪い娘）という名の名高い男の吟遊詩人がいた。自然がきびしく、乳児の死亡率の高かったかつてのモンゴルでは、どんな魔物も決して近づいたり、ふれたりする気にはならないような名にしておこうという親の思いが込められていたのである。

このような民俗学的な背景に深く根ざした名が、少しははやらなくなったとしても、比較的若い世代にも今なお使われているのは心あたたまるような思いがする。

以上挙げたような名以外にも、日本ではあまり見られなくなった、熊さんや虎さんのたぐいの名はまだまだ現役である。一度、少年少女の国際自然村のような施設を訪れたとき、長髪でロックでもやりそうな青年が現われて来て、私が所長のバーブガイ（熊）ですと自己紹介した。ハリオーン（かわうそ）という人も、かつて平和委員会の要職にあって、何度も日本にやってきた。

ソ連支配時代には、多くの親がしゃれたつもりでミハイルだのナターシャだののロシア名をつけていた時代に、頑として、こうした名を選んだ親の気概が好ましく思われる。

これらのモンゴル人の名、もっと奇抜な名についても、私はすでに同時代ライブラリーの『モンゴル――民族と自由』に書いておいた。だから「悪魔」ちゃんをつぶそうと世の中が寄ってたかっていじめた時に、だれかがこの本のことを思い出して、モンゴルにはこんな名すらあるんだよと言ってくれないだろうかとひそかに期待していたが、そういうことは起きなかった。口惜しいが、あの本はあまり読まれなかったんだなあとひがんで思った。

ところで私はどこかで「チュトグル」（悪魔）というモンゴル人の名を見たか聞いたかしたような気がした。念のために人名辞典をみたところ、あった。「チュトグルジャブ」というのが。「ジャブ」は男の名の末尾によく用いられる、チベット語起源の「守護」というような意味の語である。

モンゴルからの留学生諸君にこの名は実際に使われているのかとたしかめたところ、それほどめずらしい名ではないという返事だった。そのうち、朝日新聞の二月八日付けで、モンゴルにも「悪魔」くんがいるので、「御両親の心境がよく分かる」という、モンゴル人ソイルトさんの投書が現われた。

私はこの機会に、もう一度、モンゴルの「姓」についても注意を喚起しておきたい。留学生は銀行などに口座を開くとき、姓を聞かれて途方にくれる。かれらにはそんなものは無いからである。

どんなに権力を持った政治家であれ、学者であれ、「クマ」さんとか「人でない」先生とかと、呼びすてにするしかないのである。もしたくさんのクマさんがいたらどうするか。その時は自分の名の前に「親の名＋の」をつける。だからクマさんの父親がもしバートル（英雄）だったら、バートリーン・バーブガイというふうになる。

大学や銀行のとどけのときしかたがないから、便宜的にファミリー・ネイムのところにこの親の名を書きこんですませる。それを日本式に用いると、本人は常に親の名で呼ばれるという不都合が生じる。

では、父親がわからないばあいはどうなるかといえば、その時は母親の名をつける。だから名前を見れば、その人には父がなく、母親ひとりで産んで、けなげに育てたということがすぐにわかる。いまの大統領オチルバトさんの名の上にはポンサルマーという名がついているから、お母さんだけが育てたということがわかるし、また、モンゴルを独立国として今日まで維持した、あの独裁者チョイバルサンにも、ホルローというお母さんの名がついている。モンゴルでは、こうした「父無し子」の男の子は、限りない母親の愛情の中で育てられたため、大変すぐれた人物になるのだと信じられている。

再び名前にもどると、では、こうした変った名を持った子どもはその名を全く気にしないで生きていけるかといえば、そうでもないようだ。昨年福岡市が行ったアジア国際映画祭に出品された「牙」（一九九一年モノクロ）では、主人公の青年は「モーノホイ」（悪い犬）という名から脱出して名をかえようとする。現代ではこういうこともあるのだとわかって興味深かった。

ドイツ人やロシア人の名も実に多彩である。ブリヤートでは、ソビエトの詩人デミヤン・ベードヌイを「貧しいデミヤン」、マクシム・ゴーリキーは「苦いマキシム」と訳していたんだよ、と、あるブリヤート人作家は愉快そうに話してくれた。

ドイツの哲学者ヴィンデルバントは、その語源はいかであれ、現代語の知識では「おむつの紐」なのだ。またスケーターワルツの作曲者は「森の悪魔」（ワルトトイフェル）となる。これらは姓であるから変えることができない。しかしあまりひどければ変えることも許される。

十数年前の一九七九年六月に、新聞「ヴェルト・アム・ゾンターク」に出た記事のきりぬきを、私は資料として、いまなお大切に保存している。

テロリストのハイスラーは、もとレーバーヴルスト（レバー・ソーセージ）という姓であったが、子どもの頃からからかわれたので姓を変えたということを紹介した上で、この新聞は、一人の青年を異常な行動にかりたてた遠因の一つはその名のせいであると言いたげであった。たしかに名はたわむれでつけるものではない。いずれもまじめにつけられるのだが、そのまじめの方向が社会と文化によってちがうのである。

今回の悪魔くん事件は、単なる名づけの問題をこえて、日本社会の特性を明らかにした。すなわち、命名行為への著しい規範性と同調性である。名前はまずあまり変っていてはいけない。社会的な期待と規範に合致しなくてはいけないという無言の圧力である。

社会の期待と規範に合った名とは、いわゆる「いい子ちゃん」名前、すなわち、道徳に合致し、徳目を表示した名である。名というものは、モンゴルの例が示しているように、「いい名」が不幸を呼んだり、「悪い名」が守りになったりするという神秘なものだ。それを日本では徳目にあわせて自己規制するように求められるから、ますますハンコで押したような非個性的で無性格なものになって行く。

このことは、あらかじめ「いいことば」と「悪いことば」とをきめておき、悪いことばは使わないようにしましょうという、お役所ふう差別語狩りのもう一つの面である。悪魔くんは、「おりこうさん」しか許さない、日本的サベツの網に敏感にとらえられてしまい、ついにその誕生を全うすることができなかったのである。

(『図書』1994年4月　岩波書店)

自立とやさしさ

私は少年のころ、よく晴れた夏の戸外を歩くのが好きだった。農道や田んぼのあぜ道を行くと、熱せられた土と草が、なつかしいような、むせるような香りを放っており、その中を、水のにおいを含んだ風が吹き渡ってきた。四季にはそれぞれの色があるだけでなく、またにおいもあった。私は夏の大気に酔って興奮していたのである。

なんとも言えないいい気持ちになって帰ってきたある日、母はどこに行っていたのかとたずねた。橋を渡って、向こうの水車小屋のほうまでと答える。すると、昼間皆が働いているときに、ぶらぶら歩くのはいけんよ。働いている人のことを考えなさいと不きげんに母は言った。

私はぎくりとした。たしかに真夏の昼さがり、泥田の中ではいずりまわるようにして、草をとっている主婦たちがいた。私の家は農家でない少数派だったから、人々がつらいと言う、「田の草とり」はしないですんだ。それにあのころは、隣近所の若い父たちが戦争にとられて帰って来なかった。私の父は徴用を逃れて東京でつとめていた。母にはそういうことで、ひけ目もあったのだろう。

やがて戦争に負けて、日本は民主主義になった。民主主義とは、はた目を気にすることなく、自分のしたいときに、すきなことをしていいことである。家だのせまい共同体の重圧のもとで、世間体を気にしながら、びくびくらす――こうした自立しない態度や意識をすてることが、日本を近代社会へと脱皮させることになる。そうだとすると、母のあのときの私への注意は、反動的、保守的で有害な因習にとらわれた態度の押しつけなのだろうか。夏になると、私はよくこういうことを考えるのである。

私がどこか臆病なところを持っているのは、こういう母に育てられたせいでもあろう。しかしその一方で、働いている人のことを思いやって、自分のことをつつしむということも、深い人間性に根ざした、自然な感情であろうと思ってみる。

自分とは異なる職業、異なるたちば、異なる民族の人たちのことを考えることは、環境や、さまざまな社会問題を考えることの第一歩であり、ことによると学問や教養のはじまりなのかもしれない。私はこれから、シベリアからヨーロッパにかけての長い旅に出るが、旅先の各地の人たちにも、こうした感情が理解できるのかどうかたずねてみたいと思っている。

（月刊『れいろう』1994年6月　財団法人モラロジー研究所）

草加せんべいと入試問題

私の書いた文章が大学入試問題にはじめて使われたのは今から十六年前のことであった。こういうふうに出題しましたと、送られてきた問題用紙の現物を見て私はおそれ、当惑してしまった。なぜなら、私はいつも人の文章を読んで試されている人間だとばかり思っていたのが、今度は自分の文章で人を試す側にまわってしまったからである。

はじめの一、二回は、どういうふうに使われているのか、おそるおそる読んでみたのだが、その結果はよくなかった。出題者はまことに精密に私の文章を分析したうえ、明晰この上ない設問を作り出しているではないか。試みに答えようとしてみると、どこかむつかしそうだ。もし、自分がぴたっとした解答を出すことができなければ、私は面目まるつぶれではないか。それでもう、そのさきは見ないで、そっとまた封筒におさめるというふうになってしまった。

しかし出題のテキストそのものは、やはり見ておかねばならない。せめて、自分の文章のどこがとりあげられているのかだけは知っておきたい。そして、そこに用いられている個所が、私の書いたなかでも、特に訴えたい内容のところであるのを見出し、出題者と握手でもしたい気持になる。かれは私の考えに深い共感を示してくれたのだから。

私の文章が出題されるようになってから、私は予備校にも呼ばれて話をするようになった。出題される著者からじかに話を聞いておけば受験に役立つかもしれないというのが動機であったのかもしれないが、予備校生たちは、そんなせまい関心をはるかにこえて、話が終っても一時間ほども私をひきとめ、鋭い本質的な質問を浴びせるのであった。かれらは志望どおりの大学に入ったにちがいないが、大学生になった今でも、あのようなひたむきな気持を失わずにいるのだろうか。

ここ数年は毎年三つから五つくらいの大学から、私の著書を用いた入試問題が送られてくるようになった。出題したのが国立大学であれば、「先生の著作物を使用させていただきました。ご参考までに一部添付して報告いたします」というふうな、ぶっきらぼうなのもあれば、「ここに御報告するとともに御礼申しあげます」と、もう少していねいなのもある。

あるいはまた、「入学試験ということの性格上、事後の挨拶になりましたが、事情ご賢察のうえ、ご了承賜りますようお願い申しあげます」と事情を書きそえたものもある。試験問題だから、前もって使わせてくださいとことわれば、問題がばれてしまって、試験の役にはたたない。入試のばあいは、著作権法上の数すくない例外なのであろう。

国立大学では、決して起こりえないことなのだが、私立大学のばあいは、さらに「追伸」とあって、そこには、「別便をもって粗品をお届け申し上げます」と書いてあることもある。そして、数日のうちに、決して「粗」ではない、心のこもったお礼の品が送られてくる。そうした品のうち、忘れられない一つは、日本大学からの牛缶の詰め合わせである。たぶん北海道にでもあるらしい同大学の付属牧場かどこかで作られたのであろうと想像して、ほのぼのとした気持になる。

もう一つ忘れることができないのは、獨協大学のばあいである。問題冊子にそえられた手紙には、学長名で、「なお、感謝の印までに、当地の特産一包をお送り申し上げました。ご笑納いただければ幸甚に存じます」とあった。しばらくして配達されてきた「特産」とは、草加せんべいであった。私は醬油味のしか知らなかったが、ざらめや白の砂糖をまぶしたのやらのり巻きやら、全部で五種類もが入っていた。

獨協大学といえば、有力なドイツ語教授陣を擁していることで、私は常ひごろ尊敬に近い気持を抱いている大学であるが、この「当地の特産品一包」によって、まだ一度も見ぬこの大学に、あこがれの気持はますます強くなったのである。

さて、今年度は、以上あげた、どのばあいにもあてはまらないケースがあった。

問題用紙とともに送られてきたのは、早稲田大学総長の名で、「一九九四年度入学試験問題の出典について（御礼）」と題した一葉であり、そこには、「先生の御述作の×××を使用させていただきましたので、御報告かたがた厚く御礼申し上げます」とあった。筑摩書房から刊行された私のこの「述作」からは、問題用紙一枚がまるまる埋まるほどの長い分量が「使用」されていたが、その末尾には、他の大学では必ず付している、著者や著作物の名はまったく記されていなかった。これだけを見ると、まるで早稲田大学政経学部作成の文章のようである。

出題者はおそらく、私と考えを同じくする思想上の同志にちがいなく、こうして使用されたことで私が悪く思うはずはない。しかし、この文章の責任者たる私の名がないのは、私の全く知らないところで、私の知らない私の子どもが歩いているような、なにか不気味な感じがしてならないのである。

早稲田には、草加に匹敵するような名物のせんべいもないことだから、粗品の方はともかくとして、次回からはどうか、私ならびに他の著作者たちのこどもを認知していただくようお願いしたいものである。

（『ちくま』1994年8月　筑摩書房）

第三章
亀井孝先生との思い出

亀井先生と過ごした日々

先生とのおつきあいがはじまったのは、私が一橋大学大学院の学生となった一九五八年のことで、先生は四六歳という、今から考えてみると、信じがたいほどの、不思議な若さであった。

田中はマルクシストだという、だれかが伝えたまえぶれが、先生に私を迎え撃ってやろうという身がまえをとらせたらしい。先生には、マルクシズムに対するあこがれを伴った教養のあることが後でわかったが、このまえぶれは、私が教条主義的な偏向を持つ人間という予見を生じさせたもののようだ。それは間違っていなかったかもしれない。先生にとっては、幼稚で狂信的な記述言語学はもちろん、ある種の構造主義も、教条的だという点では、マルクス主義にひけをとらなかった。こうした直感にもとづくものであろう、先生がまず一緒に読もうと提案されたのは、シャルル・バイイの『一般言語学とフランス言語学』だった。私には、どこか時代おくれのもやもやした本に感じられ、こうして押しつけられることがなければ、決して進んで手を出したりはしなかったであろう。あとでそう

した印象を申し上げたところ、

「よくわかったね。ややもやはまるでおれみたいだろう」

とおっしゃったものだ。しかしこの本から、私がいかに深い感化を受けたかを、二〇年後に『チョムスキー』を書きながら、「変形」の概念にふれたところで、痛いような懐かしさとともに思い知ったのである。

私は結局、先生のあとを継いで、一橋大学にやってきた。その時、講義のしかたにはいろいろある。商学部の某君のように、一つのノートで二〇年持たせながら、自分の研究に没頭するのも賢明かもしれない。しかし言語学はいつでも最新の流行を知っていなければならないのだよと、きついことを言われた。たしかに先生は、今の私くらいの年のときには、いくつもの洋雑誌に目を通しておられた。先生の本業が国語学であってみれば、これはなまやさしいことではない。

先生は、私が大学院を去って後も、新しい刊行物を読んでは私に圧力をかけられた。こうして、E・コセリウの『うつりゆくこそ ことばなれ』の共訳が生まれたのだが、訳し終えてから先生は、「君はきっと抵抗すると思ったんだがね。あきれたもんだ、こんな本におれよりも夢中になるとはね。君もカドが取れてつまらなくなったよ」と言われた。私は何も答えなかったが、これは先生の私に対するせいいっぱいの共感の表明だったのだろう。
人は何物もあの世には持って行けないという。しかし先生は、あのおしゃべりを以てしても語り足りない、多くのものを持ったままあの世へ行ってしまわれたのである。

（『三省堂ぶっくれっと』１９９５年３月　No.１１４　三省堂）

亀井孝先生と共にあった日々

永年にわたり本学会の評議員をつとめられた一橋大学名誉教授、亀井孝先生は、一九九五年一月七日永眠されました。享年八二歳でしたが、先生は文字どおり致命的な病魔とのたたかいを、大手術によって乗り切られ、二十五年間の健康を維持されてきたことを思えば、おそるべき体力と精神力の持ち主だったと言えましょう。その間、若い人たちに対しても特別のいたわりを求めることなく、たびたび後進の話し相手になっていただいておりました。

先生は一九一二年、西洋史学者亀井高孝氏の長男として東京にお生まれになり、慶應義塾幼稚舎、武蔵高等学校で学ばれた後、東京帝国大学文学部に進まれました。

幼稚舎で過された、いかにも楽しそうな思い出は、くり返しうかがいました。同窓に後年名歌手となった藤山一郎、鬼才岡本太郎があり、先生は一〇歳を出たばかりのお年で詩集をお出しになり、それに岡本太郎が曲をつけ、藤山一郎が歌ったレコードがあるんだと何度かうかがっておりましたが、詩集は見たものの、レコードはまわして聴いたことはありません。

高等学校では同窓に劇作家の飯沢匡（本名：伊沢紀《ただす》）があり、この方との交友もよく話題にされました。大学への進学をひかえたころ、イザワ氏は、「カメイ、大学へなんぞ行くのはよそうよ」とさそわれたので、先生もその気になって、さっそく父上にその決意を表明されたそうです。御父上はややあって、「ばかもの、イザワのように才能のあるやつは学校に行かなくってもいいが、お前のような普通の人間は大学に行くしかないぞ」とたしなめられたそうであります。このエピソードは、私のみならずおそらく多くの方々が聞かされたことでありましょうし、また先生のこうしたせりふは、決して額面通りに受けとれるものばかりではありませんが、先生の芸術家的感性へのあこがれがいかに強かったかを物語るものでありましょう。

大学へはひたすら橋本進吉を慕ってすすまれ、国語学を専攻されたことは、これまた多くの方々が述べているところです。先生のフィールドは、何といっても日本語史であり、しかも極めて批判的、懐疑精神を前面に押し出したフィロロギーでありました。

先生はいわゆる国語学者でありましたが、橋本進吉還暦記念国語学論文集にお寄せになった若いときの論文は、「共時態の時間的構造」と題されているところからみましても、先生がいかに一般言語学の基本問題に熱中しておられたかがうかがわれます。

亀井先生が、ソシュールが持ち出してきた共時態と、歴史のいとなみそのものとしてのなまの言語とのアポリアの問題にいかに深く沈潜されたかは、あとで見るように、極めて若い時代に発していたことがよくわかるのです。

一九五八年、私が先生の学生となった最初の年に、［ソシュールの］Cours［de linguistique générale］をていねいに読んでいただいたことは、私の一生の財産となりました。その二〇一ページ、下から十行目にある、《……, alors qu'il ne l'est *pas* dans sa première partie.》の *pas* は *que* でなければ話が通じないと指摘されました。その時私が用いていた Cours は一九五五年の版でありましたが、何度も重版されているのに、このように重大な誤植が放置されているヨーロッパの出版のおおらかさに驚くとともに、先生の強靭な批判的読書力にあらためて感服したのでした。

Cours の訳者小林英夫は、その訳本『言語学原論』（第八刷一九五三年）の「訳者の序」でこの日本語訳の誕生に、亀井先生の貢献が大きかったことを述べていますが、この pas が que であるべきだという問題にはふれていません。ところが、後に『一般言語学講義』（一九七二年）として新訳があらわれたとき、de Mauro の注釈つき Cours に、この pas は que の誤植であるとの指摘に言及しつつそれを受けて、はじめてこの新訳の序文でそのことにふれています。亀井先生はそのことを、日本人は西洋人が言わなければ信じないもんだとお話になっていましたが、私もまた、マウロに二、三十年も先がけてそのことに気づいておられた亀井先生に訳者が言及しないのはフェアでない態度だと思ったものです。

先生は虫の喰った本を山と積んで、それとわたりあう本物のフィロロ―ゲであるとともに、いつも言語学の最前線のところを見ていたいという野心家でした。それどころか、先生の理論への野心は、言語学にとどまらず、社会科学の領域にも及んでいました。勤務校が一橋大学という環境のせいもあって、名だたる社会科学者たちを相手にまわして論戦をくりひろげておられるのを見て、たいへん頼もしく思ったものです。先生は講座や学科という、専門家として護ってくれるありがたい安全壁のまったく無いところで、いわば荒野の一匹狼として言語学をやっておられたのです。言語学は社会科学の中でどのような地位を占めるべきかというような問いに、いつも答える準備をしていなければならなかった先生にとって、もしかして平穏無事にまもられた国語学科、言語学科の防波堤の中に逃げ込みたいというお気持が時に働いたこともあったでしょうが、私としては、まさにこのような先生の境遇が、独得の味わいを帯びた学風を創り出したものと考えています。

この文脈で、世俗のことでは、企ててもあまり成功しなかった先生の、例外的な成功と社会的貢献にふれておかねばなりません。

戦前の日本には、言語学の教授ポストを擁する大学は、有力な帝国大学を除いては極めて稀でありました。ところが、戦後全国の多くの新制大学で言語学の授業が行われるようになったのは、外国語科、国語科の教員免許を取得するための必要単位に指定されたところにその発端があったらしく、またそれはアメリカ占領軍の指示によるものだったと言われています。しかしこの指定は数年間維持されたのみで、一九六〇年頃にはほとんどの大学から言語学の授業は撤退しました。言語学は必要科目からはずされたためです（一説によるとそれは、英語科、国語科の利益をまもろうという教師たちの陰謀によるものだったそうです）。それにもかかわらず、もと商科大学であった一橋大学には言語学が定着し、今日に及んでいます。これはひとえに、言語学そのものというよりは、亀井先生の学問が、同僚から深い尊敬の念をもって仰がれていたことによるものです。

亀井先生は、学究として出発されたその初発の地点において、その研究領域で大きな葛藤をかかえておられました。その葛藤は、先生御自身から出たものというよりは、日本の学問的風土のしからしむるものでした。すなわち、ひとしくことばを対象としながらも、国語学と言語学という、異なる精神的背景をもった領域への分裂です。先生が、この両者のいずれからもへだたることなく、いずれにも身をおく緊張に耐えながら、いわば天と地との間を往来された姿は感動的だったとさえ言えます。そういうお気持を表わされたのが、かの「李莽湖《リモーコ》」なる筆名であります。君これを逆に読んでごらんと言われたとき、私は、一般には否定的なニュアンスで受けとられているあの寓話の動物が、先生にとっては決して自嘲的ではなく、むしろ一種の気どりとして用いられているのが感じられたのです。

私は先生にとって当初から従順な学生ではありませんでした。それにすぐさま、田中はマルクシストだと内報した者がいたらしく、そのことが私に対して先生を身がまえさせる結果になったらしいのです。この内報にもとづいて、先生は私が教条主義者であると判断されたらしく、一緒に読もうと提案された言語学の著作はことごとく、教条を引き出すことはおろか絶望的にもやもやしたものばかりでした。あの明晰さを愛される先生が、なぜ、こんなもやもやした著作にむきになって時間を費されるのかが不可解でした。政治的な教条はともかくも、ブルームフィールドやその亜流の明快な記述言語学の教条にしばられていた私は、あたかも脱皮を重ねるようにして、先生のもやもやの中にひきずり込まれて行くのを感じました。先生も、君の順調な発展をおさえてしまった責任を感じているなどとおっしゃることがあり、まるでその埋めあわせをするかのように——と私には感じられたのですが——日米安保条約反対のデモに加わられるようになりました。一九六〇年六月一五日、樺美智子が死んだときのデモには先生も加わっておられたのです。こうした大衆行動の列の中に先生の姿を見出すのは、いかにもそぐわぬ気もしましたが、これこそは先生の本性に内在する、例の芸術家志向の表われでした。突如、理をこえた場所に身を置いてみることに冒険的な喜びを感じるというところがあったのです。先生は今から十年前にカトリックの洗礼を受けられました。その頃、人間が作りだしたものの中で一番すごいものは、君何だと思うかねと問いを出され、それは宗教なんだ。学問なんかとは比べものにならないとおっしゃったとき、私はあまり共感はしなかったものの、先生に人間としての深さを感じました。

私は先生のそうした一面を、一度世俗的な場所で引き出したらおもしろいだろうと、いたずら心をはたらかせていました。先生の論文を読まされる者には、あの文体をほめそやす人も少なくありませんが、へきえきさせられると正直に告白する人もまた少なくないのも事実です。文体論争は、先生と私との間に横たわる確執の一つでした。先生は、君に文体を論じる資格なんかないよ。そもそも、「体」そのものがないんだから、などと気持ちよさそうに言い放たれるのでした。そこで私は、先生の文章は、ある状況のもとでは全く役にたたない。すくなくともアジビラには使えませんと申しあげたところ、先生はその指摘をことの外よろこばれて、田中はおれの文章はアジビラにならないとほめてくれたよと吹聴なさった上に、それをお書きにまでなっているのを見て、私は何ということだろうと思いました。

しかしその後、先生の文章は、私たちが見ているようなものばかりではないということに気がつく機会がありました。一九六九年、大学の欧文紀要にBeobachtungen eines Philologen über die Tennoherrschaft—Zum 100-jährigen Jubiläum der Meiji—という長い文章が現われました。これは一九六七年から六八年にかけて、ベルリン自由大学で行われた講義とのことです。私はこれを一読して、いつものようにこってはいるが、たいへんわかりやすく書かれているのに驚きました。先生はドイツ語だと、こんなにわかりいいのに、日本語はどうしてあんなふうになってしまうのでしょうかと申しあげたところ、そんなに言うんだったら、君訳してみろよと言われたのです。私はずいぶん時間をかけて、四百字で二百五十枚をこえる訳稿を作りました。明治百年を記念して、ドイツの学生に、近代日本の天皇教と国家主義の成立を教え、その際に行われた政治セマンティクな操作を文献的に実証したものです。とりわけ、ミカド、テンシサマ、クワウテイ、コクワウなどの、当時通用していた語を押しのけて、「天皇」という語が創出され、ひろめられた過程を述べたくだりは、日本の読者の目にふれさせないままにしておくのは惜しいと私は考えたのです。そこで全く私流のやり方で全体を三十六枚にまとめ、「天皇制の言語学的考察——ベルリン自由大学における講義ノートより」と題して、一九七四年八月号の『中央公論』に発表したところ、思いもかけず多くの人々の注目を集めることになりました［これが本稿に続いて、次にかかげる訳稿」。私は寺杣正夫なるペンネームを使った末尾の解説で、これが翻訳であるとはっきりと述べておいたのに、多くの人は、そこを読まずに亀井先生御自身の文章だと思ってしまったらしいのです。

先生の幼少年時代からをよく知っているという野上弥生子は、発刊直後の七月一七日の日記にこう記しています。「午後三枝子に亀井孝氏の「天皇制の言語学的考察」（中公）をよませてきく。いかにも彼らしい鋭い批判に加へ、立派な文で頭を下げる」とあります。日記にこのくだりがあることを「一橋大学で同僚だった藤岡貞彦さんが」教えられたのは最近のことでありますが、前半部は同感しながら読んだのですが、末尾のところで私は顔が紅くなるのを感じました。弥生子はさらに七月二九日のくだりには、来訪の客と「いろいろな話、孝さんの「中公」の論文のことももとより話題になる」と繰返し称賛のことばを記しています。

私が上のような称賛のことばがあると知ったのはほんの最近のことです。しかし先生御自身の耳に到達しなかったはずはありません。こうした世論の外圧があったからでしょう、はじめて先生は、まじめに私の文章をお読みになられるようになったと想像されます。くわしくは述べませんが、先生はその後、気の毒なほど視力を弱らされたにもかかわらず、いちいち私の文章を読んではていねいに、心のこもった感想を書き送ってくださいました。

今思いかえしてみると、ちょうどその頃と一致するのですが、当時岡山大学に在った私に突然E・コセリウのSincronía, diacronía e historia, "El problema del cambio lingüístico"のコピイを送って来られ、これを訳してみろと誘われたのです。先生と私は、この本の真の共訳を行いました。私が東京にもどってきた一九七六年から五年ほどの間、訳稿をはさんで何十回もお会いし、どれほど多くの時間を過したことでしょう。そしてこの翻訳をすすめる間に、先生がいかにヘーゲルを深く理解されているかも知りました。先生の学識を尊敬する思いはいっそう深まったのです。この作業は翻訳ではありましたが、それを通して先生が抱かれたソシュールの共時言語学に対する批判の最終的な到達点に近いものであることもわかりました。ところで私は、先生より以上にコセリウに傾倒する結果になってしまったため、「君も困ったもんだ。それでよくマルクシストやってたな」と意地悪なことをおっしゃったのでした。この作業を通じて、亀井先生という「人間」を、ますます深く知ることができたのです。

コセリウの論旨のつまるところは、言語とは、ソシュールの言うように、「社会的事実」として話し手に課される盲目の強制ではなくて、目的をもった自由のいとなみであるという認識であります。

このたび、この一文を草するにあたって、あらためて先生の論文集に目を通してみて、驚くことが一つありました。先生が二四歳の若さで発表されたごく初期の論文、「文法体系とその歴史性」において、言語を「もの」、「道具」とみる言語観にふれた個所で「……しかし歴史的世界は有目的々に統一せられた自覚的な世界であり、道具の存在は道具の有する目的によってのみ初めて価値づけられている筈である」と鋭く指摘されております。またワルトブルクの論文にふれて、その趣旨は、「体系が新たな変遷に対して有する推進(Antrieb)を読みとらなくてはならない」という点にあり、その「推進とは、ここにおいてか、自由なる推進、一層譬喩的には自由意志とみられる」とした上で、「文法記述の最後の目的もまたこの解明に連るといふべきであらう」と結論づけておられます。私は二四歳のときの亀井先生に、コセリウと同じ発想があったことに驚き、これこそは、先生が、コセリウの背景をなすロマニスティクに対する深い教養に培われた思想だと思った次第です。私はそれで、いかなる言語を対象に選ぼうとも、人はロマニスティクの思想とその全盛期をかいくぐってみるねうちがあると思うようになりました。

私が先生の最後のお話を聞く機会があったのは、昨年の六月一〇日のことでした。この日、私は先生に日本の国語学と言語学のイデオロギー的性格というようなことでインタヴューを行い、その内容は『現代思想』八月号に掲載されました。その中で先生は「時枝さんを日本の国語学の歴史にすえれば、もう一度上田精神に戻ったんで、橋本進吉の方がそういう意味では日本の伝統では異端なんです」とおもしろいことを言われました。私はこういうことばじりをつかまえては、先生に何度もインタビューをくりかえし、二〇世紀日本における言語学イデオロギー研究の資料を残しておくつもりでおりました。

あの時先生は、まことに自由闊達に話されました。「いまのうちにお話をうかがっておかなければ」と前おきしたとき、「君はぼくがすぐにでも死ぬと思っているのかい」とおっしゃったので、私はあわてて、いやそういうわけではないんですがと言ったのをおぼえています。今にして思えば、「そうです、先生はまああと数年しか持たないでしょうから」と口に出かかったその通りをお答えしておけばよかったと思う。そうしたら、先生は例のごとく私をにくむエネルギーでもって、もう少し長く生きられたかもしれません。

私はここで型どおり、静かに御冥福をお祈りしますとでも結べばいいのでありましょうが、まだ多くのことを語り終えないうちに、永遠に私たちの前から立ち去ってしまわれたことで、口惜しいという思いの方が先にたってしまうのです。

この追悼の文は、日本言語学会事務局のもとめに応じて書かれたものですが、そのもとめの趣旨をはみだしているかもしれません。また一つ一つの思い出話にも誤りが含まれているおそれもありましょう。しかしそれでも私の心に残された先生との思い出の糸をたぐり寄せ、亀井孝像をなるべくありのままに映し出そうとつとめました。先生の生前に話し足りなかったことどもが、日のうつるにしたがっていっそう痛切に思い出されます。私のみならず、多くの人々が先生との語らいを思い出してなつかしみ、また先生の御著作をひもといては、さらに対話をつづけて行くことでありましょう。

（『言語研究』１９９５年３月　第１０７号　pp.１８９－１９６　日本言語学会）

【「天皇制の言語学的考察」について二〇一七年に思うこと】

次の一篇は一九六七年頃、亀井先生が行ったベルリン自由大学における講義にもとづいている。もとドイツ語文の全体を三分の一に切りつめた、翻訳というよりは思いきった要約というべきこのような訳文を亀井孝名で発表する自信は私にはなく、といって無名でやりすごすわけにも行かず、そこで思いついたのが、架空の解説者の名をつけて発表する方法であった。文末につけた解説者・寺杣正夫の名は、私が岡山大学に赴任して間もなく知りあった、国語学専攻の院生の名・寺杣雅人をデフォルメしてかりたものである。かれには「等時音律説試論——定型詩歌はどう読むべきか——」(『文学』一九七八年二月　岩波書店)なる独創的論文があるが、その後の消息はわからない。もちろんのこと、本篇は先生の著作集には加えられておらず、といってむろん私の著作でもない、ちゅうぶらりんで行き場のないものだが、といって、当時あれほど評判がよく、話題になったことを考えれば、ふたたび読者の眼《め》にふれる場所があてがわれるべきである。そこで思いきって、ここに登場させた次第である。ふたたび目をとおしてみると、これは、まさに、いまこそ読まれるべき価値のある一篇であると思われるのだが、読者はどう受け取るであろうか。

天皇制の言語学的考察

――ベルリン自由大学における講義ノートより

亀井孝《かめいたかし》（一橋大学教授・言語学）

一

第二次大戦後、急速な復興と予想もしない近代化をとげたことで、日本はいまや驚嘆のまとになっている。この近代化を単にアメリカ化という意味に解するならば、日本はたしかに極東のなかでは最高度に近代化をとげた国であるとも言えるであろう。ときに日本が「極西」であるとさえささやかれるのは、アメリカの世界政策から見て、日本が戦略的に途方もなく重要であるからにほかならない。要は、日本が共産主義に対する防波堤として、またアメリカ極西部として使えさえすればよかったのであって、それが帝国のままであり続けようが、共和国になろうが、アメリカにとってはどうでもよいことであった。このような状況の中で天皇制は生きのびた。

第二次大戦の終結にあたって、日本の戦争指導部は、無条件降伏をのまざるを得なかったにもかかわらず、かれらは天皇制を手放すまいとして、最後まで懸命に抵抗したのである。そして戦後は、天皇制に反対の態度をとるものは、誰でも容共的であると見なされた。無条件降伏をも生きのびた天皇制をささえるイデオロギーは、明治にはじまる近代的学校制度を通じて、日本人の中に深く滲透していたのであった。

天皇崇拝を若い世代の心情に植えつけることをねらって発表された、もっとも凝縮した文章は、明治二三年（一八九〇）に、すべての被教育者に向けて発せられた天皇訓話、すなわち教育勅語の中に見出される。

人民に対する天皇の支配は、国家管理のもと、見事に組織された教育体系を通じて貫徹されたのであるが、天皇制のレッテルである「天皇」ということばが、明治期においていかにつくり出されたかという言語学的な問いが、いまここでの問題である。

それは、一方では政治的観念に適切に照応し、それによって国民の意識をとらえることのできる語形の選択の問題であるとともに、語形は意識に見合うレッテルであるという意味において、同時に意味論の問題でもある。ここから、今日まで一度もふれられたことのない、言語学の枠内に引き込んだ明治維新、さらには政治の言語的魔術という、一つの新鮮なテーマが現われてくるのである。

天皇という語は、そのまま、一つの政治的象徴として、明治時代における歴史的現実の全文脈を解きあかしている。ここで注意すべきは、一千年にわたって古くから用い来られた、この語の意味変化を扱う言語史の問題ではなくして、共時意味論の問題だという点である。言語学のたちばから言えば、単語というものは、文脈に応じて常に多義的である。同じ政治的文脈の中でさえも多義的であるという、まさにこのことが、この「天皇」という語感の身上であり、辞書的記述をもってしては、とうてい手に負えないこの多義性を通じて、逆に、作り出された「天皇」の性格が解釈されるのである。言いかえれば、この多義性――あいまいさこそが、明治の考案になる倫理・政治原則の窮極の源泉としての絶対的存在となる。しかも近代日本において、天皇がそもそもカミと称されるのは、絶対的存在としてのキリスト教的神の概念からのそのままの類推によって、カミの概念が天皇イデオロギーの側から、剽窃的に転用されていることを見逃してはならない。天皇のこのような威厳にみちた全能性・絶対性は、明治になって新しく産出されたものであることは極めて明白であり、それは天皇イデオローグたちが、復古を正当化するために、その工房において腕をふるった苦心の細工であった。このような天皇観念の案出が、言語的にいかに達成され得たかを、言語学のたちばから解明しようという試みは、我々の関心を引かないではおかない。政治は、まとをはずさぬ正確な計算にもとづいて、単語のエネルギーを巧みに利用しつつ、ことばが社会におよぼす魔力を操作する。かくて天皇という語は、明治憲法発布にさき立つ一時期、類似の意味をもったさまざまな表現方法と激しくせりあうなかで生き残り、当時、この語の中にこめられた語感の印象は、おそらくまだ不安定で、後世からはとうてい思いもおよばないほど、みずみずしかったのである。明治維新の黎明期、すなわち憲法発布以前のほぼ二十年間に残された様々の資料から、天皇を指す表現をことごとくひろいあげても、ここではあまり意味がないので、試みに、次のような一群の語を例示しておきたい。

皇上　聖上　聖主　聖躬　至尊　主上

最初のコージョーは明治の初期、特に好んで用いられたけれども、大戦前にはすでに慣用ではなくなっていた。最後のシュジョー——古めかしい発音ではシュショーと言った——は通俗的な語感がつきまとうために、あまり立派には聞えなかったのであるが、これまたすたれた形であって、どこでも知られているわけではなかった。天皇について述べようとするならば、その威厳を表わすべく、比較を絶した敬称と、とびきり上等の文体を用いる必要があった。その意味では、いかなる語形であれ、天皇という存在を指すかぎり、無色の記号ではあり得ないのである。

だが他方では、天皇の威厳を、ありありと具体的に印象づけようとすればするほど、それについてまわる主観的ニュアンスが入りこまないよう、天皇の観念にふさわしく、けばけばしい飾り立てのない、無色の表現を追求するための努力があった。じじつ、憲法にはさまざまな試案が残っているが、初期には、「天皇」という語はまったくあらわれていないのである。たしかにこの語は古くからあって、明治の新鋳ではないとしても、大ざっぱに言って実在としての天皇は、この語形によっては称ばれなかったと、先まわりして述べておこう。

二

天皇をあらわす、それ以前の名称には、ヨーロッパにもひろく知られるようになったミカドがあったが、日本ではもうとっくに古めかしくなったように思われる。だがおもしろいのは、ヤマトコトバのミカドという形が、天皇をあらわすための、さまざまな漢語的表現をしりめに、ヨーロッパに伝わっていることである。ミカドのミは敬語の接頭辞、カドは門というぐあいに、全体としては本来婉曲表現である点を別にすれば、同時代に併存していた、天皇を指す他のあらゆる美称、婉曲表現の中では、唯一の飾り気のない形であった。これはすなわち、いろいろな仰々しい表現にくらべて、ミカドは当時では、もっとも民衆的であったことを物語っている。

ミカドに代る、より新しい形は漢語のダイリであり、これまた異国の資料にとどめられている。内裏は君主の宮殿を意味し、また宮廷をも意味するが、天皇の意味は、ダイリという語の外延には属していない。つまり直接、称号で呼ぶことが許されにくかったため、天皇という人物に対する略符になった。ともかく、ダイリはもともと場所の概念にすぎなかった。人はダイリにサマをつけて、間にあわせの擬人化を行った。民間ではこのダイリサマという形は、雛祭のときにかぎって通用している。ダイリの同義語でもあり、かしこまった形のキンリ（禁裏）もまた、さまざまな文献の中につきとめることができる。

天皇に対する敬愛の情を、とにかく語感として表わしている民衆的な表現はテンシサマであった。戦前、この語は、多少固苦しい感じのするテンノーヘイカよりも民間では好まれていた。一種親しみを覚えさせるこの語形は、もちろん、漢語ではないところの、純日本式敬称接尾辞サマがついているせいであろう。また「天子」という語形は、政治的支配者としての天皇以外に、神道儀式の聖なる主宰者というイメージをもっているために古めかしい感じがあり、戦後はすたれた形と見なされてはいるが、明治の初期、この語形はサマを取り去ったうえで、公式の資料に用いられていた。たとえば明治二年一月二三日付の、毛利、島津、鍋島、山内の四藩主が提出した、領地と人民の天皇への返還に関する文書は次のように述べている。

抑臣等居ル所ハ即チ天子ノ土、臣等牧スル所ハ即チ天子ノ民ナリ
（近代史料　五六ページ）

憲法起草にあたり、天皇の大権を適切に表現する苦心のなかで、いくつもの候補があらわれた。コクテイ（国帝）もそのような新鋳の一つであったが、まったく短命であって、遂に公文書には残らなかった。きっとわざとらしく、響きが耳ざわりだったせいであろう。「帝王」と「皇帝」もやはり同様の運命をたどった。いずれも漢文もしくは漢語的表現の中で使用されたという永い伝統があったから、公式的なニュアンスを持たせて用いようとすればできたかもしれない。このように草案にあれこれと手を加えているうちに、やっと、天皇という語形が登場したのである。

ここで、問題をさらに詳しく扱うために、「国帝」という表現にもどってみよう。この語の用例は、一八八一年五月にまとめられた、立志社の日本憲法見込案という草案に見出されるのであって、それは以下のようである。

国帝ハ行政事務ヲ親裁ス（第五十四条）

国帝ハ終身其ノ位ヲ保ツ事ヲ得（第七十六条）

立志社は当時、民主的理想を抱いて政府の政策に対立したことで知られており、このような背景から考えると、天皇をあらわすにあたって、既存の語形につきまとう、手あかのついたニュアンスを振り払うためには、新鋳の語によるほかはないと考えたもののようである。

三

「国＋帝」という、この複合語の専らなる選択が行われた跳躍台は、国語、国民、国体等々、「国―」という一連のはやりのことばを生み出したところの、当時の雰囲気の中に準備されていた。その一つ「国語」をとりあげてみよう。この語は、漢字一つ一つの意味にしたがえば「国家の言語」であるが、そうではなくて、二つの要素のつなぎ合わせとしてではなく、完全に融合した一単位としてはじめて、この語の意味をとらえることができる。日本人の意識の奥底には、日本語は国家の言語すなわちコクゴであるがゆえに――論理的には逆立ちしているのではあるが――コクゴとは要するに日本語のことにほかならないのだということが、自明のこととしてしみついている。ドイツの諸君には奇妙なことと思われるかもしれないが、日本人はコクゴということばを日々口にするとき、日本語は国家語であること、言い換えれば、諸々の国家語のうちの一つであることが忘れられていること、これは言語心理的にも、またかつて置かれていた国際状況から見ても、容易に理解できるところであろう。ちなみに、このメイド・イン・ジャパンの新語は、このようにもとをただせば中国から輸入された原料を用いて鋳込んだものであるが、その上で再び中国に逆輸出された無数の新語のわずか一例にすぎない。かくてコクゴは、中国においては中国語を、朝鮮においては朝鮮語をそれぞれ意味することになるのである。

ところで、国語という形の、最初の文献上の徴証は、どの時代のどの文献までさかのぼることができるのであろうか。このような探索が企てられたことは皆無であるので、私としては、やむを得ず、自分で用例を集めてみなければならない。そこで確認できたかぎりでは、江戸時代のほとんど最後、一八五五年に現われたところの、日本人読者にヒジカ（費西加＝physica）を紹介した著作に、次のようなくだりがある。

抑々西書理義最精細ニシテ。章句頗ル丁寧反覆セリ。而シテ余固ヨリ浅劣。文辞ニ嫺ハズ。コレヲ漢文ニ翻セバ。或ハ其義ヲ誤ラム。故ニ今国語ヲ以テコレヲ綴リ。務メテ了解シ易カラシム。（川本幸民『気海観瀾広義』凡例。傍点引用者）

これが明治以前にさかのぼる唯一の例であるとするならば、川本は、当時まだ耳なれないこの語形を、この場にかぎって、急場しのぎに紙の上にとどめたにちがいない。言語学者にとっては、ある語形が最初、誰によって創り出されたかをいつのばあいにもせんさくしなくてはならないという義理はないのだが、ただしその新鋳がたちまちのうちに蔓延するならば、よろこんで、その社会的起源を求めに出かけるであろう。このような意味で、問題はもともと、明治国家の誕生を背景に置いて解明されねばならない性質のものである。言うまでもなく、国民国家なくして国民語は存在しない。この意味で、「国語」はどう見ても、明治の新生児日本の所産にほかならない。言語社会学的状況における「国語」という語形の、本来の誕生は、あとで見るように、それ故、明治までさかのぼれば十分であって、それ以前の古い伝統とは関係がない。「国語」という語の先史はそこまででつきるのである。

ここで、アメリカ人ヘボンの記念碑的著作「和英語林集成」のことを述べておきたい。明治時代の語彙の研究に手がかりを得たいと思う者にとって、これは、もっともすぐれた辞典として利用できる。「国語」という見出し語は、初版、再版には現われず、一八八六年刊の第三版に、はじめて次のように見える。

Kokugo: The language of a country ; national language.

さらに項目を追って行くと、次のような三つの類義の見出し語に出会うが、その最後のものは、やはり第三版にだけ見られる。

Wago (Yamato kotoba) : Japanese language.
Yamatokotoba : Japanese language, court language.
Nihongo : Japanese language.

つぎに、ふたたびヘボンの辞典の第三版を開いて、付録につけられた英和の部にあたってみよう。おどろくなかれ Japanese language の訳語として示された日本語の表現は、ニホン語でもコクゴでもなく、ワゴである。和語というかたちは、実際にはすでに古めかしいものになっていたはずであるから、これは当時まだ、日本語を称ぶ名が確立していなかったことを示している。その上、この古めかしい「和語」も、また古来からのヤマトコトバも、純日本語の語彙を言うばあいに限って用いられていたものであって、全体としての日本語を指してはいない。

ちなみに、一八八九年のこと、当時の東京帝国大学文学部の日本文学科は、和文学科から国文学科へと改称された。ということは、日本文学科は設立当時においては、国文学科ではなく和文学科と称ばれていたのであった。ライプツィヒでブルークマンとオストホフについて学び、帰国後は東京帝国大学日本語講座の初代教授の地位についた上田万年は、明治政府の言語政策にあずかった最重要人物であったが、日清戦争中、かれが「昨日われわれは平壌を陥れ、今日また海洋島に戦ひ勝ちぬ」と、意気揚々のことばを連ねた「国語と国家と」と題する公開講演を行ったことは、この時代の雰囲気を物語るものとして象徴的である。もしこの題名をドイツ語に翻訳するならば、Nationalsprache und Staat（国民語と国家）となり、Staat und Nationalsprache（国家と国民語）と逆にならなかったのは、おそらく偶然でなかったであろう。国民の統合にとっての国民語の重要性こそが、かれの強調したいところだったのである。

東京帝国大学における「和文」から「国文」への改称とともに、「和―」の複合語においては、一斉に「国―」への移行が起った。だが「和文」というかたちは、一種の慣用として「―文―訳」たとえば和文英訳、英文和訳などの言いかたのなかにわずかに残された。

ヘボンの辞典が、ニホンゴという形をもまた登録していることは、とりもなおさずこの語が当時すでに存在していたことを証言している。しかし、この新しく造出されるべき言語慣用の、いまだ空席の王座をめぐって競いあったさまざまな形のうち、結局はコクゴの上に軍配があがったのである。

すでに戦前から、永年にわたる私の主張であったのだが、その機会にさえ恵まれるならば、言語学的日本学たるコクゴガクは、ニホンゴガク、あるいはニッポンゴガクに改称されるのが至当であろう。だが私の関心は用語のための用語談義にあるのではなく、国家主義のにおいに包まれたコクゴガクという称び方にこそ私の不快が向けられているのである。戦争中、圧倒的多数のコクゴ学者は、おしなべて狂信的な国家主義者と化し、日本語の研究とは、日本人にとって、自らの母語の学問にほかならないのであるから、言語学的日本学はかかる性格のゆえにコクゴガクでなければならないと宣言した。母語としての日本語こそがコクゴガクの対象にほかならないのであるから、どうしてもニッポンゴガクと称びたいのならば、ガイジンによる研究についてだけ言うがよかろう。日本語をニホンゴなどと、色を抜いて客観化する企ての如きは日本人の国民感情にもとるものであると。いずれにせよ、明治の中頃までは、ニホンゴという造語は、まだ融合しきった一語とも、慣用的な語形とも見なされていなかったのである。

コミュニケーションの具としての記号体系としての言語という点からすれば、今日では、コクゴもニホンゴも同義語である。しかしながら、コクゴという形はとにかく多義的である。狭義には、漢語に対するものとして、純正日本語、もしくは専ら古代日本語について言われ、また他方では、学校制度における教育科目の一つとしての母語の授業はコクゴと称された。このような含意はすべて、明治の文化と文化政策の反映以外の何物でもない。

四

コクゴという形のほかに、国民と国体という同巧の合成語があった。明治期には国民《ナチオン》としての人民《フォルク》を指す様々の語形があった。それぞれの語にどのような背景があり、前史があったかについてはふれないでおこう。大ざっぱに言って、二つの名詞を連ねて合成語を作るさいに、従属と並置という二種の型がある。後者は意味論の観点からすれば「及び」の関係をあらわす。「及び」の関係を、接続詞ぬきで無造作にくっつけた並置は、日本語にはめずらしくない（夜昼《ヨルヒル》、山川《ヤマカワ》、草木《クサキ》等々）。明治の初期、日本人全体を指すのに「士民」という表現が用いられたが、この並置法には、まだ封建制のにおいがまつわりついていた。すなわち支配層をあらわす「士」と、被支配層の「民」という、対立する二つの部分に分割できるからである。明治政府は、あの有名な天皇訓話「教育勅語」の中に現われた、「臣民」という形の方を好んで用いたけれども、「臣民」には官僚主義的ひびきが伴い、人民大衆を見くだすような語感があった。それに対して「国民」という言い方は、「士民」とか「臣民」とかの呼称とは異なり、並置法ではなく従属法によっているため、階層や階層の区別をあらわにしない点で無色である。本来ならここで、明治時代に「国民」と同じ文脈の中で用いられた「人民」の意味について述べるべきであるが、話をこみいらせないため、ふれないでおこう。

さらに「国家」と「国体」に注意を向けるならば、「国―」を用いた種々の合成語の網によって組みたてられた背景から、修飾語「国《コク》」＋「帝」からできた従属法による「国帝」という造語の重要性が浮き上ってくるであろう。それでは、何故に「国帝」という形が定着しなかったのかという点については、言語内的にも言語外的にも、なにがしかの原因を考えてみなければならないだろう。だが、天皇を称ぶのに「国帝」という形が提唱された事実は、天皇支配の歴史における一つの発展段階を示すものとして象徴的であると言えよう。

何か新しい語が、言語共同体の全体から、こだわりなくスムースにとり入れられるなどということはめったに起らないことであるが、また一面では、ことばというものは、はじめのうち、何かそぐわぬ感じがつきまとっていても、しばらくするうちに、当然のもののように受容されるようになるものである。いまいちど「国帝」という語の言語外的背景をとりあげてみるならば、この語は正統派天皇イデオローグの提唱によるものではなかった。この点ですでに、この語が、なおそのさきも用い続けられる見込はない。同時に、「国帝」という形そのものにひそむ、もう一つのマイナスの条件を指摘しておかねばならない。

「国帝」という名称が「国民」と対になることばであり続けるとすれば、天皇がその絶対的地位を維持しつづけることは困難になる。ことばを換えて言うならば、「国帝」という名称は、「国民」に対して、暗に天皇の相対化された地位を前提にしているのである。

五

さて、ここでいよいよ「天皇」という語形にむかう段となった。次の例は徳川末期から明治への転換期に登場したものである。

(1)日本国天皇告諸外国帝王及其臣人嚮者将軍徳川慶喜請帰政権也制允之　内外政事親裁之　乃曰従前条約雖用大君名称自今而後当換以天皇称而諸国交換之職専命有司等

各国公使諒知斯旨

慶応四年正月十日

(2)太政大臣　一員

天皇ヲ補翼シ庶政ヲ総判シ祭祀外交宣戦講和立約ノ権海陸軍ノ事ヲ統治ス

（太政官職制―明治四年七月二十九日）

当時の諸記録の中で、天皇がこの表現を以て称ばれている例はごく稀れであると言えば逆説的に聞えるかもしれない。では江戸時代に、君主はいったいどう称ばれていたかを示すため、たとえば「伊曾保物語」から、次のような一節を引くにとどめよう。

十七　いそほ諸国をめぐる事

去程にいそほはそれより諸国をめぐりあるきけるに、はひらうにやの国りくるすと申帝王これを愛し給ふ事かぎりなし。こく王のもてなし給ふうへは百官けいしやう〔卿相〕を始としてあやしのものにいたるまでもこれをもてなす事かぎりなし。その比のならひとして餘のくにの帝王より種々のふしん〔不審〕をかけあはせ給ふに、もしそのふしんをひらかせたまはねば其返報にほうろくを奉る。しかのみならずふしんをひらかせ給はぬていわうをばひとへにそのしんかのごとし。……然にはひらうにやのていわうへかけさせ給ふふしんひらかせ給はぬ事なし。是ひとへにいそほが才学とぞ見えける。又はひらうにやより餘の国へかけ給ふふしんはいそほがかけ給ふふしんなればひとつもひらかせ玉ふこくわうなし。……

「イソップ寓話集」の日本版であるこの著作は、文体の異いによって、ミカドのさまざまな類義語を提供してくれている。たとえば第十七節では、「帝王」は四回、「国王」は二度用いており、話のきり出しは「国王」という形にさきだって、まず「帝王」があらわれる。第十八節の総計五例は、まず「帝王」と「国王」が相次いであらわれた後に、「ミカド」が三度続くのである。第十九節の総計四例のうち、はじめの三度は「ミカド」で一貫しているが、最後はシュショー（主上）で終る。

文献にその例がないからその話は存在しなかったという論理で過去の歴史を説明してかかるならば、これは多くのばあい危険に陥りやすいのではあるが、これらの例から見ると、天皇という語形は、ミカド等々のような、他の同類の語が来るのと同じ環境の中で、独立の語としては用いられていないと言ってよいのではなかろうか。では、天皇という語は、普通どのように使われていたのだろうか。ただ、そのばあい、この語が奈良時代のように遠い昔、どのような用法をもっていたか、またその後の数世紀を通じて、その用法はいかに変化したかといったような、通時的な、言語史にかかわる考察は、当面、関係のないものとして、注意の外に置いておこう。そのかわりに、とにかく注目していただきたいのは次のような事実である。たとえば万葉集では、歌の前に添えられた題詞——漢文体の説明文——の中で、天皇は、一貫して「天皇」という語形で述べられている(たとえば、太政大臣藤原家之縣犬養命婦奉天皇歌一首—巻一九、四二三五)。

明治憲法の草案をさまざまに考案していた、前述の時代に、天皇という通用の形は、基本的には死後の称号に接尾辞として附ける用法に限定されていた。たとえば「孝明天皇」といったように、まとまった単位としてである。もっともこのような固定した用法だけが、唯一の可能なばあいであったというつもりはないのではあるが。

元老院が立案した最初の憲法草案の中では、天皇は皇帝という語形で表わされており、すでに前にふれておいたように、草案がくり返しくり返し手を加えられて最終案に煮つめられる過程で、天皇という形は、時とともにまったくおずおずと登場してきたのである。皇帝という語形の外的語史を古典にまでさかのぼって追求することは、ここでもまたさして重要ではない。やむを得ない場合には、伝統に従った古典的造語にもとづいて、皇帝という語形を選ぶこともできたとだけ指摘しておこう。これはもともと文体的に見て帝位にふさわしい表現として公式的に使用されていた。明治八年(一八七五)、ペテルブルクで樺太千島交換に関する日露の条約が調印されたが、その日本文では露帝も天皇も皇帝と称されている。

第一款　大日本国皇帝陛下ハ其後胤ニ至ル迄現今樺太島（即薩哈嗹島）ノ一部ヲ所領スルノ権理及君主ニ属スル一切ノ権理ヲ全魯西亜国皇帝陛下ニ譲リ「ラペルーズ」海峡ヲ以テ両国ノ境界トス

第二款　全魯西亜国皇帝陛下ハ第一款ニ記セル樺太島（即薩哈嗹島）ノ権理ヲ受シ代トシテ、其後胤ニ至ル迄現今所領ノ「クリル」群島、即チ第一「シュムシュ」島……第十八「ウルップ」島共計十八島ノ権理及ビ君主ニ属スル一切ノ権理ヲ大日本国皇帝陛下ニ譲リ而今而後「クリル」全島ハ日本帝国ニ属シ、東察加地方「ラパツカ」岬ト「シュムシュ」島ノ間ナル海峡ヲ以テ両国ノ境界トス

（「樺太千島交換条約」より抄出）

ちなみに条約の中では、両国のいずれも「帝国」と記されているのであって、第一款でロシアは「魯西亜帝国」、第二款で日本は「日本帝国」と表記されている。［田中による注記：条約の正本はフランス語で書かれているが、日本語訳文にも、フランス語原文にも、

ロシア帝国という語も日本帝国という語もなく、単に「全ロシア」(toutes Russies) および「日本の」(du Japon) 皇帝 (l'Empereur) となっている。著者亀井は、かれが問題としようとしているこの「皇帝」に引かれて、両国ともに「帝国」と誤まったものと想定される。条約には「帝国」なる語はなく、著者が問題にしたかったのは、「皇帝」という称号についてであるから、この二行は無視して読んでいただきたい。」注意すべきは、ツァーリは「皇帝」と表現されていることである。ツァーリであるかカイザーであるかにかかわりなく、外交文書の中で、一国の君主を称ぶできあいの語形として皇帝を用いることは、当時すでに慣用となっていたのである。ここから明らかなように、「皇帝」という表現は、この語が過去において用いられたところのディアクロニクな背景とは、本来いかなるつながりを持つことなく、新生日本天皇王国が、当時の国際状況に直面して、最高君主を表わすために、古くからある「皇帝」という中国語の表現を、その時やっとさがし出したという意味論の問題である。日本列島内では天皇の威厳が伝統的に承認されていたとしても、国際世界にむかって、その君主政体を鮮明に印象づけるためにも、またこの国が天皇王国であることを根拠づけるためにも、政府はその君主をあらわす象徴的な語を公式に用意せねばならなかった。なるほど天皇の家系というものはあるが、政府として公式に天皇を称ぶ官制の称号がまだなかったということは、とりもなおさず、天皇制なるものが、明治政府の新しい発案にすぎないことをあからさまに物語っている。「皇帝」の語形はともかく、意味からすれば、外国のツァーリとかカイザーに対応すべき新語であった。それが漢語であるために、大仰なわざとらしさはあるが、（ドイツ語の中で用いたラテン語からの借用語のばあいがそうであるように）威厳にみちた中国語の表現を利用しつつ、何とか新しい概念を盛り込もうという努力のたまものであった。

六

漢語は、意味の歴史、あるいは精神史のうえで興味ある現象を生み出したが、いまここに、その奇妙な一例を示しておこう。江戸時代の日本では、本来なら日常のことばで、素朴に、より適切に表現できるところのものを、ことさらに気取って言うために漢語が用いられた。そのため「ほれる」という意味をあらわすのに、漢語的に合成された「思想」が用いられた。ところがヨーロッパ思想、なかんずくドイツ哲学が日本にもたらされると、この「思想」は「考え」という概念を表わすのに転用された。「恋慕の情」と「思想」との意味論的隔りは途方もなく大きいけれども、やはり外形の一致によって混乱の起きるおそれは大いにある。江戸時代より明治へとうつる、精神の鏡としての言語的飛躍は極めて大きく、それを示すための例は、何百でも即座にあげることができるほどである。明治の開幕にあたって、支配層は、天皇が全能なることを、人民大衆にむかって、言語の面からも印象づけるためには、古来から慣れ親しまれてきた、天皇を称ぶ民間のさまざまな表現を根絶しなければならなかった。古風で荘重な感じのする「皇帝」という形は、実際には、ツァーリとかカイザーとかの新しい概念を、君主としての敬意をこめて示すための新しい記号となった。

要は、憲法の中で、天皇を何と書くべきかという点にあった。草案が練り直される過程で、ルドルフ・フォン・グナイスト、ロレンツ・フォン・シュタイン、アルベルト・モッセ、ヘルマン・レスラーのようなドイツ人もまたそれに参画した。天皇をめぐって最終案にたどりつくまでには激しい論争の一幕もあった。このような歴史的経過そのものが、新生日本における天皇観の展開史を形成している。この方面の研究において、言語学者もまた、ささやかなりとも、それなりの貢献をなすことができるのであり、またそのような立場からのぞむかぎり、明治の官僚は憲法の文案を練るなかで、明治の最初の十年ほどの間に、「皇帝」から「天皇」に乗り換えたという事実を見逃してはならない。重ねて言う。天皇をどう表現すべきか——これが憲法制定の前提だったのである。明治の官僚は、みずから手をかして育成した国家主義的傾向の増大を足がかりに、当時、民権論をかかげる民主主義を志向した進歩派の運動に対する弾圧をすすめる一方で、天皇の表現を「皇帝」から「天皇」へと切りかえて行ったことは、まことに注目にあたいする。まさにこのような雰囲気のなかで、天皇イデオローグは、日本の新しい絶対主義を強化するために、天皇という称号を利用したのである。それは、天皇を皇帝と称べば、ただちに不快を覚えるという状態にまで押しすすんでしまった。天皇をも「皇帝」と称んでしまっては、天皇独得の地位と、異国の君主とのその本質は差異が浮き出てこないからである。

すでに述べたように、「皇帝」という形は、もともと王冠をいただく国家元首としてのカイザーあるいはツァーリの訳語であった。国家主義者たちには、天皇の表象を示すものとしては、この名称はもはやしっくりしないように次第に思われてきていたが、かと言って、これならぴったりという称号もまだ見つかっていなかった。ところで、天皇イデオローグたちが飛びついた、この効果満点の「天皇」という語は、いったいどこからやってきたのであろうか。

よく知られているように、明治政府の元老院は、一八七六年より一八八〇年にかけて、三度にわたり憲法草案を書き改めた。第一、第二の草案までは、天皇は「皇帝」と記されていたが、第三の最終案において、「皇帝」はついに「天皇」に変えられたのである。

七

「きのふはけふの物語」はユーモアに富んだ短篇集として知られているが、以下に示すのはその第一話である。

むかし、天下をおさめたまふ人の御うちに、はうちやく〔傍若〕なるものともあつて、禁中へ参り、ちん〔陣〕にとらふといひて、やりの石つきをもつて、御もんをたたく。御つほねたち、出あひたまひて、是はこれ、たいりさまとて、下々のたやすく参る所てはないそ、いそき何かたへもまいれ、とおほせけれは、此家を、ちんにとらせぬといふ、りくつあらは、ていしゆまかり出て、きつとことはりを申せ、といふた。

この笑話集の冒頭がまず天皇の話ではじめられていること、また続く第二話に、いつも丁寧な語りくちで述べられる織田信長の逸話が続いていること、こうした順序は、おそらく偶然によるものではない。見すごしてならないのは、作者は、当時、民間ではまれな知識に属する天皇のことからまず話をはじめることによって、自らを当代の知識人として、読者に印象づける効果をねらっていることである。ところでこの第一話の意図するところは何であろうか。作者は、この無骨な男の図々しさをではなく、天皇が何者であるかを知らない、その無知を笑っているのである。おかしいのは、男が官女たちとのやりとりで、天皇のことを「亭主」と呼んでいるくだりであるが、男は天皇なるものを知らないのである。男は「ダイリサマ」が何であるのか、正しく理解できなかったし、またダイリがどういう意味なのか、男にはどうでもいいことだったのである。もしかして、シュミットとかマイヤーとかの固有名詞のたぐいであろうと思ったのかもしれない。男の関心はただ一つ、邸の持ち主である、ダイリとか言う御仁が謝まってくれさえすればよかったのである。

ここから、興味深い事実がつきとめられる。この物語は要するに、当時現実には、人民大衆の大多数には、天皇なる存在について、関心もなければ知識もなかったということを明らかにしているのである。

第一話よりも長い第二話では、織田信長は好んでだんごを食べたことが語られる。そのため、人よんで、このだんごを「上様だんご」と言ったところ、織田信長は大変腹をたてた。だが次のような話を聞くにおよんできげんをなおした。昔あるとき、ちまきを大変好んで食べる天皇がいた。そのためちまきは「内裏ちまき」と呼ばれた。この話から天皇の権威と人気にあやかりたいと思った、信長の気持を見てとることができる。

政治権力は、天皇の権威にあやかり、それを利用することに関心を抱きつづけてきた。

降伏直前の宮中で、外部の目から遮断して開かれたいわゆる御前会議において、予想される社会不安を最小限にとどめながら、日本人民に敗戦のことをどう伝えたらよいかということが熱心に論じられた。こうして、日本の歴史上はじめて、神であるとされてきた人物の肉声が日本人民の耳にとどけられたのであった。そしてこの放送は「玉音放送」と称された。

このばあいの「ギョク」は「玉座」の例に見るように、天皇にかかわる婉曲接頭辞であるが、興味深いことに、「ギョク」という形は、かつて封建制から明治への移行期に、いわば一種の隠語として用いられていたのである。近代日本史の研究者のあいだでは周知の知識であるが、権力闘争にあけくれる策謀家たちは、天皇のことをかげでは「ギョク」と称んでいたのである。有力な大名たちが、競ってヘゲモニーを手中におさめ、徳川将軍家を転覆してそれを政治的に解体する野望をすてたのちも、明治初期の派閥抗争が終結するまでは、この隠語はひきつづいて通用していたのである。天皇の性格は日本の歴史においては文字通り「ギョク」、すなわち宝石にほかならないのであって、それは否定さるべからざるものである。だが日本人民の悲劇の根源は、なおも息をふき返し、政府の基本原則として、やがては「極西」のネオ・インペリアリスムスに責任をとるはめになるかもしれない、復権された天皇制の危険の中に引き続いて温存されるであろう。

解説（寺岡正夫）

ここに訳出された一篇は、著者がベルリン自由大学招聘教授として、一九六七～六八年冬学期に、同大学日本学科の学生を対象に、ドイツ語で行った講義にもとづいている。著者が帰国後、それをまとめて Beobachtungen eines Philologen über die Tennoherrschaft ——Zum 100-jährigen Jubiläum der Meiji（一言語学者の見た天皇支配——明治百年を迎えるに際して）の表題のもとに、一橋大学欧文紀要に発表したこの講演は、二つの点で、注目される。西ドイツの大学で日本語、もしくは日本文学を講義するために招かれた日本人教師の多くが行うように、たとえばノーベル賞作家のよく知られた短篇などを訳読するのではなく、著者は直截に「天皇支配と日本語」の問題からはじめたということ、これが第一点である。第二に、この著者がものする一流のペダントリイで身がためした日本文の活字面には必ずしも素直にあらわれることのない、著者の素顔がのぞいている点である。訳者は、他の文章をおいても、まずこのような一篇をこそ日本の読者にあてて日本語で発表すべきであるとすすめたが、著者の返事は次のようであった。いわく本篇はがんらい、日本について極めて知識の乏しい外国人学生、つまりしろうと相手に話されたものであって、学術的な価値はほとんど無いと。

それから五年を経て、著者は「思いきり刈り込んだ」形で発表するのならばそれでもよかろうとの諒承を訳者に与えた。そこで「刈り込み」はじつに荒っぽく行われて、全訳稿のわずか三分の一以下がこのようなかたちで残ることになった。かくて、おそらく斧鉞《ふえつ》は枝葉のみならず幹にまでおよんでいるはずである。そのため、キリシタンと鎖国時代の言語文化的状況、日本の国家と言語的環境、在日朝鮮人の母国語教育の問題、日本人の宗教観、その西欧認識とアジア観、伝統的漢文教育が近代におよぼした影響等々について放たれた闊達なる談論は、すべて刈り取られてしまったのである。

このようにしてできあがった訳稿には、著者の承認を得る手続きはとらなかった。そのため論述に短絡などが感じられるとすれば、それは訳者のせいであると解されたい。

訳者が、このようなかなり寝覚めの悪い役柄をかってでも本篇を世に送りたいと考えたことには、もう一つの動機があった。訳者は、本篇の著者と、学問の領域においてふれあうところがあり、その領域はかりに呼べば「言語学」と称されるところのものである。日本の「言語学」者たちは、おおむねみずからの課題を発見することよりも、学問のショーウィンドウを目まぐるしく並べかえることの方に気をとられているらしく見える。

このような状況を背景にしてみれば、言語学者として、天皇制と日本国家語の問題をとりあげたことは異例であり、本篇の意味が、はなはだ大きなものであることはただちに理解されるであろう。だが、訳者は、あまりにも細部にわたる専門的論証の部分は思いきって切除したため、「言語学者」としての著者のかげは片隅に押しやられたうらみがある。
天皇制日本国家の中核的体制学問コクゴガク成立期への照射は、体制と学問の問題を考えるものに重要な示唆を与えるはずである。

（『中央公論』１９７４年8月特大号　中央公論）

第四章　モンゴルに向って

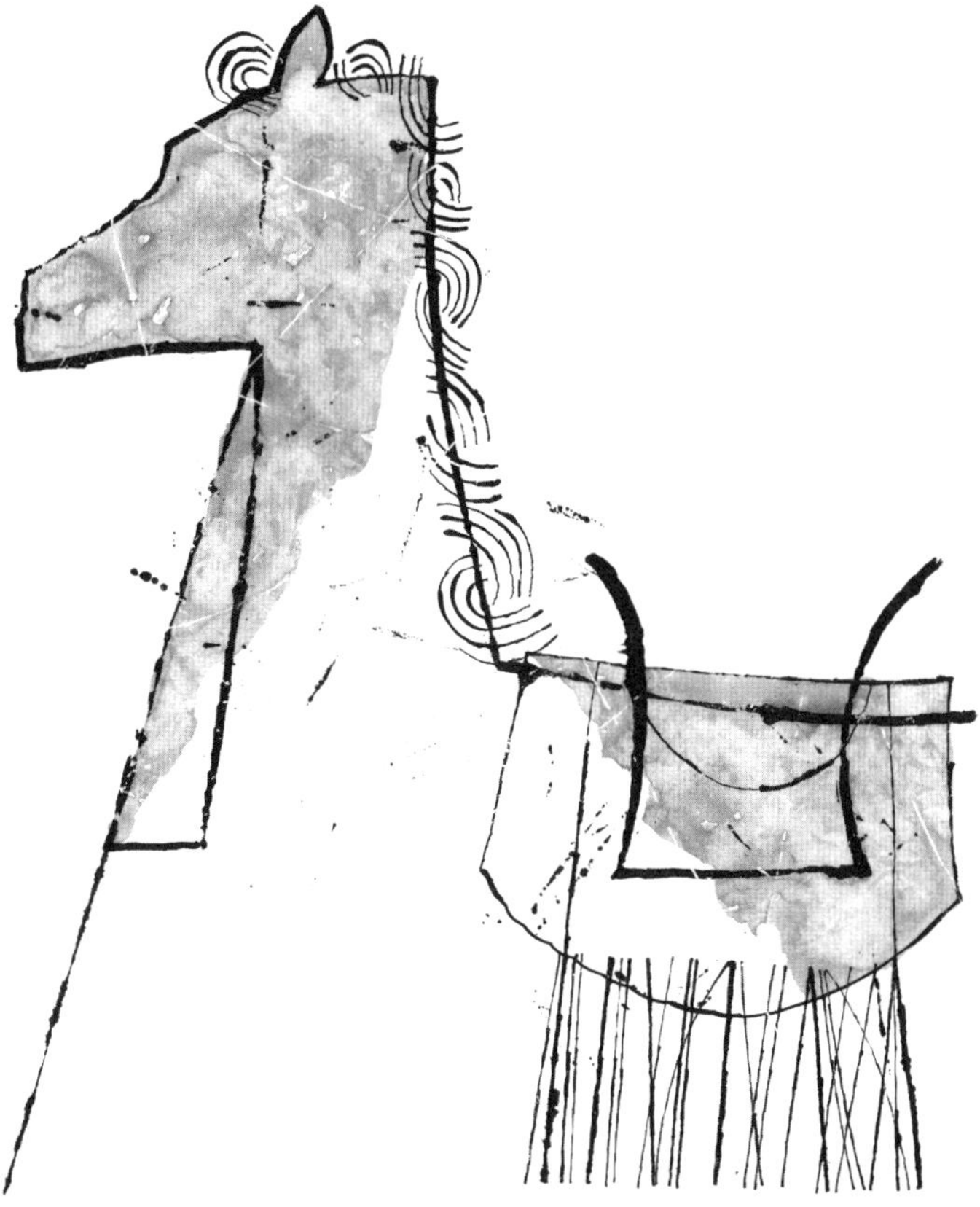

《読書ノート》

『トゥバ紀行』

（メンヒェン＝ヘルフェン著・田中克彦訳／岩波文庫）

今は情報化時代なのだそうだが、情報がひろまればひろまるほど、かえって情報がそこを避けて行くようなエアポケット、いわば情報の過疎地帯みたいなところが残る。トゥバ共和国とはまさにそういうところなのだ。

その重要性を手短に説明するために、かつて外モンゴルの一部、したがって清朝（中国）の一部であったところなのだが、今世紀はじめ、ロシアがちゃっかりと領有し、次いでソビエト時代には短命な独立国となり、遂にソ連が併合してしまったところというふうに言えば、もしかして北方領土のことを思いあわせて興味をもつ人もいるかもしれない。そんな国の独立時代にただ一人だけ入ることのできた外国人による、めずらしい記録であると。

一九三一年という古い昔の刊行にもかかわらず、極めて今日的な意味をもつこの本を、いつ、どのような形で出してやろうかと、この三十年来、私は機会をねらっていたのである。

トゥバは「今日」、チェチェンと並んで、ロシア中央の言うことをなかなか聞かない国として専門家の間では知られているから、私ははじめ、少しセンセーショナルな書名にして、けばけばしい単行本で出すことも考えていた。ところが編集者の発案で、それとはまったく逆に、これ以上地味にしようがないほど地味なかたちで出ることになった。

文庫本は、すでに評価の定まった学校図書館常備用の古典か、そうでなければ「親本」に従属した、安いだけがとり得の二番せんじかということになっている。ところが、本書はその題名も著者も全く知られていない、ほんものの「無名の書」である（著者の名は、「メンヒェン＝ヘルフェン」全体が姓であるから、きりはなして呼んではならない）。

したがって時節柄の書評家は、この本が文庫であるために、そのねうちにまったく気がつかず、どこかいなか町の小さな書店で、一冊だけ売れ残ったこの本を買った少年が、一念発心して、トゥバや中央アジアの研究にたちむかうといったような読まれかたをされることによって、この本が生命を得るといったようなシーンを、訳者としてはドラマチックに思い描いてみるのである。

日本人はトゥバを知らなくても、トゥバの知識人は、コーボー・アベだってオオエだってロシア語訳でよく読んで知っている。たいていは日本びいきで、モスクワに飛んでいる日本の飛行機はトゥバの真上を通っているから、磁石で吸い寄せて、ここに降りて行ってもらいたいものだなどと言っている人もある。

私はモンゴルや東シベリアの各地を訪ねてみたが、トゥバほど美しい公園をもっているところを他に知らない。イェニセイ河の水を引き込んだ美しい公園だ。夏はドイツ人の観光客であふれる。そのかれらも、このドイツ語の著作を知らないらしい。現代の情報化とはその程度のものだ。だからこそいっそう、私はいい場所でいい翻訳を出せたものだとひそかにいい気もちになっているのである。

（『週刊読書人』1996年8月2日　読書人）

原題「情報過疎地の無名の書の訳出『トゥバ紀行』」

《新聞連載コラム》

私空間

トルコの鞍

六月末のある日、講演を終えて帰る途中、異様な頭痛と吐き気に襲われて病院に運び込まれた。私自身は気づかなかったのだが、右目のまぶたが下がったまま開かないことに医師たちは注目した。下垂体に腫瘍《しゅよう》があり、その出血を伴って目の神経を圧迫していると医師たちは推定した。すぐに取り除かないと目がだめになりますよと言われたが、私は手術に抵抗した。しかし多数の写真を使って説明されると、今度は納得しただけでなく、手術の日が待ち遠しくさえ感じられた。

写真に写った下垂体は、それを下から受けている凹型の骨におさまっているのだが、腫瘍はこの骨の側壁を破って隣接部分を圧迫している。腫瘍がもしも上に向かって順調に成長していたら、脳底を直撃して完全に失明しただろうという。ぞっとするような話だ。

自らはぎせいになって私を救ってくれたこの骨は「トルコの鞍《くら》」と名づけられている。トルコ式の鞍は他の民族のとどうちがうのだろうかなどと考えながら手術を待つ日々、私の夢の中にはピンクの馬が多数現れて乱舞した。それぞれの背には、輝く金の鞍が置かれていた。

手術室から運び出されるとき、私はおだやかな表情で眠っていたそうだ。ピンクの馬を見続けていたのだろう。二人の執刀医から、手術はうまくいったと知らされて、私は感動した。

十日後に私は思い出深い都立F病院に別れを告げて坂を下り、まっすぐ研究室に向かうと、アルタイ諸語の鞍の名称リストを作った。一カ月ほどして、トルコ人の先祖もいた、ブリヤートに旅立った。道連れは、心の中の馬の鞍だった。

（朝日新聞　1997年10月13日）

水没した村

バイカル湖西岸に発するアンガラ河流域はブリヤート・モンゴル人の神話や英雄伝説を最も濃厚に伝える、民族文化の拠点だった。一九二三年、ブリヤート共和国が成立した当時、この一帯はその重要な一部であったが、三七年九月、突然共和国から切り離されてロシア直属とされた。同時に、この決定に反対しそうな政治家と知識人が逮捕されて、根こそぎ殺された。

八月の旅の目的は、今は「ウスチオルダ・ブリヤート自治管区」と呼ばれるこの地を訪ね、神話の語り手たちをしのぶことだった。手はじめは、四三年まで生きていたピョーホン・ペトロフの村だった。村は「海」と呼ばれる大きな湖にのぞんでいて、私の歓迎会は、その岸辺の草原で行われた。ピョーホンの語りを聞いて育ったという後継者は大変な物知りで、なるほど、語り手は民族生活の生き字引でもあるんだなと感心した。

「ところで……」と私はたずねた。「ピョーホンはどこに住んでいたのでしょうか」と。語り手は海の沖を指して、島のように見えるあの辺だと答えた。私はうかつにも知らなかった。この一帯のブリヤート村は、ソ連自慢のブラーツク発電所のダムのために水没したことを。それがどれほどの悲惨を伴ったかは、少し下流のロシア村出身のラスプーチンが『マチョーラとの別れ』(安岡治子訳　群像社)で克明に描き出している。

神話は紙の上にではなく、民族空間の樹や岩に刻まれている。それを一瞬にして無にするのは民族的ジェノサイドだ。私は二風谷ダムがアイヌの聖地である意味を初めて理解し、アイヌが「湖底で行った儀礼」のことを彼らに伝えた。

(朝日新聞　1997年10月14日)

神話の語り手

ブリヤート神話の語り手で最もよく知られているのはマンシュート・エメゲーエフだ。ジェレミア・カーチンという物好きなアメリカ人が、一九〇〇年にかれから聞きとった話を英訳で収めた『南シベリア紀行』が一九〇九年に刊行されたからだ。

それ「そこに収められた神話の部分」を翻訳したのは世界で日本だけだ。しかも一九一四、四一年と二度も異なる翻訳が出ている。とりわけ二回目のは『蒙古神話』と題する単行本だったから広く世の注目を浴びた。

石田英一郎『河童《かっぱ》駒引考』、大林太良『日本神話の起源』などが、日本とブリヤートの神話の間に、天孫降臨をはじめ、モチーフの著しい一致を指摘しているのは、みなこのカーチン版にもとづいている。

一九〇六年になって、ブリヤート人の大学者ジャムツァラノーが、同じマンシュートの語りを学問的な音声表記で書きとった。四〇年ごろ、様々な語り手からの熱心な採録が始まったのは、ロシア化による絶滅の危機が感じられたからであろう。語り手には厳密さが求められた。ある一節をはしょると、「切り株の上に馬の鞭《むち》を置き忘れているぞ！」と天の一角から神の声がかかったという。

ここにマンシュートが住んでいましたよと案内された場所は草ぼうぼうで荒れ果てていた。いい牧草地だったのに、ソ連時代に畑として掘り返されたまま放置されたからだという。カーチンは一九〇六年に亡くなり、マンシュートは三年おくれて極貧の中に世を去った。三十年前、この神話の原型復元を企てた私に、次々とテキストを送ってくれたこの道の大家ウラーノフさんは、まだ元気な九〇歳だ。急がねば。

(朝日新聞　1997年10月15日)

二匹の出迎え

手術室に入るとき、私はこのままもどって来ないことも予想した。だが不安はなかった。執刀医を心から信じ、ひたすらその作業の成功を祈った。

思い描いたあの世への入り口は暗い森になっていて、二匹の動物が私を出迎えた。一匹は古じゅうたんの切れっぱしのような猫で、毎朝研究室の前で私を待っていたあいつだ。私は人目をさけて[廊下から外に出て]、桜の木のかげにさそい、そこでえさを与えていた。

初雪の降ったある寒い朝、研究室の前に積んであった段ボールの中から、ひよこがさえずるような音がした。開けてみると、生まれたばかりの子猫たちだった。きっと先生の子だよ、と学生たちは面白がった。

私が長い旅行から帰ってきたとき、掃除のおばさんが待ちかまえていたように告げた。先生の猫は血を吐いて死んでいたんですよ、教室で。桜の木の下に埋めてやりました。

猫と並んで出迎えたもう一匹はヒキガエルだった。ある夜、廊下を出た外の便所に入った。和式便器のくぼんだ部分に、黒々とした大きなうんこのかたまりが立ちはだかり、いくら水を流しても動かない。

だれだ、こんなにでかくて固いのを流さないで行ったやつはと一人ごち、外から枯れ枝を拾ってきて、つつき砕こうとした。しかし何か変だぞとのぞき込んだところ、それは生きたヒキガエルであることがわかった。

私はその冷たくて重い大きなからだをつかんで、草むらにそっと置いてから言いきかせた。もうあんなところに行くんじゃないぞ。

あの二匹にはたしかに出迎えてもらう資格が、私にはあると思っている。

（朝日新聞　1997年10月16日）

コトバ学の手ほどき

『ことばの権力　規範主義と標準語についての研究』（ミルロイ著・青木克憲訳／南雲堂）

英語にかぎらず、一般に外国語の教師にとって避けられないゆううつの種は、そのしごとが、規範すなわち命令的知識を一方的に与えるものであるというところにある。他の教科であれば、なぜものごとはそのようになっているのかという問いに、理にかなった答えが出せるのだが、外国語については、そういうことがほとんどできない。こうした教科が若い創造的な心性に心から迎えられることはめったにない。おまけに、母語でない言語を教えるとなると、自信をもって言えることはほとんどなく、いつも薄氷の上を歩むがごとくである。different to, ~ from, ~ than のいずれが正しいかなどと、絶え間なく自問せねばならない。このように外国語の教師は、「正しさ」という強迫観念にいつも脅かされている。ところが、こうした正しさは、理にもとづくのではなく、いわば政治的に外からきめられたものであることを示すのが、本書の目的の一つである。

本書は、一七世紀後期から一八世紀にかけて、イギリスの上流社会では、you were よりも、you was のほうが好んで用いられたこと、また方言によっては、you の複数形として yous が用いられていることなどを述べ、ある点で合理的な発展の方向をねじ曲げたのは規範文法であることを示している。このように、規範としての言語を相対化してみることが、ことばの学を科学へと作りかえる第一歩であった。こうした考え方や事実にふれて、規範の強迫観念から解放されれば、外国語教育もより伸びやかになり、いくぶん創造的な気分になれるかもしれない。本書からはまた、社会言語学の成果を「生きた知識」として学ぶこともできる。

『歴史的仮名遣い　その成果と特徴』（築島　裕著／中公新書）

英語教育の専門誌に、なぜ日本語の話をといぶかる読者もあるかもしれないが、やはり、当然のこととして受け入れられている規範を相対化して見る必要性は、母語を通して、より強く実感されると思われるからである。

今日、作家、文化人の中には、旧漢字と歴史的仮名遣いを復活させよと主張している人がいる。それでは、その主張をしている御本人が、いまでは「こう」と同じ一つのふりがなをつけてすんでいる「高」「甲」「広」「叩」「劫」に対して、それぞれを歴史的に「かう」「かふ」「くわう」「こう」「こふ」などと区別してかなをふれるであろうか。

本書が教えているのは次のようなことである。歴史的仮名遣いは、それほど一貫した一枚岩のようなものではなく、まず中世には、藤原定家の権威によってひろめられた「定家仮名遣い」があり、江戸時代には契沖が、古文献にもとづいてそれを批判して改訂した仮名遣いが現れ、さらに国学者たちが補訂しながらひろめた。明治新政府は全面的にそれを採用して義務教育に課し、敗戦直後の昭和二一年まで続いた。その後は、ありがたいことに、迷わずに「ゆえ（故）」と書いていいことになったが、定家では「ゆへ」、「歴史的」では「ゆゑ」であるから、大変なことだ。「歴史的」が「世間一般に定着するまでには明治初期の政府の施策から以後、三、四十年を要した」という。作られたむだな正しさのためにどれだけのこどももおとなも泣いただろう。本書は具体的な文献に沿った日本語の研究史であり、そこにいかに膨大な蓄積があるかは、英語教育にたずさわる人も知っておいたほうがよい。

『声の文化と文字の文化』（W−J・オング著・桜井直文・林正寛・糟谷啓介訳／藤原書店）

言語の全史の中で、文字が登場したのは最後の数ページくらいでしかないのに、現代の我々は、ことばははじめから文字で書かれており、音は文字から出てくると考えるくらいに、言語の本来の姿を想像しにくくなってしまっている。ソシュールにしてその『講義』

をはじめるにあたっては、文字が与える「幻惑」について述べ、それを取り去ることなしに言語の本体には迫れないと説かねばならなかった。

ことばは文字を帯びることによって、想像を絶するくらいにその性質を変えたことを、著者は深い学識と鋭い洞察力によって示している。ことばがまだ声を伴っていた時代、プラトンは「書くことは…機械的で非人間的であり、精神を弱めるものだ」と指摘していた。全体の吟唱に一カ月を要する長篇の叙事詩の伝承者に、アルファベットを教えたとたんにすっかり忘れてしまったという報告もある。文字は言語作品の構造と性格を変えてしまっただけでなく、人間の精神生活をも変えてしまったことを本書は気づかせてくれる。

もちろん、文字の力こそが「コンテクストをもたない言語」を可能にし、その基礎の上に近代の科学も技術も、人間の解放も可能になったのであるが、他方ではやはり、プラトンが指摘しているように、文字は「ほんとうは何も知らないでいながら、見かけだけはひじょうな博識家であると思われる」ような人間を作り出した（『パイドロス』）ことはたしかである。今日、私たちのもとに押し寄せているさまざまなモダンな思想を、本書のような観点からとらえなおしてみるのもいいだろう。

（『現代英語教育』1998年8月　研究社）

原題「コトバ学の手ほどき　言葉の森に分け入る英語教師の語」

黎明期の近代日本をうつす鏡

今日の日本の繁栄を築いてきたものは何か？　と問われれば、私はためらいなく答えよう。それはほかでもない、知りたがり精神、好奇心であったと。言いかえれば、情報に対する飽くなき渇望であった。

たいせつなことは、そうした欲望が、一部だけのエリート層、知識層だけでなく、ごくありきたりの人たちのものでもあったということだ。この人たちの欲望を刺激し、参加させ、満たしたのは、かなもじで読める新聞であった。まさに日本民族の最も日本人らしい庶民を、新聞人間に育てるという、この課題を果したのが、ここに復刊される『仮名読新《かなよみしん》聞《ぶん》』であった。

この『仮名読新聞』こそは、黎明期の近代日本の人情、風俗、思想、言語意識をうつし出す鏡であり、百科辞典であった。

『仮名読新聞』にそのような意味があることに、早くから着目し、その系統的な調査、研究、分析を行ってきたのが、私のゼミナールで学んだ土屋礼子さんであった。彼女は、日本の文化史、風俗史、文芸史についての該博な知識を身につけた上、社会言語学とマスコミ理論の分析手法を用いいつつ、『仮名読新聞』の復刊を企ててきたのである。

この作業を、マスコミ史研究の側面から、周到、適切に導いて来られたのが、敬愛する山本武利教授であったことを、私としても大きな喜びとしたいのである。

このたび、明石書店がその趣旨を理解し、賛同し、この好企画を世に出すという。まことにめでたい壮挙と言うべきではなかろうか。

私は、以上述べたような本書の価値が、十分に理解され、有効に、かつ、ひろく利用されることを願うものである。

（「復刻 仮名読新聞」パンフレット 1992年 明石書店）

意識の底までもぐり込む新聞のことば

新聞の地位が変わった

たぶんイギリス人だったと思うが、一九世紀の文筆家で、「新聞のようなくだらないものを読んで、人生の貴重な時間をむだに過ごすべきではない」と警告しているのを読んだことがある。学生であったころの私が、朝早くの精気ある時間は、新聞を手にとるのをつつしみ、より力のいる外国語の書物からとりかかるようにしていたのは、いくぶんかはこの警告の影響を受けていたかもしれない。

ところが最近では、ニュースはすべてテレビですませ、新聞はまったく読まないという学生も増えているようだから、新聞はすでに努力を要する読み物の部類に入りつつあるらしい。くだんのイギリスの文筆家が聞けば、さだめしおどろくだろうが、新聞のコラムの文章が、今や大学の入試に、すなわち模範的な文例として出題されるという時代であるから、日本の言語文化の中では新聞は指導的な地位を占めるに至ったと言えるのだろう。

しかし、世界のどこでも、新聞のありかたが日本と同様であるわけではないということを、三十数年前、はじめてドイツに留学したときに知った。そのころ私は、大学のあるボンの町からはずれた、へんぴな村に住んでいたのだが、そこでは、日本で見るような、全国規模の日刊紙を読んでいるような人はほとんど居なかった。新聞を配達してもらって、定期購読をするという習慣じたいがあまりひろまっていなかった。みんなその土地土地の小さな地元の新聞で満足していた。堂々たる権威ある高級紙は、書店あるいは郵便局の窓口に行って申し込み、郵便で配達してもらうのであった。

当時テレビはまだ普及していなかったので、私が、ドイツ語の勉強のためには、まず新聞を読むことだと考えたのは当然のことで、それも知識人の新聞がよかろうと、分厚いフランクフルター・アルゲマイネを買ってきた。しかしとても歯のたつしろものではなかった。

一般に外国語で新聞を読むことは、専門の学術論文を読むのに比べて、数倍、いな十倍以上もの難業である。そういうことを考えると今、日本に来ている留学生の一体どのくらいが、日本の新聞に親しんでいるのだろうかと思う。とりわけ非漢字国からの留学生で、新聞読みをものにして帰国する人は大変少ないのではないだろうか。

私がアルゲマイネをかかえて研究室に入ろうとしているところを目ざとく見つけたのは、私を留学生として招いてくれた「ハイシヒ」教授だった。かれは「田中さん、ゆめゆめそんな新聞は買わないように。ほら駅前のスタンドに置いてある〝女が子どもをせっかんして、壁に投げつけてころした！〟などと大きな見出しの、色刷りの、ああいうのからはじめるんだよ」と注意した。今考えてみると、まことに適切な助言だった。そうした新聞はどんどん読めたので、おかげでドイツ語を読む恐怖心がうすらいだのである。

ドイツの新聞の大衆紙と高級紙とは、まるで別のことばで書いてあると思われるくらい、語彙《い》や文体の落差が大きい。日本の新聞であれば、かたい内容のものでも落ちついて読めば、大ていの読者にわかるようになっている。しかしその反面、文章を読めば、これは何々新聞らしいとわかるような個性にとぼしい。日本の新聞の文章には個性が出ないようにという強い抑制がはたらいているのが感じられる。

その後私は、苦労のすえ身につけた、ドイツ語の新聞を読むという習慣を失わないようにと、多くの時間を新聞読みに捧げた。特に気に入ったスイスのノイエ・ツュリヒャー・ツァイトゥングは、ていねいに切り抜きを作って読んだ。ヨーロッパの言語問題の多くを、私はこの新聞から学んだのである。くだんのイギリスの作家のことばが時折脳裏をかすめるのだが、しかし今では、研究している国の新聞の読めない人は研究者ではないと思うようになっている。

こおりついていたことばが動き出す

それから二十年ほどののち、新聞の内容だけでなく、それを伝えることばそのものが、ほとんど一瞬のうちに変わってしまうという、稀有《けう》な時代を経験することになった。ソ連およびその従属国で起きた、ペレストロイカに伴う新聞の一大変身である。

ソビエト時代、ソ連で新聞を買うのは読むためではなく、野菜や果物を包んだり、たばこを巻くためだと言われていた。この最後の利用法についてはちょっと説明がいる。新聞の小さな切れはじを片手に持って、その上に刻みたばこを乗せる。くるくると巻いて、はじにつばをつけるとできあがりだ。それは、白い紙で、機械で巻いたのよりはずっと本源的で純粋なのみ方のように思える。

新聞は読む前から、何が書いてあるかわかっており、文章まであらかじめわかってしまうのだから、読む必要は全くない。

このような新聞のあり方を皮肉って、ソ連から亡命したモンゴル学者、ニコライ・ポッペは、ソビエト・ファンだった学生の私をつかまえて、「プラウダ（真実）にはイズベスチヤ（ニュース）がなく、イズベスチヤにはプラウダがない」としゃれを言ったが、これはソ連ではだれもが知っている、ありふれた言いぐさだったらしい。

私は職業がら、プラウダ（真実）よりも、さらに真実度のうすいモンゴルの新聞ウネン

(真実)をいやでも読まねばならなかった。何たる不幸! モンゴル語は近代文章語として成立してからこのかた数十年間、一度も真実を述べるために使われたことがないのではないかとさえ思われた。こうした言語にならされた人びとの精神はどうなるのだろうかと思い続けていたところ、一九八九年の秋になって思いもかけない激動の時代がはじまったのである。

当時ウランバートルに滞在していた私は、はじめて結成された野党「民主党」が方々で集会を開き、そこではじめての機関紙『アラドチラル』(民主化)をひろめているのを見た。そこには、地下資源の開発によって生じた河川の汚染、ソ連との密約によってただ同然で国境外に持ち去られた金やウランのこと、さらに、三十年代、四十年代に粛清された数万にのぼるぎせい者のことなどが、休みなく書き続けられた。

やがて、政府、党、労働組合などの新聞が一斉にその波に乗り、あの人口二百万ほどの小さな国で数十種類の新聞が現れた。これらの新聞を前にして、私にははっきりとした、一つの自覚が生まれた。今この言語は、歴史上かつてない飛躍の時期を迎えているのだという。長い間こおりついていたことばが動き出し、おそれることなく心の中を語りはじめたのである。このような時期に出くわす幸運は、めったに得られるものではない、この時間をとり逃してはならじと考え、思いきってこの一、二年は、新聞読みに捧げようと、悲痛な決心をしたのだった。

そうした新聞読みの結果生まれたのが『モンゴル——民族と自由』（岩波書店、同時代ライブラリー、一九九二年）である。あと書きにはこう書いた。「モンゴルにペレストロイカの波が巻き起ってからというもの、私は押し寄せてくる新聞の洪水に首まで浸され、すんでのところでおぼれ死にそうなぐあいになった……突然前ぶれなくやってきて、私の研究室のドアを開く人は、新聞紙の谷間にうずくまって茫然としている私の姿を見出したにちがいない」と。私は当時、今よりは若かったから、目はまだ、あの粗悪な紙に印刷された、インクのうすい小さな活字に耐えることができたのだった。

感性や美意識の全域にまで及ぶ奴隷化

私は刻々と新しいできごとを報じるのを任とするジャーナリストではないから、新聞読みの本当の関心は別のところにあった。それは、自由がいかにことばを変えるかということだった。もちろん、社会的な激変が生じたからといって文法が変わるわけではない。だから正統の言語学は、こうした激変を激変と認めないのであるが、ことばが社会生活や人びとの心にかかわる点に注目してきた人びとは、そうした激変期を見逃さず、すぐれた観察を残している。

その一つは、フランス革命がいかにことばを変えたかを述べた、ポール・ラファルグの『革命前後のフランス語』（一八九四年）――スターリンは、革命はことばを変えないと述べ、ラファルグのこの著作の名を否定的にあげている――であり、もう一つは、ロシア革命に続く数年間、どんなロシア語が語られていたかを、レーニンや組織の機関紙のことばを冷徹に分析したセリシチェフの『革命期の言語』（一九二八年）である。ともすれば気の滅入ってしまう、新聞読みにあけくれる日々、私を支えてくれたのは、これらの著作であった。

さて、ソビエト体制の崩壊が、言語にいかなる激変をもたらしたかについて、ここではくわしくは述べない。いくつかの点だけにとどめよう。語彙について言うと、単に新語が生まれただけでなく、それまでは禁じられていた古い語彙の復活である。仏教的な雰囲気をかもしだしたり、ソビエティズムに反する語彙がそれである。ソビエト当局は、モンゴル語が苦労の末自前で作り出した近代語彙を、国際主義に反するというので、ソビエト語彙で置きかえさせたのだった。新聞はソビエト式紋切り型の政治文体で塗りつぶされた。これらの特質は、決して数量化したり統計によって伝えることのできない質的なものであって、それを伝える有効な方法というものはまだ発明されていない。

言語の上で生じたソビエト化は、もちろんロシア語を材料にして、より効果的、典型的に研究できるだろう。しかし、それが、支配を受けた劣勢民族の言語に現れたとき、よりいたましい植民地的現象を呈するものだ。

ソビエティズムによる言語表現の規格化は、それが明らかに外国語のモデルを通じて行われているということがわかっている間はそれほど危険ではない。外来語を使うことへの嫌悪と反発の感覚は、どの言語の（話し手の）もとにもあって、それは言語を通じての精神的な植民地化――今日の日本では、「国際化」とも言われる――への健全な反応となって現れる。

しかしより注意ぶかく意識しなければならないのは、自らの言語そのものの中から生じ、感性や美意識の全域にまで及んでくる一種の奴隷化である。そのことはすでに、ジョージ・オーウェルが『一九八四年』の中で予言的に示したところのものである。この著作の中で、ある社会は「好ましくない単語を除去する」ことによって、「思考の範囲を拡大するのではなく、むしろ縮小する」ことができるとオーウェルは指摘している。また「コミンテルンということばはあまり考えもなしに発音できるが、『共産主義インターナショナル』になると、少なくとも瞬間的に考え込まないわけにいかない」と述べている。この略語の問題は、後にビクトル・クレンペラーが『第三帝国の言語』（一九四七年）において、苦い体験を通して論じた問題であった。

ナチズムやミリタリズムのように、短い間に強烈な言語表現を発明し、そのことばを用いる人びとの思考を限定し、意識を誘導していった、あのぎらぎらとだれの目にも見えたことばの時代は過ぎ去った。しかしもっとおだやかな形で、おだやかに私たちを内部からとりおさえていくことばの力は、これからのほうがもっと強力になるだろう。そしてそのときに発揮する新聞のことばの威力ははるかに重いものだろう。

新聞はもはや、くだんのイギリス人が述べたように、かかわりを持たないですませられるものではなくなった。それは圧倒的多数者にことばを与え、今で言う、はやりの「知」によって意識の底にまでもぐり込んでいくだろう。

「認識」を自らのことばとした新聞

といって、日本の新聞がみずから率先してことばを作りだすということはない。全体として言えば、新聞のことばは、基本的には引用である。「報道」という作業そのものが、引用に基づいているからだ。もしそうでなければ、社会は越権行為だと言って新聞を非難するかもしれない。そして全国紙は相互の越権行為が目立って現れないようにたがいに監視しあっている機構かもしれない。どんなに特ダネや固有のニュースを報じても、それが「報ずる」という作業であるかぎりにおいて、基本的には「引用」を出ることはむずかしい。

情報や知識と言われるものが、引用性から成りたっていることをだれしも否定しないし、その引用性にこそ有用さがあるとさえ言えよう。しかし、新聞の地の文が、その引用性におかされてしまったとき、新聞は単に質の低い文体、いわゆる「新聞なみの文章」を提供するにとどまらず、それをはるかにこえた効力を及ぼすであろう。

私はしばらく前から、政治家が「……このように認識しておる次第であります」などと国会で答弁するようになったことに気づいている。最初にそれを聞いたのは竹下登元総理大臣の口からであったように思う。それまでは政治家はたぶん、「……と考えています」とか「……と理解しております」と言ったであろう。竹下さんと「認識」とは、私にはいかにも意外なとりあわせだったので意識にとまったのである。

「認識」とは私たちの世代にとっては、「認識論（エピステモロジー）」のように、哲学的な文脈の中で使われることばであった。それがどのようにして、政治家の親しむ常とう表現になったかは、研究にあたいするできごとである。また竹下さん、並びにそれに続く政治家たちが、この語の術語的価値を並みにして大衆化したのは、今日のように「知」の隆盛の時代にふさわしいできごとであったのかもしれない。そこまでは政治家の問題であって、新聞の問題ではない。

私が問題だと思うのは、新聞がそれを引用としてではなく、自分のことばとして、地の文に使うようになってしまったことである。たとえば最近、小渕恵三さんについてのイメージに変化が起きつつあることを伝えた新聞はこう書いた。

――数はさほど多くないが、欧米メディアは「冷めたピザ」の認識を次第に修正しつつある（一九九九年二月一日付朝日新聞。傍点は田中）。

この場合の「認識」は、今もし、このように傍点をつければ、なかなか皮肉が利いていておもしろいが、記者本人は笑うどころではなく、まじめに書いているのだ。しかし次の文では、もう新聞用語としても定着してしまったことがありありとわかる。

――中国の陳健駐日大使は……朝鮮民主主義人民共和国（北朝鮮）の問題を外交努力で解決することが日中間の関係発展にもつながるとの認識を示した（同年二月二日付朝日新聞。傍点は田中）。

新聞は「認識」を単に引用しただけでなく、次にはそれを自分のことばとして用いるに至った。やがてはふつうの日常語として、国民の中にひろく定着していくだろう。結果からみれば、一人の政治家が発したことばを、新聞はもはや引用としてでなく、地のことばとして、数百万の読者にとどけたことになる。新聞の文章の危険な決定的な一歩は、単なるおうむがえしの引用が、みずからのことばに、意識せずして転化したときである。

（『新聞研究』１９９９年３月 No.５７２ 日本新聞協会）

《読書ノート》

『脳外科の話』

（神保 実著／ちくま新書）

病気の本を読む動機は、ふつう、自身に疑われている病気の症状、原因、対策などを知るためであるから、読まれ方は切実であっても、目的は局限されていて自己中心的、いわゆる知的読書とは異なるものである。

とすれば、そうした、いわば実用本を書く仕事が、創造的な医師や専門家の意欲をそそるはずがない。ところがここに、実用をこえて、手術をほどこす医師自身の心のうちをも述べた、まことに興味ぶかい病気本が現われた。

今からちょうど二年前の今頃、私は講演を終えた後、異様な頭痛と吐き気におそわれた。とにかく、満員電車に耐え、苦痛をおさえて家にたどりついた後、知人の車で病院に運び込まれた。

この異様な頭痛は、「例のあれだ」とすぐにわかる程のおぼえがあった。初発はそれより数年前に、岡山であった講演会の最中だった。その日の夜は、さらに福山で別の会から歓迎を受けていたので、それにも出席してから、寝台列車にころがるようにして乗り込んたのである。翌朝東京に着いたときには、痛みはすっかり消えていたから、そのまま放置しておいだ。

『**脳外科の話**』には、頭痛は「いままで経験したことがないような」種類のもので、「普通の頭痛とは違うと受け止める感覚が大切だ」と述べてある。私はこの感覚を記憶していたので、二度目には、ただごとではないと、深刻に受けとめたのである。

翌朝、都立府中病院の集中治療室で目ざめたとき、あの福山からの寝台車の時のように、何事もなかったように頭痛はすっかり消えていた。私はすぐにも退院するつもりであった。しかし三人の脳外科医はそろって私の顔をのぞき込み、右目のまぶたが閉じたまま、自力では開かないことに注目した。その中の長老らしき一人が、「あなたは脳腫瘍ができています。そのために動眼神経が圧迫されて目が動かなくなっている。すぐに手術が必要です」と宣言した。

このような宣告を受けたときの患者の心理を、この本はうまく述べている。「よりによって脳腫瘍なんかになるはずがない。なにかの間違いだろう」と。私の反応がまさにそうだった。しかしＭＲＩの像の説明を受けて、診断のすべてを受け入れた。

ふしぎなことだが、すすんで手術を受けたいという気にさせたのは、三十を出たばかりとおぼしき若い医師の、「とにかく開けて中を見させてください。そこでもし切除が無理だとわかったら引きさがりますが、とにかく中を見たいのです」という一言だった。

このことばに私はひどく動かされた。かれにはどこか、大学での私の教え子であるかのような感じがあったし、そうならば、かれの探究心に協力すべきではないかと思ったからである。――「それじゃぼくも一緒に中を見られるようにしてくれませんか」、「そりゃだめです。かんじんなところは全部マスイしてありますからね」というようなやりとりがあった。なるほど、脳の手術とは見る器官そのものをやるんだなあとあらためて重大性に気づいたのである。

手術は七時間続いたそうだ。そして執刀医自身にとって満足のいくものだったらしいことは、たまたま見舞いに訪れた知人が、手術室から私を運び出す二人の医師が明るく談笑していたことから察知できると報告した。それは、九〇パーセントはとれましたという、医師自身による説明よりも心強いものだった。

執刀にあたった水谷徹医師は、事前に、顕微鏡で二、三〇倍に拡大しながらやるんですと、ことば少なに説明した。しかしそれはいったいどんな緊張をともなう作業なのだろうか。本書にいわく、「気骨のおれる手術だ。時限爆弾の信管を抜きとるときの気分はこんなものだろう」と。そして、おそろしいのは、「もう、このくらいで止めていいんじゃないか」という心の誘惑であり、それは「悪魔の囁きだ」とある。さらに手術を終えたあともなお、「もっととればよかった、と後悔し、あのときはやめておけばよかった、と後悔する」と、心労はつきない。

私は自分の手術を見ることはできなかったが、本書を手に、知らない間に通りすぎてしまった困難な旅のみちのりを、あらためてたどる思いがしたのである。

昨年夏、何ごともなく術後一周年を迎えたことを祝って、二人の医師とワインを飲んだ。その時、もの静かな水谷医師がぽつりと言った。「手術の箇所がみんな同じ形をしていたらおもしろくないんです。少しはちがっていないと」と。このことから手術がどんなに孤独な作業であるかを想像した。

そのことを本書はこう述べている。「本来脳外科の手術は一人でやるものである」——何という毅然としたことばであろう。そして、時に十時間も続くという孤独な緊張が「身体にいいわけがない。脳外科医は一般に短命である」と、そっけないほど率直に述べてある。

このような、執刀医の生命をちぢめるような手仕事から生まれた作品が、いまこうして生きている自分であるという、一種敬虔な気持に、本書はさせてくれたのである。

（『ちくま』（1999年9月　筑摩書房）

原題「脳外科手術は孤独な手仕事」

【二〇一七年の書きこみ】

このちょうど二十年前のできごとを記した一文を読んで、次のようなことを思い出した。このことがあって数年後から、ぼくの健康を見守ってくれている紫芝良昌医師が、「あの本の著者は、戸山高校の卒業生だよ」と教えてくれた。いま名簿をくって見ると、一年先輩の人であることがわかった。ぼくが、この手術を受けなければ、決して読まなかった本であろう。病気は進んでするものではないが、思わぬ仕方で人には出会いを与えるふしぎな力をもっている。

ロシア語　地域公用語化の構想を

「英語を日本の公用語に」という、二一世紀日本の構想懇談会の提案は、ひとしきりの注目を浴びたが、話題の中心はもっぱら英語に置かれ、かんじんの「公用語」とは何かについてはほとんど議論されなかった。残念なことである。

たたかいの歴史

公用語という概念が生まれ、その制定に至るまでには、百五十年もの昔にさかのぼる、言語的少数者の、長いたたかいの歴史があった。一つの国の中で複数の言語が話されており、またそれぞれの言語の話し手には、自らの母語を使う自由があるという共通の認識が生まれる以前の状態では、そもそも「公用語」などという制度を思いつく必要はなかったのである。

一たびそのような認識が定着すると、ただ一つの有力言語を用いることが当然のこととはされなくなり、その他の相対的に劣勢な言語を話す住民集団が、就学、就職をはじめとする生活の全般にわたって不利な立場に立たされることが鋭く意識されて来る。そこで国家は、こうした劣勢な言語にも、法律によって「公用語」の地位を与え、公的な場で用いる権利を保障するのである。

このような公用語制度は、母語を用いることが、人間の基本的人権に属するという思想から発している。人はだれでも、一度身につけてしまった母語をとりかえることはほとんど不可能に近い。強権をもって、長期にわたる植民地支配を行っても、ことばのとりかえはほとんど達せられない難事であることを私たちは知っている。

では、公用語の資格が要求できるのはどんな場合か。国の中で、その言語を母語として用いる、ある程度の規模をもった定住集団が現実に存在することである。たとえばスイス連邦が三つの公用語を［ここでは地域の公用語のレト・ロマン語についてはふれない］、フィンランドが二つの公用語を憲法によって定めているのは、それらの言語を母語とする土着の住民がいるからである。

行政には義務

注意しておかねばならないのは、公用語の意義は、それが、学校、役所、法廷、警察などで公的に用いられることにあるから、公務員に採用されるにあたっては、これらの言語を用いる能力を示さねばならないことである。すなわち公用語制度とは、住民にとっては権利を、行政にとっては義務を意味する。

興味ぶかい例を一つ示そう。ロシア連邦のブリヤート共和国の憲法は、ブリヤート語とロシア語を「国家語」（国家レベルでの公用語）と定め、また大統領たるの資格として、これら二つの国家語に堪能であることを求めている。たとえば日本で英語を公用語にした場合、英語しかできない総理大臣であっては困るからである。

ところで、このような基本的人権としての公用語制度を、日本でも本気で考えておかねばならない。それはほかでもない北方領土においてである。

北方領土の住民は、すでに半世紀にわたってそこを故郷として住んでいる。日本の旧島民にとってもそこは故郷であるが、現島民にとってもまた、現実の生まれ故郷である。「二〇世紀の民族問題」という大著を書いたハインツ・クロスの用語をかりれば、かれらには、生まれ故郷に住みつづける「郷土権」がある。この郷土権はまた、「言語権」ときりはなせないものであるとクロスは指摘している。

島々の日本への返還にあたっては、この人たちが希望するならば、安心して故郷に住みつづけることのできる条件を保障しなければならない。そうでなければ北方領土の返還は、いよいよ難しくなるであろう。

日本政府が北方領土に水、食料、発電装置などをとどけ、日本語教師を派遣するなどして歓迎されているという記事を目にする。それは大変喜ばしいことだが、それと同時に、かれらが引き続き母語を使って暮らし、子供たちもこれまで通りに学校で学べるよう、ロシア語に日本語と並ぶ公用語の地位を保障することが必要であろう。

北欧などに前例

このような、特定地域に限定した公用語は、「全国公用語」に対し、「地域公用語」と呼ばれている。とりわけ特定の島にかぎった地域公用語の例は、フィンランド領のオーランド諸島における二万人のためのスウェーデン語、デンマーク領のフェロー諸島における四万人のためのフェロー語などに見ることができる。日本政府はこのような言語政策を、北方領土に現に住む人たちと、ロシア政府にはもちろん世界に向かって示すならば、二一世紀における諸言語と諸文化の共存のモデルとして、国際世論の強い支持と共感が得られるものと思う。それはまた、すべての国民に英語をやりなさいとシリをたたく、本来の公用語の意味から外れた英語公用語化論よりは、はるかに高い威信を日本にもたらすであろう。

（讀賣新聞夕刊　2000年9月21日）

騎馬民族説と江上波夫の思い出

「北方騎馬民族征服説」と銘うたれた江上波夫先生のファンタジックな仮説は、最初に耳にした高校生時代から今日に至るまで、私の心の中でずっとノスタルジックなメロディーを奏でつづけている。

　江上さんとは私はそれほどたびたびお会いしたわけではないし、親しいとはいえない。はじめてお会いしたのは一九六四年の夏、留学先のボンでだった。イランでの発掘調査を終えての帰りだというお話だった。ちょうどこの頃出たハイシッヒの『モンゴルの歴史と文化』(のちに岩波文庫に拙訳で収める)を読んで、ここに江上さんが内モンゴルのオロン・スムから持ち帰ったというモンゴル文書の断片の話が出てくるので、後のちこれを訳出する時のために、ちょっとお話を聞いておく必要があると思ったからだ。

　その後日本で何度かお会いしたが、最も記憶に残っているのは、二十年ほど前、内モンゴルでの学会が終ってから、オルドスの高原地帯を旅した時だった。

　はじめて見るオルドス草原の荒涼さに衝撃をうけ、ハルハと比べて、ここは何て不毛なんだろうなどと考えていると、江上さんは、「ぼくはここを何度通ったかしれないね、むかし」とおっしゃった。そのうち、私は突然便意をもよおした。馬乳酒の飲み方が悪かったりすると、草原での便意の急襲は待ったなしである。

私は、この草原旅行の大先輩に、先生、ウンコをしたいんですけどとせっぱつまって言うと、先生も、そうか、ぼくもそうしようかとおっしゃって、私のそばで無造作にズボンをずらして、その場でしゃがまれた。

私はひどく驚いたが、これも草原の流儀なんだ。学ばなければとばかり、私も全く同じようにして、先生の横に並んでしゃがんだ。たぶん先生はその時八〇歳くらいだったのだろうが、少年がやるのと全く同じくらい自然なしぐさだったので、私もつり込まれてしまった。そうか考古学者はウンチをするのも手なれたもんだと感心した。

そのようにしてしゃがんでいた時、江上さんは唐突に次のようなことを話された。

――田中君、ちかごろよく天皇から電話がかかってくるんだよ、さびしいって。天皇はぼくよりちょっと年上だからね。江上、ちょっと話をしたいんだがと。そうすると宮内庁から車が迎えに来て行くんだよ。

――はあ、どんな話をなさるんですか。

――それは騎馬民族説でね。天皇家は馬に乗って朝鮮半島を通って日本にやってきた、って申し上げるんだ。すると天皇はとても興味をもって聞いてくれるんだよ。

私は、その頃は老いの孤独の味がどんなものかわからなかったが、今はわかる。天皇はどんなに孤独だったろうかと。狭い交友範囲の中で、同年輩の人々はどんどんいなくなっていくのだから、江上さんは御進講かなんかで天皇と親しくなられた、数少ない気晴らしの友だったのかも知れない。

私がふしぎでならないのは、なぜ江上さんが、よりによってこんな時に天皇の話を突然されたのかということだ。あとで考えてみると、同行者もまわりに居ず、人に聞かれる心配がなかったからではないかと思う。江上さんはこれはヒミツの話だとは言わなかったが、私には何か、他の人には言ってはならないことのように思われた。今は天皇も亡くなられた、江上さんもいなくなった。だから騎馬民族説にまつわる思い出として言ってもいいかな、いいな、言い残しておくべきことではないかという気がしてここに記しておくことにしたのである。

江上さんがぽつりとそんな話をしたその時、空にはほのかに夕星が見えはじめていたような気がするが、それはもしかして、あとで加わった錯覚かも知れず確信がない。

今思えば江上さんの話の核心、あるいは動機は、天皇を騎馬民族説の信者にしたてるというところにではなく、老いた時の孤独というところにあったのではないかと思う。とすると、当時の私はその話のいい聞き手ではなかった。もしかして、江上さんは天皇のことを話しながら、ほんとうは御自身の心境を語っておられたのではないかと思う。

江上さんの騎馬民族征服説が、はじめて公的な場で語られたのは、敗戦後間もない「一九四八年の五月、四、五、六の三日間、東京神田の一喫茶店の二階を借りて、民族学の岡正雄、考古学の八幡一郎、東洋史学・考古学の江上波夫の三氏が、毎日朝から夜まで、ぶっ続けに交した議論」（石田英一郎）においてであったろう。その速記録は、『民族学研究』に発表された後、石田英一郎の編集で『日本民族の起源』（平凡社、一九五八年）と題する単行本になった。それ以前にも、いろいろな機会に、親しい仲間うちでの会話で話されていたらしい。

東北アジアの一角で、いちはやく馬を飼いならし、ついにはそれに鞍とあぶみをつけて、騎乗して走らせながら弓を射る技術を発明した古代の民族集団が、朝鮮半島を経て日本列島に侵入し、ここを支配して王朝を開いたという仮説はあり得ないとは言えないだけでなく、たとえ反証が現われたとしても、完全に葬り去る気にはなれない。

私は一九世紀に口碑《こうひ》から採録された、ブリヤート・モンゴルの最古層の伝承の中に、天の子が神々の命を受けて、馬を伴い地上にくだるという、日本神話と共通のモチーフを見出して以来、より立ち入った研究をすすめたいと思いながら、「ブリヤート口承ゲセル物語にあらわれた二つの文化層」（『民族学研究』一九六四年）と、「モンゴル神話と日本神話」（大林太良編『日本神話の比較研究』法政大学出版局、一九七四年所収）の二篇を発表したままで停滞している。前者はロシアの研究者にも知られていて、その後はどうなっているんだと問いあわせを受けているうちに世紀が変ってしまった。

こうした関心は、まず石田英一郎先生、次いで大林太良さんからの励ましを受けて生まれたのであるが、その背後には互いの間で北方騎馬民族説への暗黙の肯定があったように思う。

ところが一九九〇年代に入ってから、佐原真さんの『騎馬民族は来なかった』（NHKブックス、一九九三年）によって、ほぼ否定されたように世間では受けとられている。「来なかった」ことの理由の中で最も重要なのが、北方騎馬民族のもとでは、馬には必ず去勢が行われたのに、日本の馬飼育にはその技術が知られていない。したがって、日本にやって来た馬は騎馬民族のものではないという明快この上ないものだ。

佐原さんはいろいろな文献や旅行記から、数々の去勢の事実をあげているのに、江上さんが「遊牧騎馬民族は元来は去勢をしないものだ」と頑張り続けたのは、遊牧民に江上さんが心寄せている美学にもとづく信念のように思われる。私もまた、モンゴル人が馬に寄せる熱い思いから、「元来は」去勢をしないという説に加担したいと思っているのだが、しかし美学は科学ではない。

そんな思いでいるところに、一九三一年にただ一人の外国人として、閉ざされたトゥバを旅行することのできたオットー・メンヒェン＝ヘルフェンの著作に、「我がトゥバ人はトナカイを飼っているが、しかし去勢はしない」という記述を見出してびっくりした(『トゥバ紀行』岩波文庫)。私はこの一節に特に訳注をつけて、読者が江上—佐原論争に注目するよううながしたのであった。

馬の去勢とトナカイの去勢を同一視していい理由は次のとおりだ。メンヒェン＝ヘルフェンのみならず、ウィーン学派の民族学者たちは、人類が最初に家畜にした動物はまずトナカイ、次いでその方法を馬とラクダに適用したのであると考えている。しかもそのトナカイ飼育の発祥地は、モンゴルの西北方につらなる、トゥバの森林地帯のトジャ地方であると。ということであれば、ほとんど農耕を知らない純遊牧のトゥバ人のもとに去勢しない伝統があるからには、日本へやって来た騎馬民族が、かならず去勢技術をもっていなければならないということにはならない。

私はある時、佐原さんにお会いする機会があったので、北東アジアにだって去勢をまったく知らない民族がいるんですよと言って、この『トゥバ紀行』を送ってあげた。

一九九七年のお正月休みだったと思うが、江上さんに電話をする用があったので、ついでにそのことを教えてあげたところ、知ってるよ、ウィーンのコッパースも同じようなことを言ったらしいねとおっしゃった。

江上さんは一滴も酒を口にされたことがないということで、酒が話題になると、「メシを食って酔った酔った」という奴がいてねなどと人の話をしてごまかしてしまわれた。その人の胃の中には特別な酵素があって、食べた米がみなアルコール醱酵してしまうんだと、おかしな話を淡々となさって、酒の話はおのずと避けられるようになっていた。天皇にもあんな調子でお話しになったのだろうかと想像してみた。

一九九〇年代に入って、比較的しげく江上さんと会う機会が生まれたのは、北朝鮮で江上さんの著書をもとに、映画人を総動員して「騎馬民族」を映画にしたというので、その上映促進委員会のメンバーに私も加えられたからだった。

江上さんは、その映画の製作過程でたびたび北朝鮮に足をはこばれていたという。それは、スキタイにはじまり、東アジアに達する騎馬民族の足跡を考古学的遺跡をたどって復元するという趣向だった。朝鮮科学教育映画撮影所との合作にあたった自由工房から発売されたヴィデオ・テープが今でも手に入るはずだ。

その映画は全く学術的なものだが、冒頭に咲きほこる桜の花のそばで、キム・イルソンがほほえんで登場するシーンがある。よくあんなのが撮れましたねと言うと、いや、むこうから入れてくれと注文があってねというお話だった。

江上さんは天皇やキム・イルソンなどという超政治的人物などとも、こともなげにつき合いながら、騎馬民族の日本征服という物語を語りつづけたふしぎな人だった。


（『図書』２００３年７月　岩波書店）


【二〇一七年のあとがき】

この一文が出た直後と言っていい［二〇〇三年］八月七日号の『週刊文春』に「お言葉ですが…」の題で連載されている、高島俊男の「騎馬民族説と天皇」という文章がのった。氏は、右にかかげた「騎馬民族説と江上波夫の思い出」を読んで「小生たまげた」「雑誌の記事でこんなにびっくりしたのははじめてだ」と、そのびっくりかげんの大きさを強調している。何がそんなに「たまげた」のか。手短に言うと、天皇自身が「もしもし…」とじかに電話をして「ああ江上か、朕はさびしい。ちょっと話をしたい」などと言うはずはないというのである。こういう受けとり方をする日本人がどれだけいるかわからないが、この高島さんのようなのは日本人の天皇感覚の一つのタイプとして研究にあたいする。

戦後間もない頃（年表によると一九四七年六月）、天皇は汽車に乗って、ぼくの住んでいる山陰線八鹿《ようか》駅を通過し、ぼくたちは沿線に並んで迎えた。この年の五月に新しい憲法が施行されたので、天皇は神でない、普通の人間であることを民衆の前に立って示したかったのであろう。天皇がもし、ぼくらの町で降りて、公会堂に立ち寄れば、便所が使用されるかもしれないというので、町の主婦の何人かが、くそ溜めの中に降りて、たわしをもって徹底的に洗いきよめ、底に杉の葉を敷きつめたという。ここでぼくらは、天皇もやっぱりウンコをするんだという実感をもつことができたのである。高島さんは、ぼくが岡山大学につとめていた時、二、三室隣の研究室にいて、ときどき見かけた。ぼくよりずっと若いはずの彼が、天皇が電話をかけるということでこんなにすなおに「たまげる」と知って、こっちはもっと驚いたのである。

あまり多くは書きたくはないが、一言で言えば、こういう「いじけた、イナカッペイ」タイプがおそれ多い天皇像を作ってきた、あるいはそれに手をかしたのだ。ここで言うイナカッペイとは、ほんもののイナカッペイではなく、大学の研究室に巣食っている、ニセ・イナカッペイのことである。

ショパンのディアパゾン

——一つの音楽社会学的考察——

ヘルダーは、彼の若き日の著作『言語起源論』の中で、「人類の最初の言語は歌であった」と書いた。ことばは歌われずしては発せられず、歌はことばなしには現われなかった。私はまた思う。このような歌の始原のすがたにあっては、魂はかならず肉体の奥底から人をゆり動かして舞踏へとさそったであろうと。

ところが近代になると、ことばは歌を捨てて散文となり、歌はことばを捨てて、歌われもせず、踊られもしない「音楽」へと自立したかに見える。しかし人の魂そのものであるポエジーは、この近代の分離をそのままにしてはおかなかった。

ミューズの女神が一人の天才に襲いかかり、かれの魂の中で、ことばとしらべとがかぎりなく一体になろうとして、始原のポエジーはよみがえり、歌曲となった。

このような結合が訪れたのは、とりわけドイツのロマンティクにおいてであった。その最もしあわせな現われをシューベルトにおいて見る。なぜか。シューベルトの楽想を迎え入れんとばかりに、ハイネやなかんずくウィルヘルム・ミュラーの民謡風な詩がさし出されていたのであるから。ロマンティクとは、ことばにしらべをとりもどし、音楽とことばの切りはなしがたい始原の姿を回復する運動であったとさえ思われる。

こうした、内から突き動かすような歌への思いは、ヘルダーがエストニアからグリーンランド・エスキモーのもとにまで歌謡を求めて渉猟し、それらを『諸民族の声々』として、一冊の詞華選にまとめたとき、すでに胎動していたのである。

ドイツに訪れたこのような幸運に比べれば、ポーランドは何と恵まれなかったことか。国土が近隣の諸勢力によって分割されるのを目の前にしながら、シュラハタと称されるポーランドの田舎貴族の俗物精神はなすすべもなかった。

このような社会的後進性のもとで、とにかくポーランドにも遅咲きのロマンティクの花が咲いた。しかしその舞台は故国の土の上ではなく、異郷のパリであった。アダム・ミツキエヴィッチ、ヴィトヴィツキ、ザレスキなどの亡命詩人たちとともに、ショパンもその一翼を担っていた。

ショパンはシューベルトとの対比で言えば、詩よりはより深く舞踏に親和しているかに見える。舞踏は詩よりはずっと深く土俗に根ざしている。方言的特徴を濃くとどめているマズル地方のマズルカが好んで主題にとられたのもそのせいだと説明することもできよう。

しかし、私にはもっと痛切な理由があるように思われる。すなわちショパンは、ポーランド言語共同体から切り離され、母語で歌う環境を失った亡命者だったではないかと。ショパンが残した歌曲に耳を傾け、それを知れば知るほど、ショパンにおける音楽的ディアパゾンが想像をこえた広さを持っていたという意外さに打たれる。人はそれをもって、もう一人のショパンの発見などと言うかもしれない。

これら知られていない歌曲の中でも、ポーランド語だからこそ、こんなショパンに出会えたと思えるのは、ドゥムカ（小唄）と、コサックの「二つの死」である。いずれもザレスキの詩があったればこそ、生まれたのであろう。

私たちに親しいショパンの一方の極は、いわば彼の作品の上澄みとしてパリで生まれたとしても、他方の極はポーランドの土に深く根をおろしていた。この両極の間には、そうでなければ消えてしまったかもしれないコンティヌウムがあった。それを示唆しているのが、たとえばここに収められたバラード第一番であろう。その背後にミツキエヴィチの物語詩があったとする研究者の推定には強い説得力がある。それに不滅の生命を与えて賦活させたのは、詩人たちの母語の力であった。母語の詩は、うむを言わさぬ力でもって、ショパンをポーランドのしらべへと引き寄せてしまったのである。

これらの歌曲のなかに異郷にあったればこその底なしの悲しみ、ジャールをもって私たちは、パリの作品では想像もできない、祖国の土のにおいの中に惑溺してやまないショパンの姿を見出すのである。

ポーランド文学史家W・レッテンバウアーは「一八四九年、ショパンとスウォヴァツキの死とともに、ポーランド・ロマンティクも終わった」と述べた。それを聞くとき、ショパンが詩人であったというのは単なるたとえではなかったと知るのである。

このショパン集には、嬉しいことに、朝鮮民族のメロディー「故郷の春」が添えられている。一九九八年五月、私は名古屋空港を飛び立ち、二時間半でピョンヤン空港に降り立った。一週間の滞在を終えたお別れ会が終わりに近づいたとき、私はピアノのそばにひかえていたお嬢さんに、あるロシアの歌を弾いてもらえないかと頼んだ。いやですと彼女はきっぱりと答えたので、それではと「故郷の春」を所望した。今度は笑顔で応じた彼女の好意にむくいようと私が心をこめて歌いはじめたとき、会場にいた三百人ほどの北朝鮮の人たちが一斉に唱和したのである。その声は半ば泣いていたようであった。みなそれぞれに自分の故郷を想っていたのであろう。

私の心に浮かんだのは、かつて韓国の古都扶助《プヨ》から太田《テジョン》までの田舎道をバスに乗って旅したときの、花にかこまれた村々のたたずまいであった。それはまた、幼い頃の私自身の日本の故郷の光景でもあった。

二十年も前、この歌と出会ったときから、日本人の私の心にもしみ入る、なんと懐かしいしらべなのだろうと思っていた。いまふたたび出会うことになったこの歌について、次のようなことがわかった。歌詞は児童文学者イ・ウォンス。それに一九一七年頃から東京音楽学校で学んでいたホン・ナンパが曲をつけ、一九二七年に発表された。日本では『赤い鳥』が刊行され、数々の名曲が生まれた童謡・唱歌の黄金時代を経験したホンの作品の中で、日本人の私が、かぎりない懐かしさを朝鮮の人たちと共有したとしても不思議ではないのである。

（2005年1月　CD「ŻAL」解説文／若林工房）

【二〇一七年における補記】

この一文は、崔善愛《チエソンエ》（ピアノ）と三宅進（チェロ）の演奏によるCD、ŻALにつけた解説である。スペースの関係で割愛した部分も、ここに加えて掲載した。ŻALとは、ポーランド語で「悲嘆」というような意味であるらしい。崔《チエ》さんは、ショパンの手紙を読んで、ショパンの音楽の真髄は、この「ジャール」というポーランド語で要約できると考えてCDの題名とされた。

《読書ノート》

『パックス・モンゴリカ

――チンギス・ハンがつくった新世界』

（ジャック・ウェザーフォード著・星川　淳監訳・横堀冨佐子訳／日本放送出版協会）

二〇世紀の奇蹟の一つは、漢・露二大勢力の間で消滅に瀕《ひん》していたモンゴル民族が、とにかく独立国家を誕生させたことである。その源流となったのはちょうど八百年前のチンギス・ハーンの勲《いさおし》であるとして、それを祝うことがモンゴルの国家的事業となった。本書の出版もまたこの事業への参加の表明である。

チンギス・ハーンの一族とそのユーラシア帝国についてはすでに数多くの著作があるが、本書には類書にない特徴がある。小心な歴史家ならたじろぐような片片たる史料に、奔放な民族誌的想像力をはたらかせて間隙《かんげき》を埋め、モンゴル帝国像を統一的に復元してみせた点である。著者がアメリカ先住民を専門とする人類学者だからだろう。

著者によれば、アジア的暴虐と残虐の権化、文明の破壊者としてのチンギス・ハーン像は、ヴォルテールなど一八世紀フランス啓蒙《けいもう》思想家の製作であり、ルネサンス期のイタリアではむしろ、閉じられ硬直したヨーロッパ中世を震撼《しんかん》させ、情報、技術、宗教を解放して普遍主義をもたらしたロマンチックな人物として描かれていたという。またアジアではインドのネールがヨーロッパ支配からの解放者として見ていたと指摘する。著者はたしかに、「野蛮なアジア」という紋切り型の偏見に果敢に挑んでおり、傾聴すべき点は大いにある。ただ、文献に基づく部分では、時に嘆かわしい記述に出合う。

たとえば本書成立の骨格とも言うべき『元朝秘史』についてである。著者によれば、ソ連崩壊によって禁が解けたおかげで、最近モンゴルで「ついに解読された」というが、これは誤解である。著者にも知っておいてもらいたい。漢文の知識では決して読み解けない奇妙な漢字の羅列が、実はモンゴル語のオトを写したものだと見抜き、モンゴル語原文を復元して「解読」されたのはすでに明治三一［一八九八］年のことであり、その偉業を成し遂げたのは那珂通世《なかみちよ》という日本人であったということを。

（産経新聞　2006年11月12日）

原題「野蛮なアジア偏見に挑む　パックス・モンゴリカ」

《読書ノート》

『西北蒙古誌（第二巻）民俗・慣習編』

（G・N・ポターニン著・東亜研究所訳／大空社）

『西北蒙古誌第二巻』の翻訳が刊行されたのは、それに奥付として付されたガリ版刷りの小さな紙片によれば、昭和二〇年五月二五日で、発行部数は一五〇〇とある。この年は日本敗戦の年、しかも五月といえば、すでに東京は大空襲を受け、沖縄には米軍が上陸して激戦のさなかにあった。

そんなときに、本文は五〇〇ページを越し、二六ページものアート紙の図版を入れたこの大冊は、時局にそぐわぬ、ふしぎな感じの本である。発行地は東京文京区であるが、印刷所が浜松となっているところが、どこか、焦土となった東京を逃れた戦時態制をうかがわせている。

戦後しばらくの間は、こうしたいわゆる満蒙物が、神田の古書店街の店頭に、まるで厄介物を追い払うといった感じで投げ出されていた。さらにまた、もとの書名をかくすようなぐあいに、「西北蒙古の童話と伝説」と印刷された黄色の大きなカバーがかかっていて、それによって少しでも人目を引こうとしているかのようなふぜいだったが、そんなことに注意をとめる人はほとんどいなかっただろう。

それにもかかわらず、この見捨てられたような本が、心ある著者たちに利用され、活かされているのを見て、ああよかったと思ったものである。一つは野尻抱影『星と伝説』の「蒙古の星」の項は、すべてこの本に依拠しており、よりアカデミックには、石田英一郎『河童駒引考』において、資料として掲げられ、利用されている。

私は二三歳、いまから五十年前にこの本を買って以来、何回もの引越しにもかかわらず、いつも、すぐ目につくところにある。それは、この著者であるポターニンという人が、絶えず心から離れなかったからだ。

かれは一八三五年に西シベリアの小さなコサック村に生れ、その伝統にしたがって陸軍幼年学校に入り軍務についた。その頃、地理学調査にやってきていた、ロシアきっての地理学者P・セミョーノフと知りあい、軍隊をやめて勉強するようにとすすめられて、トムスクの町へ出た。

トムスクでは、信じられないことだが、そこに流されていたバクーニンと知りあいになった。バクーニンはただちに、正義感にあふれたこの青年の並々ならぬ才能に注目し、自分の姉妹たちに手紙を送り、「粗野でナイーヴだが、真理を愛してやまないこのシベリアのドンキホーテをよろしく」と頼んだという。

ポターニンはそうした援助のおかげでペテルブルク大学の聴講生となったが、学生運動に加わって逮捕され、その後もシベリア自治運動の首謀者のかどで十五年間徒刑の判決をうけた。その刑期が短縮され、地理学調査に参加できるようになったのは、セミョーノフが当局にかけあったからである。

その後ポターニンは、一八七〇年から二十年間にわたって、モンゴル、中央アジア、チベットの探検に従事し、ここに翻訳されたのはその成果の一部である。その功績によって地理学協会から終身年金を受けたにもかかわらず、そんなことでおさまる人ではなかった。

すなわち一九〇五年にはシベリア自治の基本構想を発表したため帝政政府によって逮捕され、次にロシア革命がはじまると、徹底した反ボリシェヴィキ、すなわち反革命の立場をとったために、またもや逮捕され、トムスクの大学病院で生涯をおえた。八三歳であった。

シベリアが独立し、その上でロシアと連邦となるという、バクーニンから受けた夢を最後まで手放さなかった。このような危険きわまりない夢を描きつづけたポターニンのことが、ソビエト崩壊後、よりくわしくわかるようになってくるにつれ、かれのこの訳書は、私の書架から、ますますその場所を譲ろうとしない。

学術の書といえども、文学作品におとらず、時にはそれ以上に、おそろしく巨大な鉱脈を背後にかくした、ささやかな露頭にすぎないことがある。民族誌というささやかな露頭が、あふれるような政治の心情につながっていることに気づくためには、研究者はいくぶん年をとらねばならなかった。二代にわたる政権から真実をかくされていたポターニンが姿を現すのはこれからである。

（『日本近代文学館』２００７年７月15日第２１８号　日本近代文学館）

原題「蔵書の中から　シベリア独立の民族誌」

【二〇一七年における追記】

ポターニンとその仲間たちのことを書きたいというかねてからの夢は、『「シベリアに独立を！」――諸民族の祖国《パトリ》をとりもどす』（岩波現代全書３）として実現した。

第五章 ことばと状況

《新聞連載コラム》

随想

兵庫県の北と南

　ぼくが但馬の生れ故郷を去って東京に移ったのは高校一年の夏だった。先日、関西生れとおぼしき評論家・小倉千加子さんと対談した際に、彼女はぼくが兵庫県生れなのに関西弁、つまり近畿式アクセントを使わないのを責めるようであった。そこで、兵庫県でも北の一角には、忘れられたような但馬《たじま》というところがあるんだと縷々《るる》話した。

　言語的には兵庫県は中国山脈によって南北に分かたれ、日本海にのぞむ北部は、鳥取、島根、岡山などと同じ中国方言を話す。方言学者の平山輝男さんは、これらをひっくるめて「東京式アクセント」と呼んでいるくらいだ。だからこの地域の兵庫県少数民族は、東京にポッと出ても、ことばにあまり違和感はない。

　それなのに、生野の峠を越えて南にちょっと下ると、そこは同じ兵庫県でも、ことばの別世界なのだ。いわゆる播州方言なのだが、子供ごころに、これは変わったところに踏み込んでしまったなと、ひどく不安になったのを覚えている。

変るのはことばだけでなく自然の景観もそうだ。雪は家を埋めるほどに積もり、冬の間、ふすまは閉めてはいけないことになっていた。雪の重さで開かなくなるからだ。それなのに生野の峠を越えたとたんにさんさんと降り注ぐ陽光。
四十年ほど前、ぼくは車を運転して、ドイツからイタリアに出た。四月頃だった。陰うつに垂れ下がった鉛色の空は、アルプスの峠を越えるとたちまち光あふれ、桃の花が咲き、サクランボウの実さえなっているではないか。頭をおさえつけていた重石《おもし》がぱっとはずれたような思いだ。思わず歌が出てくる。チャイコフスキーのイタリア奇想曲はこのようにして生れたのだろうと思った。それ以来ぼくの生れ故郷はドイツで、神戸はイタリアだと思うようになった。

（神戸新聞　2008年5月2日）

開戦と敗戦

大東亜戦争（太平洋戦争）の開戦も敗戦も、ぼくは生まれ故郷の八鹿町（現養父市）で迎えた。開戦の昭和一六年一二月八日、父がスキー板に金具をとりつけているとき、ラジオからニュースが入った。「克彦、この戦争は負けたぞ!」と言った父に対して、「お父ちゃん、そんなこと言ったら警察につかまるで」と母が顔をしかめた。大きな雪のひらが激しく舞っていた。

父はしばらくすると、つてを求めて東京に行き、石炭統制会という国策会社に就職した。配属されたのが人事課だったので、「ここに勤める者は、皆戦争遂行に欠かせない要員なので徴兵を免除してほしい」と東条首相に嘆願書を出したら、認められたという。

ぼくの隣近所の若い父親たちは根こそぎ兵隊にとられ、帰った人はいない。

石炭統制会の上司に宇高基輔《うだかもとすけ》という人がいて、この人は会社で毎日、レーニン全集をロシア語で読んでいたという。父は「克彦、学者っていいもんだぞ、戦争してるのにね」と言った。

宇高さんが戦後、岩波文庫でレーニンの「帝国主義」の翻訳を出し、東大新聞研究所の教授になったとき、父はぼくをその研究室に連れて行ってくれた。

開戦を知ったとたん、父が負けたと判断したのは、どんな知識にもとづいていたのか。近所に「山陰美人」という造り酒屋があって、その御子息の小島徹三氏はアメリカ留学の経験があった。「新ちゃん(父の愛称)、アメリカと戦争したら勝てんで」とたびたび言っていたそうだ。氏は戦後、自民党代議士で法務大臣になった。

敗戦の八月一五日は、おばの嫁ぎ先の広谷（旧養父町）に遊びに行っていた。猛烈に暑く、晴れ上がったその緑の谷の町は蟬《せみ》しぐれにあふれていた。

（神戸新聞　2008年5月21日）

ある日の東条首相

東京に逃げた父が住んでいたのは、杉並区成宗《なりむね》三丁目というところだった。ぼくが一夏《ひとなつ》父のところに呼び寄せられたのは、国民学校三年生のころだった。「帝都」が空襲されたときに危険だからというので、上野動物園のライオン、トラ、ニシキヘビなどが毒殺されることになっていたから、その前にこれらの動物をぼくに見せておこうという、父の計らいだった。

父の住家からちょっと行くと、但馬では見たこともない広々とした畑がひろがっていて、そこを流れる善福寺川でエビカニをとった。アメリカザリガニの東京方言だ。僕も悪童たちを見習って蛙《かえる》をつかまえ、両足を引き裂くと黄色い腹わたが出た。それを糸につけて川に垂らすと、すぐに食いついてきた。

それよりも思い出すのは、東条首相が朝早くゆかた姿で、家々にあるごみ箱をしらべてまわっているという噂《うわさ》だった。そして紐《ひも》などが見つかると、「これはまだ使えるぞ」と、家の人に注意してまわったということだ。奥さんたちは、「首相はそんなこまかいことばかり言ってるけど、戦争の方は大丈夫なのかなあ」などと言っていた。

戦後ぼくが転入学した都立戸山高校は、もとの府立四中で、東条英機はその卒業生だという話だった。いま名簿をみたら、確かにその名があったのだが、もっとびっくりしたのは、その二年前に田辺元の名があることだ。哲学事典などの彼の経歴にはそのことは出ていないが、「東大を出るとすぐに母校四中で教えた」とあるから、これは確かにあの哲学者のことだ。

かわいそうに縛り首にされた東条さんには、ごみ箱をのぞいて歩くエコロジストの面があったことも、知っておいてあげたい。

（神戸新聞　２００８年６月５日）

トンビに腰巻き

戦争が始まると、まわりには若くて元気な男たちがいなくなった。兵隊にとられたあとに残されたのは、年寄りと女、子どもだけだった。食べ物がなくなり、夏、外を歩くと目の中が紫色にくらんで倒れそうになった。貧血だ。

そんなとき、町内で裏山の雑木林を開墾して、サツマイモを植えようということになった。各戸割り当てで一人出せというので、ぼくも子供ながら、傾斜地でのつらい作業に加わった。木を伐採して根を掘り出す。まともなものを食べてないので目が回った。

それでもみな何か弁当を持ってきていて昼休みの時間になると腰をおろした。そのとき、一人のおばあさんが「ありゃ!」と叫んだ。指さす方向を見上げると、一羽のトンビが紐《ひも》のついた桃色の布をくわえて舞い上がったところだった。

そのおばあさんは、あまりの暑さに耐えかね、腰巻きを脱いで木の枝に引っかけておいたのだ。トンビもそのころは油揚げなんかないから、ひどく腹を空《す》かせていたのであろう。トンビはどこまで持って行ったのだろうか、その腰巻きはついに戻ってこなかった。

人間はどんなに苦しいときでも、何かこうしたおかしなことを見つけては楽しむものだ。言うまでもなくテレビが出現する以前、ラジオもまともに聞こえない但馬の山間の地だ。何の娯楽があろう。

だから、大人、年寄りたちは、何度も何度もトンビが腰巻きをさらって行った話を繰り返しては楽しんだ。同じ話なのに、倦《あ》かせず、面白く話す人もいれば、全然面白くない人もいた。問題は話す技術だ。

今考えてみると、民話だの伝説だのはこのようにして生まれるのだろう。ぼくのことばの研究の根っこには、数え切れないほど、こうした思い出がある。

（神戸新聞　２００８年６月20日）

神戸のために炭を焼く

戦争中のある日教師が言った。神戸の子供たちは燃料もなく、寒い教室で凍えています。あしたから炭焼きをして、神戸に送りましょうと。

そこで六年生は木を切り、五年生はそれを炭焼き窯に詰めて、四、三年生はできた炭を俵に詰める。技術のないぼくら二年生は、二人一組でその炭俵を持って川を渡り、線路に止まっている貨車に積み込むのだ。

六年生はナタが外れてひざに当たり大けがをしたなどと聞いた。それはそれで大仕事だが、二月の氷のような川の中をはだしで渡って貨車まで炭俵を運ぶのは、一〇歳にもならない子供の仕事としてはかなりのものだった。

しばらくすると、炭を受け取った神戸の子供たちからお礼の手紙が届いて、教室に張り出された。神戸の子供たちは、但馬のぼくたちが授業もしないでこんなに苦労したことを知っているのだろうかと思った。

それにしてもこんなことを考え出したのは誰だったのだろう。教師は、上から命令が来ると、かなり無理なことでも進んで従い、あるいは上の機嫌を取るために進んで子供を犠牲にしてしまう。それは、今も同じことだ。

今と違うのは、そのころ教師になれそうな男はほとんど戦争に行っていたから、一七、八歳の若い娘たちが、いわゆる代用教員として教えていたことだ。だからいいこともあった。裏山でつかまえてきたタヌキを教室で飼い、生きたヘビを食べさせた。先生はぼくたちを自由にさせてくれた。

ぼくは二十の年に初めて県都・神戸を見た。そしてぼくたちの送った炭で暖かく勉強した子供たちに会ってみたいと思った。神戸はあまりにもきらびやかで、ぼくの知っている兵庫県とは別世界だった。いつか神戸をよく見たいと、今も思う。

（神戸新聞　2008年7月7日）

雪中行進と弁当検査

国民学校二、三年生のころだった。子どもたちを「銃後のまもり」用に鍛える目的だったのだろう。厳冬の雪の日を選んで「耐寒訓練」というのがあった。十キロほどの雪中行進に先だって、校庭に集合して「弁当検査」を受ける。許された梅干し一個以外におかずが入っていないかどうか、弁当を開けて調べるのだ。ぼくはそのことを母によく言っておいたのに、ちくわが二切れすべり込ませてあった。

担任の女先生が違反物件を見つけてつまみ出し、雪の上に投げ捨てた。ぼくは、不正をあえてして、ぼくに恥をかかせた母のことをうらんだ。

この女先生の御夫君もまた大人たちに竹槍《たけやり》訓練をさせる在郷軍人のようだったから、夫婦そろって軍国精神のかがみだった。

弁当検査は、相互監視と、違反者に対する見せしめの罰をうまく組み合わせたものだが、こんなことを神戸の子どもたちもやらされていたのだろうか。いなかの但馬だけがはね上がっていたのだろうか、知りたいと思う。

このような陰険な制裁は、それを受けた人間に引き継がれ、同じようにして次の世代にも、そうした心性を伝えるかもしれない。ぼくは、自分がそのような時代の意地悪な教育を受けた人間であることを片時も忘れない。

といって、わが子にだけはいい弁当をと競いあい、母親の弁当競争をあおりたてる、いまの学校文化が大変すばらしいとも思えない。お母さんが病気だったり、そんな余裕のない家だってあるじゃないか。

感慨ぶかいことに、弁当検査をした校庭も、雪中行進した思い出の道も、昔のまま残っている。もっとありがたいことに、違反弁当を作ったぼくの母親もまだ健在だ。こんど会ったときの昔がたりの話題はこれに決めよう。

（神戸新聞　２００８年７月23日）

清子さんとの別れ

ぼくの家は祖父の代に、広島か呉のあたりから、心ならずも但馬に流れてきたようだ。明治の動乱期にすっかり没落したらしい。母は但馬土着の人で「紫安《むらやす》」という、全国でも数戸しかない珍しい姓の人だ。

いつも日差しの明るい山陽の地を懐かしがって、但馬に住むことを呪《のろ》い続ける人たちの中で、母はつらかったと思う。そういう南北対立の中でぼくは育った。

子どものころ、夏になると、呉から清子さんというきれいなお姉さんが、白いレースの服に紫水晶のネックレスをしてやってきた。いいにおいがしたので、ぼくはすぐに清子さんのひざに頭を置いた。いけませんと母がたしなめても、清子さんはいいんですよと言ってくれた。ぼくは五、六歳だったような気がする。

東京外語の学生になった夏、ぼくはどうしてもあの清子さんに会うんだと心に決め、父に住所を聞いてから呉に向かった。

広島で原爆を浴びたという清子さんは、ずっと床に就いていた。その病臥《びょうが》の部屋の入り口には厚いカーテンが下ろされていた。カーテンの向こうから、「克彦さんなの。よく来てくれたわね。でもお会いできないのよ。ひどい病気で。そこの電気蓄音機にレコードが乗っているでしょう。それを聴いてから帰ってね」と、清子さんは言った。

そのことばに従ってぼくはレコードをかけた。あとでそれはショパンのポロネーズだと知った。ぼくは聴き終えてから「さようなら」と言ったのだが返事はなかった。それからしばらくして清子さんが亡くなったと母が知らせてきた。

ぼくは人の死を聞いてもあまり心動かすことのない冷たい人間だが、清子さんの死は痛切に響いた。あんな理不尽な死はないと。


（神戸新聞　2008年8月7日）

はじめてのヒッチ旅行

今月初め、ブカレストであった学会から帰ってきたばかりだ。学会が終わってから、知りあいになったルーマニアの青年と、あこがれのトランシルヴァニア地方に旅することになった。彼はヒッチをやろうと提案し、ぼくは拒まなかった。

山あり谷あり、清流が貫く絵のような村々が点在し、バスはほとんど通らない。旅の相手は、交通手段はヒッチだけであり、しかも必ず成功すると自信たっぷりに宣言した。

しかし彼がまず始めて、ジプシー（今ではロマと言わなければならない）風のおじさんの小型貨物車をつかまえるのにずいぶん時間がかかった。そしてある村に着くと、「ここまでだ」とぼくたちはおろされた。

次はぼくがどうしても止めねばならない番だ。旅にはいつも持ってくる紀ノ国屋の買い物袋を胸にあて、右手を大きく横に出した。するとと大型トラックが停まってぼくたちを乗せた。相棒は、先生ほんとに初めてなのかい、ぼくよりもうまいじゃないかとおだてた。たぶん白髪の東洋の老人たることが運転手をその気にさせたのだろう。

旅の相棒が言うには、以前はもっとよく車が停まってくれたのだが、今は見向きもせずに走り去ってしまう。マイカーが増えたからだと。そう言えば、ぼくたちを乗せてくれたのは、みな働く車だった。

マイカーは「家族水入らず」の車だ。ぼくたちは家族にとってじゃまものの「水」なのだ。家族は家の前で人が死んでも、しっかりと扉を閉じて、他者を排除する単位になってしまった。

ぼくたちを当然のように拾ってくれたドライバーたちの親切から、ぼくは一夜の宿を乞《こ》う旅人を拒んだ者は重罪ときめた、モンゴルの古法を思い出していた。

（神戸新聞　2008年8月22日）

ある突飛な空想

昨年（二〇〇七）秋、ヴォルガの河口に近いカルムィク共和国を訪れた。カルムィク人はもと、はるか東の中国領、天山山脈のふもとに遊牧していたのだが、一六三〇年に、一族、約五万家族をあげて移動を開始し、中央アジアを横切ってここまでたどりついた。その波瀾に満ちた歴史——第二次世界大戦中、ナチの占領下に入ったからと、全住民は強制移住させられ、共和国は解消されたなどなど——は、たとえば『ユーラシア研究』三四号の拙文にゆずるとして、私はそこで催される国際会議などから招きを受けて断ったことはない。かれらはモンゴル諸族分布の最西端をなしており、私の研究の欠かせない部分だから。

今回のカルムィク訪問では、いつもとはちがう特別のことがあった。首都エリスタから一二〇キロほど離れた村に、かつての日本人捕虜が住んでいるから会ってみないかとさそわれたからだ。車は準備されていた。

村に着いてみると、約束していたサーシャ——人々はかれをそう呼んでいた——はいなかった。あっちの家、こっちの家、水汲み場など探して二時間もたち、もう帰ろうという時にサーシャは木陰の向こうに見つかった。薬剤師だという、かれの若いロシア人の妻が、サーシャを日本人に会わせたくなかったのだと、まわりの人たちがこっそり教えてくれた。妻は、サーシャがそんなことで里ごころを起すのを極度におそれていたらしい。といってもサーシャはもう八六歳だというのに。サハリンで捕まった後の最初の奥さんもロシア人で、二人のこどもたちは独立してモスクワで働いているという。

私がなぜこんな残留捕虜のことを書くのかといえば、年に一度は訪ねるブリヤートに行くたびに、やはりそのあたりで捕虜をやっていた高杉一郎のことを思ってしまうからだ。

もしもその時の高杉さんに家族がなくて一人身だったとしたらとよく考える。『極光のかげに』のかれは、ロシアの住民からも、時には将校からも愛されていた。抜群の人間理解の能力をそなえていたのだから、まわりは一人にしておかなかったにちがいない。

ブリヤートの首都ウランウデの、見晴らしのいい高台の一角に、ちょっとしゃれて「ドゥヴォリャンスコエ・グネズドー」［貴族の巣］と通称される一角がある。ここの住宅群は日本人捕虜が建てたもので、その建物の上の方には、一九四七年などと建築の年が残されている。バレリーナ、俳優、音楽家などが好んで住んだこの一角は、ツルゲーネフの作品にあやかってこう呼ばれるのだ。このような家々や、東シベリア随一と言われるオペラ・バレー劇場を建てたのも日本人捕虜だった。私はそこに住む一家に招かれたときも、どうしても高杉一郎のことを思ってしまう。

しかし、カルムィクの僻地で老いて行く一兵卒から高杉さんのことを連想するのは全くの見当ちがいだ。兵はロシアの文化とは何の関係もなく、運命のいたずらがここに連れてきてしまっただけなのだが、高杉さんは、もともと、そこに並々ならぬ関心を抱いて投げ込まれ、すでに「スターリン体験」のための下準備ができていたのであるから。もちろん、私自身だったらどうしていたろうかとも考えてみた。

夜おそくなって、サーシャの村からエリスタにもどり、カルムィク人の一家にカルムィク語も話す珍客として迎えられて楽しいうたげとなった。とても美しいロシア人の数学の女先生もいた。そこで私は打ちとけてこんな話題をもち出した。

——ぼくはあのサーシャは、当時の日本の「忠君愛国」に従わずに、ロシアの女の方を選んだのだから、当時の日本人としては「すすんだ男」だったんですね。——

するとカルムィク人のおばさんたちは猛反対した。——私なら男よりは祖国をとるわ——この発言の中には、あの日本人はロシア女のわなにかかってしまったのだ。もしカルムィクの女なら、もっと男のことを考えてあげるのにという、異なる民族間の女どうしの評価が含まれている。

ところで私はサーシャじじいの本心をたしかめようとして、家の外へと、おしっこにさそった。街燈なんか何もない、まっ暗な闇の中で、日本に帰りたくないですかと問いかけた。

サーシャは数年前モスクワの大使館員に発見され、北海道知事の招きで、一度故郷をたずねてみてほんとによかった。「帰ってもいいけど女がいるからな」とつぶやいた。

高杉さんがもしロシアに居残っていたら——という私の想像はちょっと大胆すぎるかもしれないが、シベリアには、ついついそのような突飛なことを想像させてしまうところがある。昨年の夏、トムスクで、酔っぱらったチェーホフの像［本書の装幀にあるマークは、この像をモチーフにした］と並んで立ったときは、とりわけそうだった。

しかしたとえば、『征きて還りし兵の記憶』（岩波現代文庫）をひもといて見れば、やっぱりこの人にとっては、「還ってこその体験」だという思いを深くする。還って後の日本での体験が、シベリアでの体験を、いっそう深く、感性のディアパゾンの中で、ついに語られなかったかもしれないところまで導いて行くからである。

そう思いながらも、私は、この突飛な空想の糸を手放す気になれないのである。

（『高杉一郎・小川五郎追想』２００９年１月９日　田中泰子発行［私家版］）

【二〇一七年における補記】

この一文は、高杉一郎さんの娘さん、田中泰子さんの求めで書いたものだ。泰子さんからは、「あなたはほんとに父のことをわかってくださったのね、そうなんです、父はそういう人だったのです」と手紙をいただいた。

カントの嗅ぎタバコ

ドイツの出版文化史を読んでいたら、一八、一九世紀の著作家たちが、どのような形で報酬を受けとっていたかについて、次のようなくだりがあってにやりとしてしまった。ゲーテだのシラーだのの時めく人気作家は別として、学術書はかなりの部分が現物支給で支払われていたというのである。

たとえばカントは、一七八八年に「実践理性批判」を出した際、現金七十ターレルのほかに、「ゲッティンゲン・ソーセージ十六本と嗅ぎたばこ二ポンド」を受けとったとある。

私としては、このソーセージがどんなものか興味があるけれど、それは置いておき、いまは嗅ぎたばこの方に移ろう。今日ドイツでも、嗅ぎたばこがどんなもので、どんな風に使用されるかを知っている人は少ないだろう。そんな風習はとっくに消え去っているであろうから。

しかしモンゴル学者である私は、日常的に嗅ぎたばこに接し、自らもご相伴にあずかることがあるから、それがどんなものかは多少わかる。

たばこに火をつけてのむ「吸う」というのはかなり新しい習慣で、一八世紀には煙なんか出さなかったから、これに「煙草」などという漢字をあてたのは、この高貴なる薬用植物に対して失礼なことだと思う。

モンゴルの年配の教養人、そして伝統に忠実な草原の牧人たちは、いつも、ひすい、めのうなど宝石で作られた手のひらにのるくらいの小瓶に、粉末状にしたたばこを入れて携えている。栓にあたる部分はやはり宝石やさんごでできていて、その下に耳かき状の金属棒がとりつけてある。

草原を騎馬で行く男たちは、出会えば必ずほほを寄せあった後、このたばこ瓶を交換して粉をひとすくい手のひらに乗せ、鼻口を近づけてスッと吸うか、指の間に粉をひとつまみ取って鼻孔に当てて、スッと吸入するのである。この動作をドイツ語では schnupfen【シュヌプフェン】というから、嗅ぎたばこは「シュヌプフ・タバク」と呼んだのである。

カントは酒をたしなんだかどうか、専門家に聞いてみなければならないが、大の嗅ぎたばこ好きだったことはたしかなようだ。それは酒のように酔わさず、頭脳をさえさせる効果があったからカントの批判哲学の生成にとって必需品だったにちがいない。またたばこ葉には薬効があり、カントはその粉を鼻孔に塗りつけることによって鼻カタルを防ぐのにも役立ったにちがいない。

いま世界は喫煙の害に深刻に悩んじゃいるけれど、カントの時代には、いくらたばこをやってもまわりのめいわくにはならなかったはずだ。そのかわり、カントの鼻のアナは鼻汁と褐色の粉との練りあわせのグシャグシャで、とてもカント先生に近づく気にはなれなかっただろう。ところで、煙りを出さないタバコの害はどのくらいなのか、識者の意見をうかがいたいものだ。

(『Tasc Monthly』No.398　2009年2月　公益財団法人たばこ総合研究センター)

沖縄に仕掛けるアメリカの謀略

鳩山さんがお母さんから多額のおこづかいをもらったとか、小沢さんが不動産で大金を動かしたとかで国会は貴重な時間をついやしてさわいでいる。

そんなこと言うんなら、沖縄に思うがままに基地をつくっていいよと米軍に売り渡して利益を得た、前の政権の連中はどうなんだいと言いたくなる。かれらはアメリカに買収されて、日本という国家に対して大罪を犯したのであって、それをかくすために、みみっちい金の問題を持ち出したんだ——とぼくはこう見ている。

いま大切なことは、沖縄から米軍に出て行ってもらって、そこを完全非武装とし、同時にロシアにも、いわゆる北方領土を非武装地帯とすることを条件にして返してもらうことだ。

ただ残念なことに、ロシアとこういう交渉のできる政治家、外交官がいない。こういう大仕事がやれるのは役人じゃなくて役者でなければならない。しかし日本国民は役者をきらう。

先日このような話をある新聞社の記者に話したところ、相手はせせら笑っていわく、じゃ日本はいったい誰が守るんだい。米軍が出ていったその後は、結局日本が自分で守ることになるのだから、あんたは再軍備論者なんだねとこういう。むつかしいのはここからだ。「九条の会」はこういうところでこそ、人をうならせるような議論をつくり出して、その本領を発揮しなければならないのに、ぼくはそういうはなばなしい場面を見たことがない。

戦後しばらくは、再軍備はこりごりだ、なまじっか軍備があれば、それが敵を呼ぶ目標になるという、りくつが通った。ところがアメリカからダレスがやってきて、「戸締り論」というものを宣伝した。泥棒はいつでもすきをうかがっているから、とにかく戸締りが必要なんだと説得して、一九五一年に日米安保条約を日本に押しつけ、翌五二年一〇月には「保安隊」というものを作らせた。これが今日の自衛隊になった。

保安隊の発会式とパレードを見るために、ぼくは友人をさそって代々木公園に行った。小雨がふっていたようにおぼえている。ぼくは高校三年生だった。警官が近づいて来て、どこの高校生かと聞いた。ぼくは学習院だと答えた。着るものもままならず、「家にあった、おじの遺品だという」海軍兵学校の制服を着ていたからだ。まともな学生服もなくて、どこか闇市で手に入れてきた飛行服を着てるやつもいた。

当時、朝鮮戦争のさなかで、学校の前を、朝鮮戦線で傷ついた米軍戦車がぞろぞろ並んで修理工場に向って行くのを見て、戦争を身ぢかに感じた。

こうした状況だから、戸締り論は現実感があり、役に立った。今それに代って、あるいはそれの言い換えとして「抑止力」が登場し、米軍の沖縄永久占領を根拠づけるために大活躍だ。

軍備はいらないという方向に人々の心が大きく傾くと、その頃をねらって北朝鮮はテポドンとかノドンとかを日本と日本海に向けて放ち、また、韓国の漁船を銃撃したりつかまえたりして、緊張を高める。こうして「抑止力」の必要をいよいよ説得的に根拠づけようとする。そのあまりのタイミングの良さに、ぼくはアメリカと北朝鮮のぴったり合った呼吸を感じる。もしかして、北朝鮮はアメリカの指示によって、こういうやんちゃをやり、それとひきかえに、ほっておいたら倒れてしまいそうな政権を支えてもらっているのではないかとぼくは想像する。

北朝鮮こそは、アメリカ軍が沖縄に居座りつづける理由を根拠づける、アメリカのかくれたほんとの同盟国、いや手先ではないか——とぼくは思いつづけている。

ぼくらの世代は、アメリカがどんな謀略をやってのけるか、たっぷり見てきた。拉致においてもアメリカは名人だ。問題の五二年、鹿地亘は路上を歩いているところを、アメリカの謀略機関にジープに押し込まれて連れ去られた。その人は一年くらいで帰ってきた。後に大統領になった金大中さんの拉致はもっと大がかりで、これは韓日の合作だったが、もしかしてこれもアメリカの技術指導があったかもしれない。
沖縄を手放さないためには、アメリカはどんな謀略だって使うことを知っておかねばならない。もしかしたら、今の日本政府はそのことをちゃんと知っているかもしれない。だからあんなにびくびくしているんだ。しかし言うまでもなく、必要なのは国民が知っておくことだ。

(『T・U・F・S PEACE9』2010年4月5日第7号 東京外語大・九条の会)

【二〇一七年の感想】
今あらためて読みなおしてみて、七年前にこの文章を書いてから状況はほとんど変っていないことにおどろく。北朝鮮が、沖縄をアメリカの不沈空母とするためにますます協力しているというぼくの仮説を誰かに否定してほしい。トランプさんが大統領になってから、北朝鮮とアメリカが協力して演ずるこの芝居はますます迫真力を強めている。

究極の浪費は軍備

二〇一一年の大災害に、私は予感のようなものを持っていた。世の中、このままですむはずがないと。まず辛亥革命から一〇〇年たったのに、中国大陸がいまだに諸民族の牢獄であることをやめていない。沖縄がいまだに米軍の占領下にあるのに、知らぬ顔して遊びほうけている日本人——たぶん三月までに何かが起るにちがいない。起るとすれば三月一〇日頃だろうと。

三月一〇日は東京大空襲で一〇万人もの人が焼き殺されたが、これは、当時の私たち少年には、陸軍記念日として知られていた奉天会戦の日だ。敵がこの日をえらんだのは、それへの報復だという説を聞いたことがあるが本当だろうか。

さきの戦争を知っている世代の多くの人が、三月一一日を第二の敗戦、敗北と感じたと新聞などに投書していた。八〇歳代半ばのその人たちの感覚は、それよりいくぶん若い私には大いに勉強になり、反省させられた。

第一回の敗北は、戦争をやって名をあげたいという軍事出世主義者たちの口ぐるまに乗って、よくもののわかっている人たちまでがずるずると引き込まれて行った結果生じたものだ。

今回の敗北もまた、原発をやれば万事うまく行くという話にずるずると、時にはすすんで乗ってしまった結果だ。このずるずるは、日本人のいいかげんさという特性、よく言えば楽天性であり、それにはいい面も無くはない。

世界は、なおもこりずに原発をやり続けようという少なからずの日本人がいることを知ってびっくりしたらしい。あの広島、長崎の原爆を味わった日本人がと。ここからネオ日本文化論の新しい切口が現われる。いわく、日本人はもともと災害を日常として慣れてきているので、無常観に服従できるのだ。その背景には仏教に培われた心性があるのだろう等々、ドイツ人などが好むありきたりの解釈だが、あたらずとも遠からずと言えるだろう。

新聞など見ていると、原発についての態度は大きく二派に分かれる。一つは失敗にひるまず、あくまで絶対に安全な原発をめざしてすすもうという派、もう一つは、安全神話は崩壊した、やめるしかないという派。しかしこの派はさらに二つに割れる――では原発をやめて、今日までの生活水準が維持できなくてもいいかと恫喝されてへなへなとたじろぐ人と、「生活水準」の歴史を知っていて、そんな恫喝などにはひるまない人とである。

私は後者に属する。信じられる、裏切らない水と土と空気こそが人間存在の条件だろうと深く信じているからである。

ここで「生活水準」といえば、私の習性としてまず便所を考える。伝統的な溜め置き式から、今日の自動的に湯が出てシリを洗ってくれるまでの、便所の全歴史を私は経験している。脱原発を主張する友人に、じゃシリ洗い装置はあきらめるべきだと言うと、かれはジ持ちだから必需品だ。原発をやめても、このくらいの電力は心配ないと主張する。いや、こんなみみっちい話をしてすまん、もっとみのりのある話にすすもう。

戦争に負けたとたん、日本の全学校を野球という遊びが占領した。当時、「六三制、野球ばかりが強くなり」というざれうたを詠んだ人がいた。たしかに棒を振ってタマを打つこの遊びは、人々にあまりものを考えなくてもすむようにしてくれた。まもなく大人までもが夢中になり、ついにはそれで大金持になれる道をつくってくれた。

社会全体がこの遊びのためについやすエネルギーと、夜も明るく照らす電気代はばかにならないはずだ。本土決戦にそなえていた私たち腹ペコ少国民は、なるべく無駄に体を動かさず、体力を節約して敵との戦いにそなえようとしていた。ところが今はどうだ。フィットネスだのジムだなどという設備ができて、そこで金を払ってむだに体を動かす――何という無意味な浪費ではないか。

私なら、「人力発電所」というようなものを建てて、こうしたジム通いする人たちをそこにさそって、手でキカイをまわしたり足で踏んだりして発電機を動かして、電気の製造に貢献するかたわらメタボ治療に励んでもらうとか、あるいは山林に分け入って間伐作業に従事することで日本の自然をまもる活動に参加してほしいと思う。

しかし政治家がこんなことを口にしたら、たちまち失職してしまうだろうから政策にはなり得ない。

以上のことは、次の、いちばん大事なことにたどりつくためのまわり道である。いちばん大事なこと、それは究極の浪費は軍備だという認識である。私は計算に弱いから言いにくいのだが、この方の専門家は、世界中がどれだけ軍備という浪費で地球の命をちぢめているかを数字にして示してほしい。福島の事故で、世界中の人が生き方を変えなければならないと思ったにちがいない。その人たちのいくらかは私の意見に同意してくれると信じている。

（『3・11と私──東日本大震災で考えたこと』2012年8月30日　藤原書店）

レクラム文庫から草原の読書へ

戦争が終った翌年の夏、親戚のある青年が私を呼んで、まあここに来て座りなさいと言った。私は国民学校六年生だった。その人が神妙な面持ちで読みはじめたのは、岩波文庫の巻末にある、「読書子に寄す」と題した発刊の辞である。「真理は万人によって求められることを自ら欲し」ではじまる長い文を読みあげると、かれは、どうだいい文章だろうと、感にたえたように同意を求めたけれども、私はそれほどでもなく、ただ「吾人は範をかのレクラム文庫にとり」のところだけが耳に残った。レクラムって何だろうかと。

岩波文庫はその頃たいへん手に入りにくく、父が当時勤めていた丸の内から、発売日の昼休みを利用して神保町の岩波書店にかけつけると、すでにできている長い行列の後について、どれでもいいから残った一冊をやっと手に入れるようなぐあいだったと聞いた。

大学生になってから、東京のドイツ語本を売っている本屋さんで、エンゲルスの『家族・私有財産・国家の起源』の表紙に「レクラム」とあるのを見たとき、私は一瞬のうちに謎がとけた思いでそれを買った。これがあのレクラム文庫なんだと。そして後に、この本家ライプツィヒのほかに西に移ったレクラム社があることを知ったのは、シュトゥットガルト版のレクラム文庫によってであった。

ところでモンゴルの出版物にも、文庫のように小ぶりなものが多い。たぶん紙の節約のためだろうと出版人にたずねたところ、いや、遊牧に出かける牧人のために、かれらのはく長靴の中におさまりやすいように工夫したのだという。一九二六年、二人の少年がライプツィヒに派遣され、そこから印刷術を持ち帰った。草原の読書もまたレクラム文庫にヒントを得たらしい。

（『図書』２０１０年5月　岩波書店）

「表現」ということばのエネルギー

禁圧されていた「表現」

「表現」――このことばをはじめて聞いたときの、あの新鮮な感じを私はいまでも忘れない。何ときらびやかで、しゃれていて、自由で大胆なことばだろうと感に打たれたのは、敗戦後まもない中学生のころだった。戦争中にそんなことばを聞いたことはなく、もし聞いていたとすれば、時局にそぐわぬ、避けるべきことばだという感じがしたであろう。

いまでこそ、「国語の表現力」をつけましょうだの、小学校ですら、「うれしい気持ちをからだで表現してみましょう」などと、ふだんから言っているらしく、すでに「学校教育用語」として、むしろ官僚的に汚染されてしまっているが、あのころはそうではなかった。背景には、自由な感情の表現などは、日常的に検閲され、禁圧されていたから、表現の意欲をそそることなど、あるまじき「非国民」的態度だという、無意識の圧力があったからだ。

そういうわけで、「表現」ということばに付着している、あのまばゆいような感覚を、私は、当時のままに思い起こし、それを若い世代の人たちにも理解してもらい、共有したいから、いま、こうして書いているわけだ。

だから、「表現」という語は、単に「心の内にあるものを外に出してあらわにする」といったような辞書的記述だけではつくされないものを含んでいる。それは「個性の主張」、「自由」の感覚などと深くむすびついていて、何よりも勇気を伴わないでは実行できないものなのだ。

あることばにつきまとっている、このような副次的意味、語感は、そのことばが生み出されて以来、くぐり抜けてきた時代の経験がつけ加えたものだが、それをさらにさかのぼると、起源の時代の刻印につきあたる。とりわけそのことばが求められた動機が。こういうことを明らかにするためには、広い意味での語源研究が必要とされるのだが、「表現」のように感情価値のたかいことばになると、その語源は、単なる「モノ」の起源としてではなく、そのことばを生んだイデオロギー的環境の復元という作業の様相を帯びてくる。といっても、これは私の単なる見通しによるものであって、実証的な備えがあるわけではない。辞典、とりわけ日本語の辞典類は、そこまでの追求のかまえをほとんど持ちあわせていない。

明治の超新語「表現」

私はこの語は、本来の日本語にも、また日本よりもずっと個人の自由の確立のおくれた漢字使用諸国にも、もとからあったことばではなく、表現の自由を求めてたたかってきた西洋文化の中から生まれたものであって、まず日本語が漢字を用いてとり入れて定着させ、それを他の漢字使用国が、文字もろともその概念をとり入れたものだととりあえず見当をつけてみる。

このことを、私がこだわって、ちょっとくどく言いたい気持ちになるのは、次のような事情があるからだ。ミネルヴァ書房刊行の一〇〇〇ページに近い大冊『日本語源広辞典』が、この「表現」を項目に入れたそのことを私は心から歓迎し、注目している。「表現」の語源を知り、説明することに、この辞典が意義を見出した、そのこと自体、非凡なことである。ところが、この辞典が、「表現」の起源をあっさりと「中国語源」としていることは、一層の驚きであった。この辞典が、漢字で表記されている日本語はすべて中国語起源とする奇妙な性癖を持っていることは、この辞典に登録された漢字で表記される他の多くの日本語語彙についての語源説明からもすぐに判明するところである。尊敬すべき刊行物を多数世に送っている出版社としても、この「語源」という用語への根本的理解の欠如は大いに悔やまれるところだ。そのことを以下に述べる。

たとえばこころみに、漢字に対してはより慎重な、白川静『字通』の「表」の字の項を見ると、そこには「表現」という、文字の組みあわせは登録されていない。すなわち、本来の「中国語」には存在しなかったと見ていい。

では、日本語ではどうなのだろうか。残念なことに私は、日本語の著作をあまり読まないので、「表現」なる語が、誰々のどの著作にいつ現われはじめたなどと、くわしいことは言えないから、やはり辞典類にたよらざるを得ない。ただし、「表現」のもとになったのは、たぶん西洋語の expression あたりで、その借入期は幕末か明治ではなかったかと大ざっぱに見当をつけて、惣郷正明・飛田良文編『明治のことば辞典』（東京堂出版）に助けを求める。するとそこには、この語は「明治時代の新語」と明示した上で、もとになっているのは、representation あるいは expression の二つの語の可能性があるとの指摘がある。そして、出現の場として明治一四年の『哲学字彙』、明治一九年の二葉亭四迷訳『カートコフ氏美術俗解』などがあげてある。つまり、「表現」なる漢字語は、まず哲学（美学）や美術の専門用語として日本語の中に移植され、文学作品などを通じて俗界の中にひろまっていったというあしどりが示唆されている。

しかしこのあしどりは、かなり遅々たるものだったにちがいない。というのは、当時の活発に新語を生みだした日本語のすがたをとらえた明治一九年の、ヘボンの『和英語林集成』第三版には、この語はまだ登録されていないからである。

そこでこんどは念のため、同じ辞典の英和の部の expression、representation から、それにあたる日本語を求めると、前者には「ノベルコト、ハナシ」などとあり、後者には「アラワスコト、カキアラワスコト」とある。このことから、明治二〇年頃には、この語「表現」はまだ哲学の辞典の中にとどまっていて、庶民の生きた、日常のことばとしては採用されなかったことがわかる。すなわち、当時「表現」という語は、新聞や小説などでは、まだ気安く用いられるに至っていない「超新語」だったことが推察される。

ではこの語が「学界」を出て俗界入りを果したのはいつごろだったろうか。二〇世紀に入ってからドイツに発生した、美術、文学の領域に起こった表現主義の運動が日本をも侵し、この運動の名が、すでに日本語の中に準備されていた「表現」なる新語に、あらためてエネルギーを与えてひろめたのが、大正末ごろではなかったろうか。

大正一三年に築地小劇場が開かれ、その第一回の出しものが、表現主義作家ゲーリングの「海戦」だったというから、この一大イベントが、この語の普及の一つの画期になったと見ることができよう。

ドイツ語でも「表現」はつくられたことば

ではそのころドイツ語では「表現」を何と言っていたのであろうか。それにあたる語は当時も今もAusdruck《アウスドルック》で、この語はexpressionの直訳（ex→aus, pression→druck）によって生まれた。この手持ちの材料によって新語をつくるモデルは、すでに、「in→ein, pression→druck」という置きかえによって、impression（印象）に代わるEindruck《アインドルック》をつくった経験が提供していた。

ここで注目しておきたいのは、一八世紀のドイツでは、ドイツ語を水びたしにした、ラテン語、英仏語などからの外来語を追放して、自前の材料で置きかえようという、言語純化運動がたかまったおかげで、それに代わる多数のドイツ新語が生まれて今日に至っていることだ。

この運動を先導したのは急進的国粋主義者とも言える言語学者たちで、かれらは「外来語をドイツ語で言いかえるための辞典」を刊行した。有名なものとして、ハイゼの『外来語言いかえ・説明辞典』（初版一八〇四年）があり、私のところには、H・ドゥンガーの『なくてもすませる外来語をドイツ語で言いかえる辞典』（一八八二年）もある。

日本ではこういう動きがあってもたかまりを見せず、どこどこまでも漢字の知識をふりまわして学識を誇り、母なるやまとのことばをさげすんで育てなかった結果が、いまの、漢字がなければ何も言えなくなってしまった日本語の状態なのである。

もちろんドイツも、どこどこまでもラテン語などの知識を手ばなせず、見せびらかしていた人士はいたが、次第に声をひそめていった。いったい、ドイツと日本のことばのあり方のこのようなちがいはどこから来るのだろうかというのが私の関心であるから、ついつい書いてしまったのだが、ドイツの表現主義の運動がエクスプレッシオニスムスとわざわざラテン語起源の語を用いたことは、この運動が、芸術革命にふさわしい非日常の感覚をかきたてるための戦術であったろう。

「表現」は自由の支柱

「表現」ということばが、私に喚起するのは、上に述べたようなことがらである。それは、「型どおり」ではなく、むしろ型やしきたりから「はずれ」ていて、独自で個性的であり、ときに「常軌を逸している」ことが、このことばの生命と言ってもいいくらいである。

このような感覚は、こどもにしてすでに自由な表現を禁じられていた私たちの世代に特有のものであって、若い世代には理解されないのだろうか。最初から表現ということばを、普通のこととして与えられている世代には、このことばがかき鳴らす解放のひびきはもう聞こえなくなっているのだろうか。
　しかしそうではないように思える。いまの学生たちも、また大学の教師すらも、日々権力の脅迫におびえ、用心深くなり、臆病になっているような気配を感じる——こう書いているさなかに、日本国は、大した抵抗もなく「特定秘密保護法」なる、「表現」鎮圧の窮極の兵器を、国民に向けて装備してしまったではないか。こうして「表現」ということばは、これからさらに戦闘的に、新しい歴史を生きることになる。

（『世界思想』２０１４年春　世界思想社）

《読書ノート》

『ブラッドランド——ヒトラーとスターリン　大虐殺の真実　上・下』

（ティモシー・スナイダー著・布施由紀子訳／筑摩書房）

三百万人もの餓死者を出したという一九三三年のウクライナにおける飢餓政策にはじまって、第二次大戦が終結する四五年までの十二年間に、ソ連とナチス・ドイツがそれぞれに行った大量殺戮のぎせい者の数は、あわせて一千四百万人にのぼるという。

殺戮が行われたのは、ソ連からドイツに至る一帯で、ウクライナ、ベラルーシ、ポーランド、バルト三国などが含まれる。著者はそこを指して、「ブラッドランズ」（Bloodlands）と名づけて表題とした。

日本の読者には、ユダヤ人問題の「最終解決」としてのホロコーストはよく知られているが、殺処分の対象になったのはユダヤ人だけでなく、これら諸国の諸民族であったことを知らせるのが、本書の目的の一つである。

著者は、この地域で起きたできごとを、異常な忍耐力でもって調べあげて詳述した。殺戮の方法は、独ソの別なく共通していて、まずは強制収容所での集団餓死だが、これには時間がかかるので銃殺へと進み、ナチスは最後には、効率のよいガス処理を案出したのである。

これらの殺戮は戦争以外の場で起きたことに著者は注意をうながす。となるとその目的はなんだったのか。ユダヤ人についてはよくわかる。ゲルマン民族としてのドイツ人の血の純血を回復するためという、よく知られた人種主義にもとづく言説があるからだ。またソ連は、ウクライナの富農層から土地と穀物を奪い、そのあとに貧農を入れかえるという階級闘争の意義をかかげた政治的殺人であった。

それに対して、ロシア人ではない「劣等スラヴ人種」の排除のためという理由の方は、暗黙のうちにソ連とナチス・ドイツと共有されていたが、この説明はかなりむつかしい。

しかしこの暗黙の了解をこの上なく明白にしたのは、一九三九年八月二三日の独ソ不可侵条約であった。この条約によって、ポーランドは東西に分割され（この分割線をモロトフ・リッベントロップ線と著者は名づける）、それぞれの側の支配を相手にゆだねたのである。

この条約は、すでにドイツと、対ソ連の防共協定を結んでいた日本を茫然とさせた。日本はまさにその時、満洲国とモンゴル人民共和国との国境でソ連を相手に苦闘していたノモンハン戦争を続行する見通しを失ったからである。

九月一五日、モスクワで東郷、モロトフ両外相との間で停戦協定を結ぶと、ソ連はドイツに遅れじとポーランドに侵攻して第二次大戦がはじまったのである。ノモンハンに釘づけにされていたソ連の大軍は時を移さずヨーロッパに向けられた。中部ヨーロッパにおける世界史的な動きが、遠く離れた北東アジアの一画でのできごとと、いかに密接につながっているかを著者はくりかえし示唆している。

ここで本書の中心問題となる、ではなぜ、この地域あるいは地帯で、このように計画的で集中的な殺戮が行われたのかの問いにもどらなければならない。本書の題名が決して単数の流血地帯ではなくて、複数のランズすなわち、諸国となっていることに注目したい。問題は、ウクライナ、ベラルーシ、ポーランドなどのスラヴ諸国は、民族としても国家としても、その境界性と独立性が極めて流動的であったことに由来する。

私がくり返し書いてきたことであるが、フランスの穏健な言語学者でスラヴ学が専門のアントワーヌ・メイエが、一九二八年の著書で、ウクライナ語やベラルーシ語を独立の言語と扱うことを「必要でもなく有益でもなかった」と断言したことを想起したい。

これら諸言語、諸民族、諸国家がかかえている問題は本書で述べられている殺戮でもってしても解決できず、いままさに、ウクライナ問題として鋭く、アクチュアルに再現している文明史問題なのである。

こうしたスラヴ諸国の民族と国家形成にかかわる問題に挑んだすぐれた研究が日本でも現われつつあることを、本書の読者には知っていただきたい。その一つとして、早坂眞理『ベラルーシ　境界領域の歴史学』（彩流社、二〇一三年）をあげておく。

（「Web ちくま」２０１５年10月23日　筑摩書房）
原題「いまなお繰り返されている文明史問題」

【二〇一七年の感想】
これは、ぼくがはじめて電子版というものに書いた文章だ。自身は電子版でものを読む習慣がないから、これがどのように読者に読まれたかを知らず、たしかめてみたことはない。しかし電子版と紙版のそれぞれの読者層の間にはやはり一種の断絶があるような気がする。

豊かにして、おそろしい世界

志賀澤子さんが一人芝居、『ローズ』をやるというので両国まで見に行った。ぼくの知っている一人芝居は、チェーホフの『煙草の害について』くらいだから、そのようなものを想像して出かけた。

しかし『ローズ』の舞台を見ているうちに、チェーホフは後背に退き、代わってイディシュ作家、ショレム・アレイヘムや、アイザク・シンガーの世界がぼくを包んでしまった。『ローズ』は明らかにこの世界に属する一つの典型である。

ユダヤ人と言うときに、二種類のユダヤ人を区別しておかなければならない。一つは聖典のことばであるヘブライ語の教養を身につけ、故土、シオンの丘に祖国を復活させようとするシオニスト、もう一つは、極貧のゲットーで生まれ育ち、祖国をもつことを断念した、いわゆるアシュケナージである。

後者は、中世ドイツの諸都市にあてがわれたゲットーと称する閉鎖空間に閉じ込められて、ヘブライ語の知識はおろか、学校教育も受けず、まわりのドイツ人たちから聞きかじって、みじめにゆがめたドイツ語—イディッシュ語しか話せない文盲だった。そもそもこの言語名は、ユダヤ人を指す差別語「イッド」から来ている。ちなみにヒトラーがガス室に送ったのはこの人たちの子孫である。

一八九七年マルクス主義の影響下に結成された「リトワニア、ポーランド、ロシアの全ユダヤ人労働者ブンド（同盟）」は、この言語でかれらの新聞を刊行した。「くさったドイツ語」は今や「ユダヤ人プロレタリアート」の共通の言語になった。そして、ショレム・アレイヘムのような作家が、この言語を用いて、驚くべき文学世界を切り開いたのである。

イディッシュ語には、ゲットーを満たすよどんだ空気がしみついている。かれらは口を開くや否や、生涯かけてからだにため込んできた膿をしぼり出すようにして、とめどなく、自らの苦痛をこの言語で語らないではいられなかった。それは快楽ではあるが、ほとんど自傷行為を思わせた。

イディッシュ作家の作品全般から受けるこの印象は、私流に言えば、「自傷の一人芝居」である。その傷のするどさと深さは、何百年もの迫害のもとでみがきあげられた、きわめて論理的で、救いのない皮肉の表現の中に刻まれている。かれらは自らの苦しみを外化《がいか》して、政治スローガンのように空にとばすようなことはしない。だから決して明るいはずはないが、透明な共感となって、私たちが眠らせている感性をゆさぶる苦いユーモアの形をとりさえする。
志賀澤子さんは、おそろしい世界に踏み込んでしまったものだ。どこかで引返せないものか……という思いをかかえながら劇場をあとにした。

【ショレム・アレイヘム　一八五九―一九一六　ウクライナ出身のイディッシュ劇作家、小説家、ジャーナリスト。『屋根の上のヴァイオリン弾き』など】

（「ローズ通信」13号　2015年5月17日　シアターX）

【二〇一七年に思うこと】
日本人は、とりわけ翻訳だけで作品を考える人には、それがどのような言語で書かれているかをあまり問題にしない。ぼくは志賀澤子さんからこの宣伝文を頼まれたときに、何はともあれ、「イディシュ」という言語がどういうことばかを知ってほしいばかりにこれを書いたのである。

しのばるる安丸良夫についての断章

安丸良夫の名をはじめて耳にしたのは、一九七二、三年だった頃か、ぼくが岡山大学につとめはじめた頃のことだ。で、その名を教えてくれた人に、それはどんなやつかと聞いたところ、一言で言って神様のような人だと評したのである。そう語ったのはひろたまさきだった。ひろたによるこのような導入のしかたは、ぼくの描く安丸像をその後もしばり続けた点でふさわしくないと思うが、では怪物とでも言えばよかったかと言えば、やはり神様の方が適切だと言わざるを得ない。その数年後、ぼくは岡山を去って一橋大学に移るのだが、ここでぼくは、その神様本人と出会うことになるのである。

この神様とぼくとが、平らかな気持でつき合えたのは、ひとえに専門がちがっていたからで、ぼくが日本史のような密な文献に囲まれて、同じ専門をやっていたら、ああは行かなかったであろう。

もともとぼくは戦争に負けたあのような時代に育った日本人として日本はうんざり、日本を研究するなどとは思いもかけなかったことであり、日本以外のことだったら、どんな研究だっていいとさえ考えていた。それを安丸はわざわざ選ぶというのが、まず非凡だと思われるのだった。

安丸もぼくも同じ敗戦の日本で、同じ昭和九年の六月に生れた。かれは二日で、ぼくは三日だから、誕生の時間はもしかして数時間の差しかないのに、この差はどこから現われて来るのだろうかとふしぎでならなかった。かれの学問が成功したかどうかは別として、このような、最も身近な対象に深く没入できる人と、身近な対象から目を逸らし、現実逃避型の選択をする人とでは生き方にも大きなちがいが出てくるはずである。

安丸もこの点では、多少ぼくに関心があったと思うが、そう思うのは、ある時、阿部謹也と安丸とぼくの三人がいっしょにいる時に、安丸がなぜ田中はモンゴルなんかの研究をやる気になったんだいと聞いたことがあるからである。

ぼくが答えにためらっていると、阿部がすぐさま「人にはいろんな事情があるもんだよ」と口をはさんで、議論の道をふさいでしまった。阿部と安丸のちがいはおもしろい問題で、いつかとりあげてみたいと思っているのだが、学生時代のはずかしい思い出をも含めて知っている阿部と、すでに神様としてでき上ってからぼくの前に現れた安丸とでは、やはり扱いがちがって来ざるを得ない。

ぼくは一橋大学で知りあった最初の頃に、安丸に、「君は神様なんだってね。ひろたがそう言っていたよ」と言ったところ、安丸は、そういうことを言うやつはばかなんだよと答えた。ことば通りの引用としては正しいかもしれないけれども、これほど無内容で乱暴な引用はひろたさんとしては不本意かぎりなく、申しわけないのだが、神様とされてしまった御本尊としては、こう答えるしかなかったであろう。

安丸は民衆史というものを開拓して体系づけたという、気の遠くなるような仕事をやりとげた人として記憶されている。ところがぼくの方は、ソシュールの洗礼を受けたサンクロニストとして出発している。民衆とは、最も文字から遠い存在で、文字を欠いており、あるいは文字の生活の希薄な民衆は、歴史からも遠い生活をしている。民衆と歴史はむすびつきにくい概念であって、そこのところを安丸はどのようにしてつないだのだろうかというのが、安丸にはじかに質問しにくい問いであった。このあたりの事情を明らかにするには、きっと柳田国男にたずねなければならない問題があるのだと思っていた。

こんなことを考えながらも、ぼくは安丸の仕事を支持する側にいたいと思った。それは、高校時代に聞いた服部之総の講演の影響もあった。しかし服部之総を安丸がどのように受けとっているか、かれの著作の中では出会ったことはない。

そうこうするうちに、かれは、出たばかりの『出口なお』(一九七七年)をくれた。それは、安丸の傑作の一つではあるが、本業からちょっと外れた応用問題のような感じがする。しかし日本の民衆史としてはなくてはならない作品である。言ってみれば、グリムが民話を集める際に、真に耳をかたむけざるを得なかったような女だった。とりわけ、なおの暮したあやべの町は、ぼくの生れたところからそう遠いところではなく、菊人形祭りの時には祖父に連れられて行ったなじみの町でもある。そういうところに住む普通の女がかみがかりして、あやしげなことを口にするようになるという物語は、ぼくには日常的な現実感があるが、安丸はそれを隔絶した物語として昇華させたのである。ここには安丸の他の著作には見られない、自由で手足をのびのびと伸ばした空間がある。

その二年後には、『神々の明治維新』(一九七九年)が現われる。これが現われたとき、ぼくは在外研究員として一年間日本を不在にしていたので、翌年帰国してから見たのである。題名は、これ以上はあり得ないと思われるほど魅力に富んだものであったが、決して読みやすいとは言えぬ文体で書かれていたから、ちょっとのぞいただけでそのままにしておいた。

さらに二年たつと、ぼくは同じ岩波新書で『ことばと国家』を書いた。この本は発刊当時、新聞の書評欄が特にとり上げることもなく、編集者自身、この本は派手なデビューはしませんが、ながく読みつがれるロングセラーになるような本ですと慰めてくれたが、事実昨年二〇一五年には五一刷を出しているから予言どおりになったと言うべきである。

この『ことばと国家』が毎年増刷されているのに、『神々の明治維新』が脚光を浴びないのは不当であるとぼくは考えて、編集者にそう言ってみたところ、あなたが書いたオビをつけて出してみましょうということになった。オビは、決して安丸ふうではなく、ぼくの好みに沿った補助線を加えて書いたのである。ぼくには、どうせ日本の神様のことだから、ねずみの歯のまじないくらいのもんだと思って気楽に書いたのである。たぶんそのせいであろうか、安丸はぼくに特別の感謝はしなかった。ほめるなら、もっと重厚なほめ方をしてほしかったんだと思う。

それから数年たって、かれは『宗教と国家』(日本近代思想大系5)を、あの時のお礼だよと言ってくれた。そう言ったところを思うと、『神々の明治維新』にぼくが書いたオビのことをおぼえていたことがわかるけれども、おぼえていることは、感謝とはちがい、意に沿わぬすいせんを書かれたことによって、一層記憶されていることもあるだろう。

開いてみると、これが驚愕すべき、おそるべき資料集であると知った。日本の民衆というのは、西洋の民衆とはちがって、これほど大量の漢字を使って自らの歴史をしばられるに至った不幸な人たちなんだなあと思うしかない。

安丸は晩年近くなると、だんだん声が出にくくなった。そのせいか、ハガキを書いてくることが多くなった。多くの人は想像がつかないかもしれないが、一九八〇年代後半のころは、カラオケだか、そのようなところで安丸と歌をうたったことが何度もある。「さざんかの宿」なんてのを安丸も歌った。なぜかは、今はここには書かない。ちょっと鼻にかかったオトであるが、よく響く点で、むしろぼくはいい声だと思った。

一昨年、ぼくが『従軍慰安婦と靖国神社』を送ったときのハガキが安丸からのハガキの一束としてとってある。この本を安丸は「たいへん興味深く拝読しました。この二つの問題をうまく論じうるかどうかは、もの書きの能力検定試験のようなところがあり、学兄ならではのものの見方に感心」となっている。といって、決してほめてはいないが、ぼくには、安丸の「もの書きの能力検定試験」というところが、ずばり秀逸で、こういうことをするりと言ってしまうところが安丸の神様的なところだと言えよう。

安丸はことし四月四日になくなった。その直前まで、ぼくが安丸をわずらわしたやりとりがあった。それはぼくの女弟子が、ある時ぼくの本だなに置いてあった「柳田国男抜き書きノート」を持って行ってしまったのを、何とかとり返してもらえないかと頼んだことにかかわる一件であった。

安丸はぼくへのハガキで、「彼女には確かに伝えておいた。返事は大兄に直接してくれとハガキを出しておいた」と伝えて来た。その次には、ことしの一月に送られてきたもので、彼女は「不思議なことに、そのことには直接ふれない返事をしてきた。ぼくには理解しがたいことだ」とし、そして「この不思議な仲介役は今回でオシマイとします」と書いてきた。

ぼくは安丸がいやな役割を引き受けてくれたことに感謝して「ここまでやってくれたんだから、もういいよ」と返事を書いた。ややあって、今度は安丸が電話をしてきた。「彼女はうそをついているんだよ。しかし君も、この抜き書きノートを返してもらえないのは、罰金だと思ってあきらめるんだなあ」と。これはぼくが安丸からはっきりと聞いた最後のことばになった。それにしても、何とうまいことを言うやつなんだろう。「罰金」だとはねえ。ぼくは安丸のこのことばを噛みしめてみたのである。人には、ときにはあきらめなければならないことがある。それを罰金というのはうまいなあ、と。

それから一か月ほどのことだ。奥様から、安丸が事故にあって、もう持たないだろうから、今のうちに会っておいた方がいいという知らせを受けたのは。

病床の安丸は顔色もよく元気そうに思えたがそれが熱のせいだったとあとでわかった。ぼくはそれをとりちがえて、あと半月か一と月してやって来れば、もっとしっかり話ができるだろうと気軽に考えてしまった。かれは何か、いっしょうけんめいに話したが、ぼくには聞きとれなかった。しかし笑みをうかべていたのがとても嬉しく、君の罰金のイミよくわかったよと大きな声で明るく伝えたのである。

安丸は笑ってそれを受けとめた。三月二六日のことだった。

（『現代思想』臨時増刊号　２０１６年9月　青土社）

【二〇一七年における追って書き】

この一文が発表された後、しばらくたってから、掲載した『現代思想』の編集者から問いあわせが来た。読者の一人から、ぼくに手紙を書きたいと要望があったけれど、ぼくの住所を教えてていいかという趣旨だった。もちろんいいですよと答えた。

ほどなく、その読者から手紙が来た。この手紙が機縁となって、ぼくは安丸について、それまで知ることのできなかった多くのことを知るようになった。

何よりも驚いたのは、安丸は意外なことに、ぼくが思いもかけなかったメール巧者《こうしゃ》であって、この人（手紙の主）と日々メールの交換をしていたというのである。この人は安丸からのメールをきちんと保存し、整理していて、ぼくに関係ありそうな部分を紙に印刷して送ってくれた。

まず、ぼくが、慰安婦問題について、困った発言をしそうなので、それを心配して、何とかやめさせようとしている安丸のようすが伝わってくる。

二〇一六年一月一日のメールには、「さてT氏〔田中克彦──すなわちぼくのこと〕が慰安婦問題についてヘンな発言をしそうな形勢、ぼくは何とかやめさせようと考えているが、平地に波乱を求めるのがこの人の生き方とすれば、ぼくはそれをある範囲に押し込めておこうとしている俗物か」とある。つづいて一月一〇日の便には、「Tは慰安婦問題への独自な発想、袋叩きになりかねない内容なので、政治から距離をとるようにという俗物的な意見を述べておいた」と。

ぼくとはそれほど親密ではないと思っていた安丸が、こんなにぼくのことで心配してくれていたとは、全く意外だった。かれはめったにかけてこないある日の電話で、出なくなった声をふりしぼるようにして、「あんたがそんなにがんばらなくっても、ちゃんと考えてくれる人はいるんだから……」と話し、なんとか、ぼくに慰安婦問題で意見を表明するのを思いとどまらせようとしていたらしく見えた。

ぼくが、敢えて「火中の栗を拾う」ことを好む人間であることを、安丸はよく知っていたことがこれでよくわかる。二〇一四年にぼくが出した『従軍慰安婦と靖国神社』（KADOKAWA）から、さらに危険域に押しすすまないかと、かれがこんなに心を痛めていたことをあらためて知ったのである。

さて、問題は、「ぼくの女弟子が、ぼくの本だなに置いてあった〈柳田國男抜き書きノート〉を持って行ってしまったのを、何とかとり返してもらえないかと頼んだ」件についてである。

そのことで、この「女弟子」については、安丸からの一月一三日のこの人あてメールには次のように現われている。

——「朝、珍しくIさんから電話、Tさん［田中］が言う柳田國男からの抜き書きもっていない云々。……Iさんはいつも不思議な抽象語で何か背景がありそうだが、ぼくには真意がわからなかった。いまも真相はわからないが、とにかくにも「もっていない」ということで、事実は確認できた。しかしこの「事実」も嘘かもしれず、ぼくには不可解だが……」とある。

もうやめておこう。いつだったか京都で彼女の講演があるというので、たまたま京都に行っていたぼくはこの講演に出たところ、ぼくの作ったこの「ノート」をそのまま、つらねてしゃべっていただけなので、「ノート」はたしかに彼女の手もとにあることが確認できたから、それで安心していたのだった。

安丸は続けてこう書いている。「Iさんは国際的に気分よく軽く生きてゆきたいそうで、ぼくの気分とはずいぶん違うが、それでは一橋の院生への指導がますますおろそかになると思うが、それはぼくが言うべきことではない」と結んでいる。

一月一一日のメールでは、「イ［・ヨンスク――ここではじめてIさんは実名で言及される］さんの独自性は……自分の視野が限られていると思いやすい……日本知識人の弱みとうまく対応していて、ある時代と場所の日本知識層に受け入れられたのではないか。ところがそうした独自性がTという支え手を失うと、無内容なたわごとになってしまったのではないか」。

そうしてここに「日本知識人の弱み」についての言及があるが、安丸のこの感想に、ぼくとしてはこれ以上に何もつけ加えることはない。つけ加えるとすれば、ぼくの「自伝」（平凡社）に、数年後に現われるかも知れない続篇においてであろう。

《雑誌連載コラム》
今、世界は

ナシオンが「民族」を食いつぶす

民族について論ずると評判が良くない。そんなことばを用いること自体が、学問的無知をさらけ出しているぞ、という視線に出会う。ここではその代表例として一つだけ掲げよう。

「民族などというものは、実際には存在しない。あたかも実体のある物のように扱われがちだが、本当は純粋に観念の産物である。」（『岡田英弘著作集1』二〇六頁）

ほんとにそうだろうか。だとすれば今日、われわれが心をいためている、チベット人やウイグル人がなめているあの苦難は「民族問題」と呼ばれているが、その苦難の主体であるこれらの民族には実体がなく、単なる「観念」の産物にすぎないのだろうか。

さきの著者は、日本語の「民族」に対応する西洋語、たとえば「ナシオン」の訳語は、民族ではなく「国民」であるべきだと言う。つまり日本人は、このナシオン（国民）に、自家製の「民族」をあてて、用語の大混乱を招いたというのである。

フランス革命でナシオンが「国民」の意味を占有するよりずっと前、一六七〇年に、スピノザは、この語のラテン語 natio を次のように用いている。

「自然は民族（natio）を作らず、ただ個々の人間を創るのみであり、個々の人間が言語、法律並びに風習の相違によって初めて民族（natio）に区別されるのである。」（『神学・政治論』）

このナツィオは明らかに「国民」ではなく、われわれの言う「民族」を指している。フランス革命は、フランス語以外のあらゆる言語は、人間の理性の宿らない非言語《ジャルゴン》だとした上で、それを用いる人間は、理性をそなえぬ非人間だとして排除し、フランス人のみがナシオンであるとした。こうしてフランスには「民族」はいなくなったのである。

日本人はこの矛盾を見破って、「民族」ということばを創出した。これからは、世界の学会はこぞって、ネイションのほかに「日本語の」「ミンゾク」を学術用語として採用し、この用語の混乱に決着をつけるべきだ。

（『機』２０１６年４月　藤原書店）

フランス革命が排他的「国語」をつくる

フランスには「民族」は存在せず、あるのは「国民《ナシオン》」のみとしたのに並行して、「民族語は存在せず、フランス語のみが『言語』の名にあたいする『国民語《ナシオン》』(=国語)である」としたのもまた革命であった。その他のブルトン語、プロヴァンス語、バスク語などは、言語以前のパルレ(土語)、パトワ(俚語)、ジャルゴンなどと呼ばれるいわば非言語だとされた。そして、これらのまともでない非言語を使っているかぎり、人間はまともになれないと説いたのである。

こうした言語観をくっきりと表明したのが、一七九四年の国民公会で行なったバレールの演説であった。いわく「我々は政府も、風俗も、思想も革命した。さらに言語も革命しよう。連邦主義と迷信は低地ブルトン語を話す。亡命者と共和国への憎悪はドイツ語を話す。反革命はイタリア語を、狂信者はバスク語を話す……」

この「フランス語=国語」の言語専制は、一九五一年、ディクソンヌ法が発せられるまで一五〇年も続いた。この法律によって、[国内諸語のうち]ブルトン語、オクシタン語、バスク語、カタロニア語など四つの言語が学校で教えられるようになった。背景には圧しつぶされて行く諸民族の運動があった。日本に明治二〇年前後に現れた「国語」という新語は、このようなフランスの影響下に生じた。

しかし、「国語」はいつでも一つとはかぎらない。スイスの憲法では「ドイツ語、フランス語、イタリア語、レト・ロマン（ロマンシュ）語は、スイスの国語（Nationalsprache）である」と規定している。だからといって、スイスには四つのナシオン（国民）があるかと言えば変なことになってしまう。スイス国民は一つだからである。この変さはどこから生じたのか。「ナシオン」を「国民」に独占させてしまったからである。ナシオンには、国民以前の、もう一つの根源的意味、すなわち「民族」あるいはそれに近い概念があることを、この例は物語っているのである。

（『機』2016年5月　藤原書店）

ソビエト同盟（連邦）の歴史的役割

フランス革命から約一二〇年をへて生じたロシア革命は、多くの点でフランス革命をモデルにしようとしたけれども、どうしてもそうは行かなかった。まず言語・宗教・文化における、諸民族の多様性であった。言語について言えば、インド＝ヨーロッパ語に属するロシア語、アルメニア語のほか、テュルク、モンゴルなどのアルタイ系、ウラル系、カフカス諸語などというように、一〇〇をこえる言語の巨大な生きた博物館の様相を呈していた。

それにもかかわらず、ボリシェヴィキ党は、マルクス主義の教義をかたくまもり、フランスを模した「単一の中央集権国家」をめざしていた。いわく、「無政府主義のプチ・ブルジョワ的観点からは、原理的に連邦主義が出てくる。マルクスは中央集権論者である」(レーニン『国家と革命』一九一七年)。

このような態度をぎりぎりまで維持しつつも、他方では、多民族多言語の負担に悩む、オーストリア社会民主党の民族政策に耳をかたむけ、その研究を怠らなかった。ウィーン亡命中の、三三歳のスターリンが書いた『マルクス主義と民族問題』はその成果であり、そこで与えられた「民族の定義」は後々まで規範的な影響力を与えつづけた。

実現した「ソビエト連邦」の「連邦」は、ロシア語原文ではソユーズ(「同盟」)となっており、「連邦」よりはるかに拘束力の弱いものである。同盟を構成する一五の共和国は「ソ同盟から自由に脱退する権利を留保する」(ソ同盟憲法第七二条)のみならず、「外国と外交関係を結ぶ権利」すらも保障されていた(第八〇条)。

それが虚構であったことはソ同盟の歴史が明らかにしている。この虚構の条項が遂に現実となったのが、一九九一年のソ同盟の解体であった。この解体は、バルト三国のソ同盟からの「脱退の権利」の合議的な行使によってはじまり、これによって帝政ロシアへの隷属状態から最終的に解放され、ソ同盟の役割はここで完ぺきに実現されたのである。

（『機』2016年6月　藤原書店）

国語ではない「国家語」の出現

スイスの憲法が四つの「国語」に対等の地位を認めたことによって、国民とりわけ公務員は多言語の学習のために多大の負担を強いられる。そこで、別に「公用語」(Amtssprache) という規定を設け、そこからは、数万人の話し手にとどまるレト・ロマン語は除かれている。

スイス以上に多言語状態に悩んだのは、ドイツ語以外に十もの言語が話されていた、一九世紀のオーストリアであった。これらの言語は対等の権利を求めて競いあっていた。

窓口で住民の応対にあたる公務員は言うまでもなく、とりわけ困難を極めたのは軍隊であった。ある階級以上の軍人は、いくつもの諸民族の一体感と信頼を得るために、「命令語」として多言語の修得を求められていた。

国政のレベルでは、言語の異なる地域の官庁間の業務を仲だちするための連絡用語として「国家語」(Staatssprache シュターツシュプラーヘ)を定めようという議論がたかまった。この語が国会に登場したのは一八四八年頃とみられる。

民族問題にとり組んだオーストリア社会民主党は、一八九九年にブリュン(ブルノ)で開かれた党大会で民族綱領を定め、そこで、「われわれは民族的特権の存在を許さず、また、特定の言語を国家語にしようという、いかなる試みをも許さない」と決定したのである。

ロシアの革命家たちにとって、民族・言語問題についてはフランスからは学ぶべきものは何もなかったが、オーストリアからは多くを学んだ。とりわけレーニンは、ブリュン綱領の精神をひきついで、一九一四年に「強制的国家語は必要か?」と問う論文を書き、「少数民族の権利の侵犯は、どのようなものであれ無効であると宣言する基本法を憲法に入れ、強制的な国家語をなくすることである」と結んだのである。

ドイツ語からの直訳としての「国家語」は、この時はじめてロシア語に登場し、ソビエト崩壊に至るまで、タブーとして封印されたのである。


(『機』2016年7月 藤原書店)

「国家語」の花ざかり

一九一四年に、レーニンがドイツ語を直訳して、ロシア語の中に導入した「国家語」は、ソビエト国家の国是に反する概念として、いわば、用いてはならない禁句として新鋳されたのであった。ところが、この禁句は、禁じられたせいであろうか、一層よく記憶されていた。一九九一年に、ソ［ビエト］同盟が崩壊したときには、ロシア連邦にとどまらざるを得なかった、かつての自治共和国は、自治の名を捨てて、通常の共和国を名のるとともに、一斉にその言語を「国家語」と呼ぶ道をえらんだのである。

たとえばシベリアのブリヤート共和国は、その基幹民族の言語、ブリヤート語を「国家語」と呼ぶとともに、なお、国民の七〇%をしめるロシア人の言語ロシア語をも、同時に「国家語」とした。つまり、国家語を二つとし、両言語は対等の地位に置いて保障したのである。そして大統領は、いずれの言語も対等に話せなければならないと規定した（第一一八条）。

一九九三年だったか、ブリヤート人の期待に反し、ロシア人のポタポフが大統領に当選した。私は民族的な祭典「ゲセルのナーダム」に参加していて、近くのテントにはポタポフも来ているとのことで、酔っぱらった何人かが、私にポタポフのブリヤート語の知識を調べさせるために連れて行くことになった。私はやむなく、あたりさわりのない、あいさつめいた会話をしたところ、かれは何とか答えることができた。しかし議会では、たぶんロシア語しか用いられないので、ブリヤート語の地位は象徴的でしかないと思っていたのである。

ところが、ことし二〇一六年六月末、ブリヤートの民族祭典「アルタルガナ」に招かれて出席したところ、ブリヤート語復活を求める会議は、当然のようにして、ブリヤート語のみで議論が行なわれるのを目のあたりにして感動した。一度は知的世界から消えたと思われていた母語が、いきおいよく再生しはじめていたからである。

（『機』２０１６年８月　藤原書店）

「ソビエト人」と「中華民族」

ソビエト同盟の憲法は一九一八年に発布された後、二四年、三六年の改訂を経て、七七年の最終版をもって終った。最終版の前文にはこう述べている。「すべての階級、階層が近づき合い、すべての民族の法的および事実上の平等の基礎の上に、新しい歴史的共同体、すなわちソビエト・ナロードが形成された」と。

ナロードは民族、国民、あるいは「ひとびと」などと訳せる語であるが、ここでは「人《じん》」としておこう。

世界の古典的国家では、ふつう国の名はエスニック（民族的）な名に起源があり、イギリス、フランス、ドイツなどがそうであるけれども、アメリカはちがう。この大陸がアジアとは別の大陸であるととなえたアメリゴ・ヴェスプッチの名に由来している。

ソビエトの国名は、最もモダンで、強いて訳せば「会議」という意味である。「労働者と農民の会議」が国名になったのである。フィンランド語やモンゴル語は、いまでも、かれらの言語でソビエトのことを「会議」と呼び、ソビエトという外来語は使わない。これは、多民族の同盟体という趣旨にそって、特定の有名民族の名、たとえばロシアを排除し、脱民族の中立性を示した結果であった。

さて中国は、一九八八年に費孝通が、中国には多様な民族が住むが、いまや単一の、多元一体の「中華民族」が出現したと宣言した。七七年のソ連における、「ソビエト人」出現に平行する宣言であったが、これは九一年のソ同盟の解体によって、自動的に消滅した。

もしこれが、「中華国民」であれば誰も驚くまい。国民への所属は、一夜にして法律で決められるけれども、民族はそうは行かない。それは法以前の、より自然に近い存在、たとえて言えば、言語と同様に不合理な存在だからである。アイヌ人が日本国民になるのは法律の問題だが、アイヌ語は法律によっては決して日本語にはなり得ないのである。

問題は、中国国民が一つの民族になったとしても、「中華」はソビエトのように、エトニスムを越えているかどうかである。

（『機』２０１６年9月　藤原書店）

ことばのへだたりと国家の独立

世界には少なく見積っても三千くらいの異なることばがあると言われているが、その中には、相互にある程度は理解できるほど、近いことばもある。たとえばロシア語とウクライナ語のような、あるいは日本語と琉球語のようなばあいがそれにあたる。時には、それぞれが独立の言語か、単なる方言であるかが議論になる。そのようなばあい、話し手は、相手になるべく合わせて、理解しやすいようにつとめることもあるが、逆に、異なる特徴をわざときわだたせて差を強調しようとするばあいもある。

わざと「差をひろげる」努力を、ハインツ・クロス博士はドイツ語でアウスバウ

（Ausbau, 拡張）と呼んだ。それに対して日本におけるアイヌ語のように、最初から日本語とはまるでちがっていて、わかり合おうにも、とりつく島のないようなことばを、クロスさんはアプシュタント（Abstand, へだたり）言語と呼んだ。クロスさんがこの用語と考え方を著書で発表したのは一九五二年だったが、普及しはじめたのは、七八年に増補新版を出してから後のことだった。

一九八〇年にドイツ滞在中にそれを読んですっかり感激したぼくは、シュヴェツィンゲン郊外にお住いだったクロスさんに会いに行った。そして、八一年に書いた『ことばと国家』（岩波新書）には、特別の項を設け、「隔絶言語」と「造成言語」として説明した。「造成」、「拡張」とは、別のことばで言えば、ややもすれば、方言と見られかねない言語を独立させることだ。そして言語の独立は、その言語を話す地域の政治的独立といちぢるしいかかわりを示している。

フランスのスラヴ学者のアントワーヌ・メイエは、一九二八年の著書で、ウクライナ語や白ロシア語は、ロシア語の単なる「土語」でしかないと言ったが、ソビエト時代はそれらを独立の言語にしてしまった。言語はただ自然にあるものではなく、人々の意志「と権力による政策」が強くかかわっていることを示している。

（『機』２０１６年10月　藤原書店）

似かよった言語でも一つになりにくい

どのような民族であれ、その民族が一つの国家としてまとまることができずに、二つあるいはそれ以上の国家の間で分断されているばあい、その統合を願わぬ民族はない。具体的な例をあげれば、モンゴル人がそれにあたる。

かれらは、独立国モンゴルのほかに、中国の内モンゴル自治区、ロシアのブリヤート共和国とカルムィク共和国というように三つの国家間に分断されている。それらを統合して一つの国家を作ろうというのは、かなわぬ永遠の夢［に近い］であることは誰でも知っている。

とすれば、政治的国境はそのままにしておき、せめて言語だけでも統一して、「国境をこえた統一モンゴル語」を作ろうというのならば、この方は、政治的統合よりは、はるかに実現に近いものとなろう。

しかしこの試みすら、中国、ロシアの二つの国家は注意ぶかく監視して許さない。言語的統一が進行すれば、容易に政治的統一への願望を刺戟しかねないからである。だから、言語と政治は別だという「純粋言語学」の主張は現実には成り立たないのである。

ロシアのブリヤートの例を見よう。ブリヤートの諸方言は二〇近くに分類されるが、その中で最もモンゴル語に近い方言を選んでブリヤートの標準語にし、ブリヤート語とモンゴル語の接近をはかった。この案の首唱者で、一九二〇年に初代の文部大臣となったバザル・バラーディンは、ソビエト当局によって一九三八年に逮捕され、二カ月のうちに銃殺された。モンゴル統一をそそのかす汎モンゴル主義者として断罪されたのである。

今日のブリヤート人がひたすらロシア語の学習に励むのは、ロシア国民として生活するための当然の便宜であるとともに、バラーディンの死後に定められた標準ブリヤート語の基礎とされた方言が、国内だけの一地域に限定されたあまりにも小さな流通域しかもたないからである。しかもそれがブリヤートのアイデンティティとなってしまえば、方言的な歩み寄りさえもむつかしい。

（『機』２０１６年11月　藤原書店）

マルクス主義と青年文法学派

近代科学としての言語学はいつ成立したか――この問いに答えるには、この「科学」をいかに解釈するかによるが、「自然科学」という風に考えておこう。とすると、青年文法学派の形成をもってと答えるのが適当であろう。H・オストホフ、K・ブルークマンなど十人ばかりのグループは、ヨーロッパ諸語の音の対応がいちじるしい規則性によって貫かれていることを発見した。たとえばドイツ語の語頭の d- が英語では規則的に th- で現われる。たとえば drei-three, dank-thank, durst-thirst（のどのかわき）のようにである。このような音変化の規則が、ある時代のある言語の中で作動して、一斉に音変化が起きる結果、新しい言語が生まれるのであると。ここではドイツ語 d-—英語 th- の一つの例しかあげなかったが、数多くの例をあつめて、それらを「音韻法則」と名づけたのである。

一八七八年に、オストホフとブルークマンは連名の論文の中で、「この法則は盲目的に例外なく貫徹する」と述べたのである。人間の行為の所産である言語にも、こうした自然現象にも似た法則が発見されたというので、言語学は、人文科学の中でも最も進んだ地位にたつ科学だと自らも信じ、他の学問領域からも、深い敬意が払われた。

興味ぶかいことに、まさにこの同じ年に、エンゲルスは『反デューリング論』（一八七八年）の中で、商品生産についての諸法則もまた「生産者の意図にかかわりなく」、「盲目的に作用する自然法則として自己を貫徹する」と述べたのである。言語学はふつう隣接科学からの影響を受けて発展するが、このばあいは言語学の方がさきで、勉強家のエンゲルスが言語学から学んだ形跡がある。

いま私の興味をひくのは、どちらが先かという問題ではなく、一九世紀の半ば以降は、諸科学がつながりを持ちながら発展していたことに驚かされるのである。現代は、経済学者が言語学の論文を読むなんてことはほとんど有り得ない。

（『機』２０１６年12月　藤原書店）

ソシュールの反逆

一九世紀後半の人間科学を特徴づけるものは、「歴史」への一途な傾倒である。この流れの中で現われた青年文法学派の立場を集大成したのがヘルマン・パウルの『言語史原理』（初版一八八〇年、第五版一九二〇年）であった。心理学の影響によって、機械的な法則主義からまぬかれてはいるが、冒頭の書き出しから断乎とした歴史主義が表明されている。いわく、「言語はあらゆる人類文化の所産と同様に、歴史的考察の対象である」と。

ところが二〇世紀に入るや、「歴史の介入は言語を見る目をくるわせるだけである」として、言語から歴史を排除すべきだとする主張があらわれた。しかも青年文法学派全盛期のただ中で学んだ人、ソシュールからである。かれは一九歳のとき、一八七六年から四年間をライプツィヒで学んだ。ドイツを去って後、十年ほどをパリで過した後、ジュネーヴ大学に移ってそこで講じたのが『一般言語学講義』である。

ソシュールが拠り所としたのは「話す大衆」の視点である。かれらには言語の歴史的（過去の）知識などというものは存在せず、あるのは現在のみである。だから研究者もまた、「話す大衆」と同様に、「過去を抹殺しないかぎり、話し手の意識の中に入ることはできない」と説いたのである。

この思想はしばらくの間は冷やかに受けとられたが、一九三〇年頃から影響力を増し、戦後は言語学のわくを飛び出して、文化人類学という固有の方法をそなえた学問領域を形成しさえした。「構造主義」がそれである。

ソシュールの『講義』は、じつはかれの筆になるものではなく、没後、講義に列席して書きとめ」た学生たちのノートをまとめたものである。より確かな実像を求めて、利用されなかった記録による研究が進んでいる。しかし考えてみるべきは次のことだ。言語学的知識とは異なり、歴史的知識なるものは、ひとえに学校と教科書が支えているだけのものではないかと。

（『機』２０１７年1月　藤原書店）

構造の自然と人工の規範

構造主義とは、ごらんの通り、自然科学主義の一変形である。もちろん言語も文化も自然ではないが、そこからできる限り、人間の「恣意」あるいは「意図」を排除した、必然の規則性を見出そうと努力した結果である。だから構造とは、文化における自然的秩序とも言いかえることができる。

構造主義者は、言語は構造（体系）をなしているという。であるならば、myself と言っておきながら、なぜ hisself とは言わずに himself と言うのだろうか。あるいはまた foot-feet という見本をもっていながら、なぜ book-beek とは言わないのだろうか。これら非体系的形は、通則からはずれてはいるが正しい形、つまり「規範」と呼ばざるを得ない。規範とは、ある特定の権威ある階層が体系を破り、超秩序へと押し切った形のことである。

構造主義を技術化・手順化した記述言語学（ここに言う記述とはあるべき姿ではなく、現にあるがままの姿を記述すること）は、構造が含む歴史的なぜを問うことを排除した上で成立する。体系を「たてまえとして均斉のとれた、静的なもの」として設けたときに含まざるを得なかった矛盾は、「体系は人間によって絶え間なくつくられつつある」とすることでよりよく説明ができるし、体系と規範との関係はより明確になる（コセリウ『言語変化という問題』岩波文庫一七七頁)。

体系と規範との間に比較的矛盾のないのが、日本語をも含む、いわゆるウラル・アルタイ型の諸言語である。このような言語は、「変化しないままで変化する」(コセリウ)。

体系と規範との間の矛盾を決定的に排除するように計画されたのがエスペラント語である。エスペラントの運動には歴史があるが、エスペラント語じたいに歴史が加われば、矛盾はたちまちにして賦活し、この言語を破壊してしまうであろう。ここから、歴史とは、自然の原理に反して、人間が主体となって興す独特の活動であるということになる。

(『機』2017年2月　藤原書店)

神と民族のあいだの言語

「創世記」の説くところによれば、ことばを作ったのは神である。神は一つの言語しか作らなかった。ところが一八世紀になって諸言語の調査がすすみ、世界には実に多くの言語があることがわかってきた。そこで植物の分類学をまねて、系統樹にして示すという言語の分類がはじまった。このようにしてインド・ヨーロッパ(印欧)語族、セム・ハム語族、ウラル・アルタイ語族などの概念が生れた。

この時期はちょうど、民族の概念ができつつあった時期と一致する。このように、語族の概念と民族の概念は、相互に影響しあいながら形成されたのである。

なかでも印欧語族は最もくわしく研究されて、いわゆる比較言語学の模範となった。このモデルをもとに、他の語族においても実証研究がすすめられたが、印欧語のように整然とは行かなかった。印欧語の構造の複雑さが古形の保存に有利にはたらき、比較を可能にする材料を多数残したからである。

こうして印欧語研究は言語学の中核的部分を占めたが、このことが、印欧諸語の優秀性と結びついた。たとえばヒトラーのアーリア人種優越論の源泉の一つは、印欧語研究の成果にあったと言えるだろう。言語は人間存在の根源、文化と深く結びついているからだ。

ところがこうした言語の多元的発生、多様性の確認が進んで行く一方で、「神の作りたもうたことばは一つ」という一元主義が形をかえては頭をもたげてくる。チョムスキーの「生成変形文法」もその一つである。

この考えに従えば、世界の諸言語は、たとえ見かけはいちじるしく異なっていても、人間の持つ論理は普遍的であり、したがって文法も普遍的である。チョムスキーの仕事は、この見かけの多様性を、根底における普遍性に還元する手続きを作りあげることだった。

かれのこの信念は、神は一つならことばも一つというユダヤ神学の教義の率直な表明にほかならないのである。

（『機』２０１７年３月　藤原書店）

田中克彦（たなか・かつひこ）
1934年兵庫県生まれ。東京外国語大学モンゴル語学科、一橋大学大学院社会学研究科、ボン大学哲学部・中央アジア言語文化研究所（フンボルト財団給費）でモンゴル学・言語学・民族学を学ぶ。一橋大学名誉教授。社会学博士。モンゴル国立大学名誉博士。2009年モンゴル国北極星勲章受賞。著書に『ことばと国家』『ノモンハン戦争――モンゴルと満洲国』『「シベリアに独立を！」諸民族の祖国（パトリ）をとりもどす』（すべて岩波書店）、『差別語からはいる言語学入門』（ちくま学芸文庫）、『従軍慰安婦と靖国神社　一言語学者の随想』（KADOKAWA）、『田中克彦 自伝 あの時代、あの人びと』（平凡社）、『言語学者が語る漢字文明論』（講談社学術文庫）など多数。

田中克彦セレクションⅠ――自伝的小篇と読書ノート――

カルメンの穴あきくつした

2017年11月25日　第1版第1刷発行

著　者　田中克彦

発行者　株式会社 新泉社

東京都文京区本郷 2-5-12
電話 03（3815）1662
FAX 03（3815）1422

印刷・製本　萩原印刷株式会社

ISBN 978-4-7877-1821-1 C1310